澳门基金会资助出版项目

周　平 ◎ 主　编
李嘉康 ◎ 副主编

葡语国家教育概况与展望

中国政法大学出版社

2023·北京

声　明　　1. 版权所有，侵权必究。

　　　　　　2. 如有缺页、倒装问题，由出版社负责退换。

图书在版编目（ＣＩＰ）数据

葡语国家教育概况与展望/周平主编. —北京:中国政法大学出版社,
2023.11
　ISBN 978-7-5764-1235-2

　Ⅰ.①葡… Ⅱ.①周… Ⅲ.①葡萄牙语—国家—教育研究 Ⅳ.①G51

中国国家版本馆CIP数据核字(2024)第001928号

出 版 者	中国政法大学出版社
地　　址	北京市海淀区西土城路25号
邮寄地址	北京100088 信箱8034分箱　邮编100088
网　　址	http://www.cuplpress.com（网络实名：中国政法大学出版社）
电　　话	010-58908586(编辑部) 58908334(邮购部)
编辑邮箱	zhengfadch@126.com
承　　印	固安华明印业有限公司
开　　本	880mm×1230mm　1/32
印　　张	8.5
字　　数	230千字
版　　次	2023年11月第1版
印　　次	2023年11月第1次印刷
定　　价	49.00元

序 言
Preface

  葡语国家分布在欧亚非拉四大洲，人口近 3 亿，多数为发展中国家。发展中国家的教育问题显得尤为重要，关系着一国人才、技术和高水平的发展与治理。欣逢今年是"一带一路"倡议提出十周年，澳门作为中国与葡语国家商贸合作服务平台定位确立二十周年，作者在次特殊时刻出版这本书籍，算得上一份献礼。

  葡语国家教育的研究关注度比较低，将葡语国家教育进行综合梳理比较的图书更不多见。作者花费了三年多的时间，搜集整理素材，并且独树一帜，将各国教育打破国别安排，以教育类型分门别类加以归纳整理，从一个新的独到视角加以阐述分析，这种写作方式不仅是一种大胆创新，也为广大读者在阅读、使用方面提供了极大方便。考虑到读者并不一定了解葡语国家，作者还在第一章进行了国家概况介绍，方便大家对葡语国家有一个快速的了解。鉴于各国教育体制不完全一致，教育模式也各有差异，作者运用了近似分类的方法，将功能相近的教育模式进行梳理比照，进行分析研究。在本书第六章，作者对葡语国家教育发展特点进行了归纳并对教育发展未来做了前瞻性分析，尽管分析尚欠全面完善，但也不失为一种新发现和好的研究成果，为读者和今后的研究者提供一种思路，成为葡语国家教育研究方面的铺路石。

作者在教学管理工作之余，潜心研究葡语国家教育情况，广泛搜集资料，克服了多数葡语国家现实管理水平限制，统计数据资料不齐全、搜集难度大以及语言障碍等困难，几次调整结构布局，数易其稿，终于完成此书，实属难能可贵。

叶桂平

澳门城市大学副校长、葡语国家研究院院长

2023 年 7 月

前言
Preface

当今世界，各国间联系日益紧密，交流日益增多。以教育为导向的文化交流越来越广泛。教育作为人类传播知识、传承文明的重要途径和传授技能、培育人才的重要方式，在推动国家创新、提升综合国力方面都发挥着重要基石作用。无论是发达国家还是发展中国家，都十分重视教育。因此，深入研究各国教育情况不仅对加强和促进文化教育交流意义重大，还对增强国际教育交流与合作，增进相互理解，建立互信、共商、共建、成果共享、高质量发展的"一带一路"建设，构建人类命运共同体有着积极的深远意义。

自"一带一路"倡议提出以来，中国政府十分重视与"一带一路"沿线国家的教育合作，推进人才教育交流与合作，葡语国家[1]也积极参与到"一带一路"的建设中来。中国政府每年都会为来自葡语国家，特别是非洲葡语国家的学生提供留学机会和奖学金；中国赴外的留学生中，越来越多的人选择葡

---

[1] 世界上现有九个以葡萄牙语作为官方语言的国家。它们分别是：欧洲的葡萄牙，拉美的巴西，亚洲的东帝汶，非洲的安哥拉、莫桑比克、佛得角、几内亚比绍、圣多美和普林西比以及赤道几内亚。由于赤道几内亚2022年才加入中葡论坛，本书提及的葡语国家未包含赤道几内亚。

萄牙、巴西等葡语国家。

八个葡语国家地跨欧洲、亚洲、美洲、非洲四大洲，总面积约1071万平方公里。根据世界银行的最新统计，截至2017年，葡萄牙、巴西、东帝汶、安哥拉、莫桑比克、佛得角、几内亚比绍、圣多美和普林西比这八个葡语国家拥有2.83亿人口[1]，国内生产总值达到2.414万亿美元[2]。葡语国家有着非常丰富的自然资源，尽管不同的国家之间经济发展状况存在着较大的差异，但总体而言，近年来都取得了不同程度的发展。中国和葡语国家一直保持着友好合作的关系，与巴西、葡萄牙和安哥拉建立了战略伙伴关系。巴西是中国在拉美地区和金砖国家中最大的贸易伙伴，安哥拉是中国在非洲的第一大贸易伙伴。中国对许多葡语国家都进行了投资，同时也注重援助几内亚比绍、东帝汶等发展较为落后的国家，帮助其摆脱贫困。随着葡语国家共同体的建立，越来越多的研究者将目光投向了葡语国家，研究的领域涵盖政治、经济、贸易、文化、法律、教育等多个领域。在葡语国家教育研究方面，高等教育以及孔子学院的发展情况较受重视，而对葡语国家体系构成、教育发展现状等问题的研究并不多见。造成这种情况出现的原因，一方面是非洲葡语国家发展相对较为落后，教育体系尚不健全，结构不统一，难以梳理归纳；另一方面是与非洲葡语国家教育相关的数据搜集相对比较困难。

本书在结构上通过对国家的块块分割，进行国情的勾勒；再通过教育的种类条条划分，对八个葡语国家的教育进行归类

---

[1] World Bank, https://data.worldbank.org/indicator/SP.POP.TOTL? locations=PT-BR-TL-AO-MZ-GW-CV-ST.

[2] World Bank, https://data.worldbank.org/indicator/NY.GDP.MKTP.CD? locations=PT-BR-TL-AO-MZ-GW-CV-ST.

介绍和分析。在研究不同国家具体情况的同时,分析教育体系中存在的问题,同时介绍作者的研究心得,为广大读者提供参考。限于作者水平能力,以及掌握资料的限制,本书的滞后性和疏漏之处难免,敬请方家指正。

  首先,感谢澳门基金会的支持,使本书得以面世;其次,感谢澳门城市大学葡语国家研究院领导同事的支持,这是我写作此书的动力;再次,感谢葡语国家研究院2018级的博士研究生进行了初步的素材搜集工作,感谢2021级李威辰、王毅楠、梁晗、郑筱烨、霍天娇等同学在数据梳理、核实补充等方面的帮助和支持,使内容更加充实;最后,对所有给予本书支持和关怀的人表示衷心感谢。

作者于澳门文化中心

CONTENTS 目 录

序　言 …………………………………………………… 001
前　言 …………………………………………………… 003

第一章　葡语国家教育基本概况 …………………… 001
　第一节　葡语国家 ……………………………………… 001
　第二节　葡萄牙教育基本概况 ………………………… 002
　第三节　巴西教育基本概况 …………………………… 008
　第四节　安哥拉教育基本概况 ………………………… 011
　第五节　莫桑比克教育基本概况 ……………………… 015
　第六节　几内亚比绍教育基本概况 …………………… 018
　第七节　佛得角教育基本概况 ………………………… 022
　第八节　圣多美和普林西比教育基本概况 …………… 026
　第九节　东帝汶教育基本概况 ………………………… 031

第二章　葡语国家基础教育 ………………………… 040
　第一节　葡萄牙基础教育 ……………………………… 044
　第二节　巴西基础教育 ………………………………… 051
　第三节　安哥拉基础教育 ……………………………… 055

第四节	莫桑比克基础教育	065
第五节	几内亚比绍基础教育	070
第六节	佛得角基础教育及中等教育	074
第七节	圣多美和普林西比基础教育及中等教育	079
第八节	东帝汶基础教育及中等教育	085

第三章　葡语国家高等教育 …… 090

第一节	葡萄牙高等教育	091
第二节	巴西高等教育	101
第三节	安哥拉高等教育	112
第四节	莫桑比克高等教育	121
第五节	几内亚比绍高等教育	125
第六节	佛得角高等教育	128
第七节	圣多美和普林西比高等教育	133
第八节	东帝汶高等教育	134

第四章　葡语国家其他教育 …… 138

第一节	葡萄牙其他教育	139
第二节	巴西其他教育	149
第三节	东帝汶其他教育	158
第四节	非洲葡语国家其他教育	163

第五章　葡语国家私立教育 …… 180

第一节	葡语国家私立教育概述	180
第二节	葡萄牙私立教育	185
第三节	巴西私立教育	194

第四节　东帝汶私立教育 …………………………… 204

第五节　非洲葡语国家私立教育 …………………… 206

第六章　葡语国家教育发展特点及展望 ………… 212

第一节　葡萄牙教育发展特点 ……………………… 213

第二节　巴西教育发展特点 ………………………… 215

第三节　安哥拉教育发展特点 ……………………… 224

第四节　莫桑比克教育发展特点 …………………… 230

第五节　几内亚比绍教育发展特点 ………………… 234

第六节　佛得角教育发展特点 ……………………… 240

第七节　圣多美和普林西比教育发展特点 ………… 242

第八节　葡语国家教育未来展望 …………………… 243

参考文献 ……………………………………………… 246

图表目录

表 1　葡萄牙基础教育体系 …………………………………… 044
表 2　葡萄牙基础教育、义务教育对照与年限表 …………… 045
表 3　葡萄牙中小学资讯表 …………………………………… 047
表 4　巴西基础教育 …………………………………………… 052
表 5　巴西职业教育 …………………………………………… 055
表 6　安哥拉基础教育 ………………………………………… 063
表 7　莫桑比克普通教育 ……………………………………… 066
表 8　莫桑比克中学入学率与流失率（2019 年） …………… 069
表 9　几内亚比绍基础教育 …………………………………… 070
表 10　佛得角小学入学率与毕业率统计（2018 年） ……… 075
表 11　佛得角基础教育 ……………………………………… 075
表 12　佛得角中学教育 ……………………………………… 077
表 13　佛得角中学入学率与总毕业率（2018 年） ………… 079
表 14　圣多美和普林西比基础教育 ………………………… 080
表 15　东帝汶教育 …………………………………………… 087
表 16　葡萄牙高校学制 ……………………………………… 092
表 17　葡萄牙前四名高校在 2022QS 世界大学
　　　 学科中的排名 ………………………………………… 093
表 18　我国教育部认可的葡萄牙高校名单 ………………… 097

表目录

表19　2021年泰晤士世界大学排名之巴西前十名学校 …… 103
表20　安哥拉公立大学 ……………………………………… 116
表21　安哥拉部分高等院校名录 …………………………… 117
表22　巴西适龄儿童入园率（2012年）…………………… 150
表23　巴西学前教育平均入学率与最低最高收入
　　　组对照 …………………………………………………… 150
表24　葡萄牙公私立学校优势对比 ………………………… 191
表25　巴西公私立学前教育机构占比 ……………………… 197

第一章
葡语国家教育基本概况

第一节　葡语国家

葡语国家是指以葡萄牙语为官方语言的国家。截至2021年，中葡论坛成员中的葡语国家一共有8个（赤道几内亚2022年加入）。葡语国家分布于欧洲（葡萄牙）、非洲（安哥拉、莫桑比克、几内亚比绍、圣多美和普林西比、佛得角）、南美洲（巴西）和亚洲（东帝汶）。葡语国家除葡萄牙外，几乎都是葡萄牙前殖民地（赤道几内亚是葡萄牙转手后成为西班牙殖民地的，仍与葡萄牙有关系）。

葡萄牙语简称葡语，是世界使用人口排名第6的流行语种，仅次于汉语、英语、法语、西班牙语和阿拉伯语。全球使用葡语的人口已达2.7亿人。由于使用葡语和历史联系等原因，国际上成立了一些以葡语国家为主的国际组织，主要有葡语国家共同体（葡萄牙语：Comunidade dos Países de Língua Portuguesa—CPLP，以下简称"葡共体"）和中国—葡语国家经贸合作论坛（The Forum，以下简称"中葡论坛"）。1989年，巴西时任总统佛朗哥建议成立葡共体，经过多轮协商，葡共体于1996年在葡萄牙首都里斯本成立，创会国由巴西、葡萄牙、佛得角、几内亚比绍、莫桑比克、安哥拉、圣多美和普林西比7国组成，总部设在葡萄牙首都里斯本。2002年，首脑会议决定接纳东帝汶为成员国。目前，包括赤道几内亚（2014年加入）在内共有9个成员国。葡共体的计划包含葡语语言调查、数字化学校与大学、葡共体电影节等文化教育项目，客观上推进了葡语国家的教育进步。

尽管葡语国家在国内经济发展水平、治理理念和政治局势等方面存在教育水平上的差异，但是各国教育都在逐步前进，一些国家的教育事业发生了显著的变化。由于多数葡语国家的知名度不算很高，相关书籍较少，为便于读者朋友对葡语国家教育发展的理解，本书会在第一部分简要介绍一下8个葡语国家的整体概况和教育框架。

第二节　葡萄牙教育基本概况

葡萄牙共和国（A República Portuguesa, The Portuguese Republic），简称葡萄牙，位于欧洲伊比利亚半岛的西南部，北部和东部与西班牙相连，西部和南部面临大西洋，土地总面积约92 212平方公里，海岸线长832公里，人口为1034.5万人，首都为里斯本。地势北高南低，北部是梅塞塔高原，中部是平均海拔800米~1000米的山区，南部和西北部分别是丘陵和沿海平原。境内的特茹河、杜罗河和蒙德古河是主要河流。葡萄牙人口分布不均，58%的居民居住在里斯本与波尔图地区。该国劳动人口为530万人，和北欧一样缺乏劳动力，因而重视对外来人口的语言培训和技术培训教育。

葡萄牙早期民族文化带有北欧和北非烙印，直至1129年前后民族特点才基本定型，因此具有很强的文化融合特点。1143年脱离卡斯蒂利亚王国获得独立；15世纪在保教的名义下，获得教皇的准许开始海上扩张，在非洲、亚洲和美洲建立了大量的殖民地，成为当时最强大的海洋帝国。1580年至1640年一度被并入西班牙；1807年在拿破仑军队入侵下，葡萄牙王室迁往巴西并在那里定都；拿破仑战败后，1821年在葡萄牙人的要求下，王室回国。1910年实行共和；1926年军政府上台，1932年萨拉查上台并实行法西斯独裁。1974年4月25日，一批中低级军官发动"武装力量运动"推翻极右政权，走向民主化进程，宣布放弃在海外的殖民地。1986年1月1日加入欧洲共同体，1999年成为加入欧元区的首批国家。

一般认为，葡萄牙是一个以天主教为主的国家，约85%的葡萄牙人信奉天主教；尽管一些葡萄牙人自认为不是教会的活跃参与者，但他们都习惯在教会结婚并受洗。由于天主教早期对社会事务的广泛参与，天主教文化和教会教育在葡萄牙根深蒂固，影响广泛。但由于地理和历史原因，葡萄牙的教育是多元包容的。1976年的《葡萄牙宪法》规定，人们有宗教信仰自由，2001年还通过了一部新的宗教自由法，为不同宗教的存在开辟了特别通道。[1]葡萄牙目前除天主教外，还有佛教和印度教等宗教派别。葡萄牙文化的包容性为其教育的多样性奠定了基础。

虽说葡萄牙是老牌资本主义国家，但其在欧洲并非处于经济领先地位，高新科技产业并不发达。纺织、制鞋、酿酒、旅游等是其支柱产业；软木产量占世界总产量的一半以上，出口位居世界第一。自2008年起遭遇国际金融危机和主权债务危机，主权信用评级被降至"垃圾级"。2011年，在欧委会、欧央行和国际货币基金组织"三驾马车"的援助下；接受了总额

---

〔1〕"宗教在葡萄牙"，载https://www.portugalproperty.com，最后访问日期：2023年3月1日。

780亿欧元的援助，并于2014年5月按期完成援助备忘录，结束国际救助，逐渐重返市场。

葡萄牙国家统计局数据显示，2017年葡萄牙国内生产总值（GDP）为1931亿欧元，人均GDP为18 731欧元；经济年增长率为2.7%，失业率达8.9%。截至2018年6月，葡萄牙公债总额为2467亿欧元，相当于GDP的125.8%。葡萄牙外汇储备251亿美元，排名世界第53位，遍布世界各国的葡萄牙侨胞的侨汇是其主要收入来源之一。[1]葡萄牙的地理位置、历史、社会文化和经济发展都或多或少地影响着葡萄牙的教育。

一、葡萄牙整体教育现状

葡萄牙教育体系分为幼儿教育、基础教育、中等教育和高等教育四个阶段。实行12年义务教育制；包括基础教育9年（其中小学4年，中学预备班2年，初中3年）和中等教育（相当于我国高中阶段）3年。幼儿教育阶段又分为0至3岁的婴儿教育和3岁至6岁的幼儿教育。一般而言，婴儿教育由家庭或托儿所负责，而幼儿教育则由幼儿园和儿童教育中心负责。基础教育9年相当于小学一年级到初中（主要是6岁到15岁的儿童服务）。中等教育的对象是15岁到18岁的高中和职业中学学生。高等教育有大学和职业学院两种，其中包括公立和私立大学。葡萄牙高等教育学制与我国不同，本科3年，硕士2年，博士3年。但葡萄牙法律本科学制4年，工程和医学采取硕士直读，学制分别为5年和6年。主要高等院校有里斯本大学、科英布拉大学、波尔图大学、里斯本理工大学、米尼奥大学、阿威罗大学、埃武拉大学和国家行政管理学院等。其中，科英

---

[1] 资料来源于国际货币基金组织、葡萄牙中央银行、葡萄牙国家统计局。

布拉大学在世界上有很大的影响力。

葡萄牙地处南欧，相比北欧而言，在20世纪以前，教育资源相对缺乏，与欧洲新教育思潮脱节。据1960年英国《卫报》报道，当时葡萄牙7岁至11岁的儿童可以接受免费教育，但要自备书本；对10岁以上儿童没有强制性入学措施，这一状况导致80%的葡萄牙儿童在11岁前因家庭条件和教育质量低等方面的原因辍学，降低了受教育率。葡萄牙在当时金额为8亿英镑的六年发展计划中，用于技术教育和科学研究的投入不到1%，对于提高人民基本教育的效果几乎为零。[1]

自1986年加入欧洲共同体后，葡萄牙教育在欧洲迅速的经济增长和欧共体巨额基金资助的推动下得到发展。资料显示，葡萄牙教育由原来在欧盟排名第12位上升到了第6位，成为欧盟中政府教育投资率较高的国家之一。[2] 1985年至1987年，葡萄牙政府教育投资占GDP的3.8%，经过十年发展，1995年至1997年上升到了5.8%，增长2%，高于教育水平相对较高（加拿大教育投资占5.2%，美国教育投资占5.7%）的北美国家。在葡萄牙政府的努力下，葡萄牙国内教育水平取得了长足的进步，对海外留学生形成了一定吸引力。

二、葡萄牙教育管理与教育法规[3]

葡萄牙教育部（Direção-Geral da Educaço-DGE）管理葡萄牙从学龄前到中学的基础教育系统。学校团体（agrupamentos escolares）与地方市政当局密切合作，分配资金并确定课程。科

---

〔1〕 "葡萄牙教育事业仍很落后"，载《文史博览》2017年第6期。

〔2〕 中国驻葡萄牙使馆文化处教育组："葡萄牙教育投资在欧盟名列前茅"，载《世界教育信息》2002年第2期。

〔3〕 资料来源于教育百科。

技和高等教育部（Ministério da Ciência, Tecnologia e Ensino Superior-MCTES）负责监督高等教育的政策和预算。在教育的各层面，都有公立和私立教育机构，家庭有权决定就读公立或私立学校；公立教育意味着获得免费教育。

2005年，葡萄牙义务教育预算为47.91亿欧元；科教预算在政府总预算中占比约4%。据2007年统计，在葡萄牙全部幼儿园中，公立幼儿园占52.5%，慈善性质的私立幼儿园占31%，17%属于纯粹的私立幼儿园。[1]

葡萄牙针对义务教育三个阶段进行了课程知识重点设计，并将爱国主义纳入其中。1年级至4年级主要学习葡语、英语、数学、体音美和思想品德等课程；5年级至6年级增加历史地理、手工和自然科学；7年级至9年级进一步增加第二外语、物理化学、技术实践、IT（信息技术）和戏剧。葡萄牙重视爱国主义并从小学抓起，1991年，葡萄牙教育部规定，把爱国主义教育融入日常教育之中，不但开设思想品德课，还要求每个小学教室都要悬挂国旗，并向全国所有小学发放约2.7万面国旗。[2]

葡萄牙的部分学科领先国际水平，但在教育普及性方面，尤其是早期，相对落后。1965年，葡萄牙将4年制义务教育延长至6年，改革后的直接预备学校以三种年龄段的划分设置课程：14岁以下尚未完成义务教育的学生上日班课程；年龄在14岁至18岁（以下）的学生上日班预备学校；已经就业的14岁到18岁人士或年满18岁以上的学生上夜间班预备学校。1977

---

[1] Formosinho, J. and Formosinho, J., "System of Early Education \ Care and profession in Portugal", http://www.ifp. Bayerm de \ imperia \ md \ content \ stamas \ ifp \ commissioned_ report_ portugal. _ pdf, 2010-1-01.

[2] 田园：《国外的爱国主义教育——葡萄牙：教室必须悬挂国旗》，载《精神文明导刊》2010年第3期。

年，为了进一步弥补直接预备学校和师资不足、普及教育，葡萄牙扩大了预备学校规模，在偏远地区增加了"电视学校"。在教学条件好的地方接收初等教育的学生进入直接预备学校；偏远地区的孩子们进入电视教学的"电视学校"学习。并将义务小学教育与补习教育相结合，扩大教育普及面，解决师资紧缺的矛盾。

1983年，葡萄牙政府开始推动职业教育，并将职业教育作为推动就业体制发展的战略目标。1991年第401号政府令明确了职业教育和培训由教育部和劳动部共同负责。1998年第8号政府令提出一种职业教育式的干部培训体制，旨在把职业教育和成人继续教育结合起来，不仅使青年受到岗前职业教育和培训，也使更多成年人获得在岗培训。葡萄牙职业教育分为初等、中等和高等职业教育三个层次。职业教育毕业后可以获得中等职业教育学历文凭和欧盟国家统一标准的三级职业技术证书，持此文件者可以直接进入欧洲劳动力市场就业，这使之在劳动力紧缺的欧洲具有一定竞争力。

葡萄牙重视吸纳各方面关于教育的意见和建议。例如，葡萄牙部长委员会在2016年学生节收到了多项关于全国教育问题的提案，经高层内部讨论，决定采纳其中五项，并由教育部完成后续工作。这五项提案有：第一，启动"国家成功教育项目"系列相关调研；第二，高年级学生在下一年学生节投票决定自己学校额外行政预算；第三，敦促学校丰富课程设置，除毕业证书外，为中小毕业学生出具艺术、体育等活动方面的证明；第四，制定针对成人教育的工作规划；第五，制定更完善的满足残疾学生特殊需求的教育规划。[1]

---

〔1〕 卢佳琦："葡萄牙：政府采纳五项教育问题新提案"，载《人民教育》2016年第14期。

为保证高校教育质量和课程内容，葡萄牙对高校实行认证措施。凡是经葡萄牙教育部认可的高校，无论是公立还是私立高校，其毕业文凭在欧盟范围内通用。政府通过法律保护私立院校，尤其是天主教学校，不仅保护私立高校在整个教育系统的地位，还保证私立学校开设宗教课程的权利自由。相关法律规定，私立学校可以开设宗教课程，但不允许公立学校开宗教课。

葡萄牙政府近年来很重视教育事业，为教育投入大量的精力与资源，不断推动教育事业的发展；针对学生对自身未来规划的多样性选择，设置了不同的升学模式。

第三节　巴西教育基本概况

一、巴西国家概况

巴西联邦共和国（葡萄牙语：República Federativa do Brasil；英语：The Federative Republic of Brazil），简称巴西，不管是土地面积还是人口方面，巴西都是最大的葡语国家。巴西身份具有多样性，既是葡语国家，也是金砖国家，还是南美洲最大的国家。巴西土地面积排名世界第五，国土面积为850万平方公里，与美国大陆相似。人口约为2.15亿人（截至2021年），首都为巴西利亚。

巴西曾为葡萄牙殖民地，1889年获得独立。殖民文化的历史给巴西印上了深深的烙印，使巴西成为多民族的大熔炉，各民族文化异彩纷呈，既为巴西文化提供了多样化的元素，也为巴西教育提出了不少多样性的诉求，使巴西教育面临着这样和那样的难题。1989年，巴西废除了专制，实行改革。巴西目前的GDP为7000亿美元，人均国民收入为4500美元。巴西有26

个州和首都特别行政区，人口分布极不均衡，87%的人口居住在城市。其中仅占全国土地面积18%的东南部地区，居住着全国59%的人口，而占全国面积42%的北方地区，只居住着总人口的5%。人口分布差异还反映在巴西社会经济发展的不均衡和教育方面。

二、巴西教育管理体制

《巴西宪法》规定巴西教育行政管理分为联邦、州和市三级，三级政府均可兴办各级各类教育。《巴西第14/96号宪法修订案》对三级政府的教育事权作了明确的界定：（1）联邦政府向联邦公共教育机构提供资助，处理教育事务，通过向联邦区、市提供技术和资金支持及执行再分配和补充职能等方式，保证受教育机会均等和教学质量达标；（2）各市应将初等教育和幼儿教育放在优先位置；（3）各州和联邦区应将初等教育和中等教育放在优先位置。

根据《巴西宪法》，可以看到，三级政府在各级教育事权中有不同的职能和角色。市政府承担学前教育；市、州两级政府共同承担初等教育；州政府负责中等教育和高等教育。

联邦、州和市三级政府的教育行政主管部门分别是联邦教育部、州教育厅和市教育局，各司职责并共同提供基本教育服务，依据在校学生数分配资金。同时，各级政府还设有教育理事会，负责制定教育法律法规，解释具体政策。

三、巴西教育概况

巴西以1988年《巴西宪法》为基础，强调教育是一项应由政府推动和保护的普遍权利。

1996年，《巴西国家教育指南和框架法》（Lei de Diretrizes e

Basesda Educação，LBD）获得通过。LBD 希望通过立法持续改善巴西教育体系；建立 9 年制义务（初等）教育制度，提供更多职业培训机会，建立国家高等教育评估系统（SINAES）等。

根据巴西多民族等特点的现实，为进一步增强各民族的国家认同，LBD 要求中小学开设关于国家认同的基础教育课，增加教学时长和课时数量；为提高教学质量，对所有课程和开课机构开展评估；进行职业教育整合，将职业教育贯穿在中等教育和高等教育两个层次；学生从 11 岁开始，可以选择接受职业教育或普通教育；结合实际，将特殊教育和土著教育纳入正规教育体系。

巴西教育体系包括幼儿教育、基础教育、中等教育和高等教育四个阶段。幼儿教育通过公、私立幼儿园对 0 到 5 岁的儿童开展语言、数学和科学知识的启蒙教育，培养儿童情感和社交能力。9 年的基础教育包括小学和初中两个阶段。小学 6 年侧重语言、数学、科学和社会科学的基础教育；初中 3 年注重深化学科知识、培养批判性思维能力。中等教育通常实行 3 年制，包括普通高中和职业（高中）教育。普通高中为准备升入大学或就业的学生提供针对性教育；职业（高中）教育主要为希望进入某个特定行业的学生提供职业技能培训。巴西高等教育始于 1816 年的皇家科学艺术学院。经过多年的发展，巴西高等教育主要包括本科和研究生教育。巴西本科学制年限不等，多数本科院校学制为 6 年。研究生培养方式以课程制方式开展，分为专业进修教育课程（lato sensu）和硕士博士学位课程，[1] 相当于我国的专业型和学术型学位。开展高等教育的机构包括大学、研究生院和专业学校。

---

〔1〕 蒋洪池："巴西高等教育之嬗变"，载《高等农业教育》2005 年第 1 期。

为解决教育资源不平衡、教育机会不均等问题，近年来巴西政府采取了一系列措施，将私立教育作为公立教育系统的重要补充，私立教育机构得到发展，贯穿从学前教育到高等教育各阶段。

第四节　安哥拉教育基本概况

一、安哥拉国家概况

安哥拉共和国（葡萄牙语：A República de Angola，英语：The Republic of Angola），简称安哥拉。安哥拉是非洲最大的葡语国家，地处非洲西南，总面积为 1 246 700 平方公里，人口为 2900 万人，首都为罗安达。安哥拉资源丰富，发展潜力可期。我国与安哥拉开展了内容丰富的全面合作，并形成了世人瞩目的"安哥拉模式"，安哥拉是我国在非洲最重要的石油供应国。葡萄牙殖民时期，安哥拉独立武装就开始了长期不懈的独立解放道路，由于殖民时期的高层化、城市化的管治模式，以及去殖民化的民族独立道路，使葡语和葡萄牙殖民文化教育在安哥拉传播遇阻；特别是长达 27 年的内战，造成安哥拉人口年龄结构失调，葡语和平均受教育水平低下。葡语虽有官方语言名义，但并未实际在安哥拉得到普及，还有部分地区近 25% 的人使用着 Kikongo（基刚果语）、Kimbundo（金邦杜语）、Umbundo（翁本杜语或南姆本杜语）、Mbunda（班图语）等多种其他语言和方言。语言的多样化给安哥拉推广基础教育带来很大难题。洛伦索上台后，加大了治理和教育力度，情况有所好转，但贫困和教育问题依然严重。因此，联合国一直关注安哥拉的贫困、治安、卫生和教育等问题。

年轻人多，农村人口多，学校基础差，受教育人数少，教育水平低,也考验着安哥拉的教育能力。据安哥拉统计局预计,2018年安哥拉人口将达29 250 009人,20%的人口处于失业状态[1]。联合国教科文组织公开的数据显示,2016年安哥拉的人口为2881万人,年增长率达3.3%,其中15岁至24岁的人口为551万人,占总人口的19%,而14岁以下的人口为1353万人,占总人口的46%。农村人口则占了总人口的54%[2]。

经济不稳定将给安哥拉教育投资带来不利影响。世界银行的公开数据显示,安哥拉的GDP在2017年为1242亿美元,2016年为953亿美元,2015年为1026亿美元,2014年为1267亿美元,2013年为1249亿美元[3]。根据安哥拉统计局2017年的预测,2018年安哥拉的GDP会较前年同期有所下滑[4]。

二、安哥拉教育概况

独立后,安哥拉延续了葡萄牙教育体系,这种体系与我国的教育体系近似但不完全相同。安哥拉教育包括基础教育、中等教育和高等教育三个阶段;基础教育为义务教育,学制为8年。儿童从7岁入学[5]。经政府多年努力,安哥拉小学免费义务教育已涵盖全国各个省市。安哥拉中等教育学制为3年;在此阶段,学生可以选择普通中学或职业中学。普通中学的学生为接受高等教育做准备;职业中学的学生则接受中等职业技术培训。

---

[1] 数据来源于安哥拉统计局网站:http://www.ine.gov.ao/.

[2] 数据来源于联合国教科文组织网站:http://uis.unesco.org/en/country/ao?theme=education-and-literacy.

[3] 数据来源于世界银行网站:https://data.worldbank.org.cn/country/AO.

[4] 数据来源于安哥拉统计局网站:http://www.ine.gov.ao/.

[5] "安哥拉国家概况",载http://ao.china-embassy.gov.cn/agljj/aglgk/,最后访问日期:2023年3月5日。

由于战争、贫困和高生育率，安哥拉入学率低、失学严重，失学后复学造成入学率高于某些阶段的实际人口数量。内战结束后带来了一波生育高潮，学前教育和小学学位严重不足，师资紧缺。这直接导致学前教育的总入学率较低。2012年适龄儿童的入学率为76.3%。[1]2016年学前教育男童的入学率为86.34%，女童的入学率为75.9%，所有儿童的总入学率为81.1%。从数字来看，小学总入学率的情况好于学前教育，适龄男童的入学率达121.63%，女童的入学率则达105.17%，所有儿童的总入学率达113.32%。无论是分性别还是总入学率，数值均超过100%。分析认为，之所以出现入学率高于实际人数这种情况，主要是适龄儿童失学后复学的重复统计造成的。世界银行的统计数据显示，安哥拉的生育率长期维持在5.7%以上。[2]持续的高生育率造成安哥拉14岁以下人口占总人口的46%，达1353万人。大量的学龄人口远远超出了安哥拉各类学校的学位供应量；很多贫困家庭的孩子由于无法连续完成学业，辍学又复读也造成了学位不足情况的进一步加剧。截至2010年，安哥拉初等教育和中等教育系统注册学生611.6万人，其中学前71万人，小学445.6万人，初、高中学生95万人，教师数量为20.07万人。教育支出占国家预算的8.09%[3]。2011年的统计显示，安哥拉的小学毕业率不足50%。安哥拉的中学普及率比小学义务教育还要低，女生失学情况比男生更严重。安哥拉中等教育的总

---

[1]　"安哥拉国家概况"，载 http://ao.china-embassy.gov.cn/agljj/aglgk/，最后访问日期：2023年3月5日。

[2]　"世界银行"，载 https://data.worldbank.org/indicator/SP.DYN.TFRT.IN locations=AO&name_desc=false，最后访问日期：2023年3月5日。

[3]　"安哥拉国家概况"，载 http://ao.china-embassy.gov.cn/agljj/aglgk/，最后访问日期：2023年3月5日。

入学率仅占适龄人口的50.51%，其中男生62%，女生39.34%。扫除文盲曾经是安哥拉教育的首要目标，但目前来看，安哥拉的基础教育发展仍然任重道远。

安哥拉的高等教育基础更为薄弱，20世纪60年代，在民族解放运动的政治压力以及国际社会的呼吁下，葡萄牙殖民统治者开始发展安哥拉的高等教育。第一所大学始建于1962年，并于1968年发展成为罗安达大学。安哥拉全国拥有39所高等教育机构，包括大学、高等学院和高级学校。其中公立教育机构17所（7所大学、7所高等学院和3所高级学校），阿戈斯蒂纽·内图大学是唯一的国立综合性大学；私人教育机构22所（10所大学、12所高等学院）；高等教育在校生15万人，教师2000余人。高等教育毕业生约为每年1200名，还有约160名海外毕业大学生[1]。

安哥拉教育部成立于1969年2月，皮涅罗·达席尔瓦博士任当时的安哥拉省政府教育部部长。1975年根据葡萄牙政府与安哥拉解放运动（一安哥拉人民解放运动，安哥拉民族解放阵线和争取安哥拉彻底独立全国联盟联合组成）签署的《阿沃尔协议》，成立安哥拉独立过渡政府，鉴于争取安哥拉彻底独立全国联盟此前为教育付出的努力，过渡政府教育部门委托争取安哥拉彻底独立全国联盟管理，成立了部门管理委员会。该委员会在安哥拉独立后更名为教育和文化部，后来由于情况变化，教育部与文化部多次分拆合并，改组成现在的安哥拉教育部（Ministério da Educação，MED）。[2]

---

〔1〕"安哥拉国家概况"，载http://ao.china-embassy.gov.cn/agljj/aglgk/，最后访问日期：2023年3月5日。

〔2〕资料来源于自安哥拉教育部网站：http://www.med.gov.ao/Institucionais/Historico.aspx.

第五节　莫桑比克教育基本概况

一、莫桑比克国家概况

莫桑比克共和国（葡萄牙语：República de Moçambique；英语：The Republic of Mozambique），简称莫桑比克，是非洲第二大葡语国家，位于非洲东南部，面积为799 380平方公里，人口为3130万人（截至2020年），首都为马普托。东濒印度洋，海岸线长2630公里，与马达加斯加隔莫桑比克海峡相望；西界津巴布韦、赞比亚、马拉维；南邻南非、斯威士兰；北接坦桑尼亚。全国行政区划为省、市、县。现有10个省、53个市（含1个直辖市），144个县。官方语言是葡萄牙语，宗教以天主教和伊斯兰教为多；加上近期的反恐等因素，教育提升潜力大。

莫桑比克1505年遭葡萄牙殖民者入侵，1700年沦为葡萄牙的"保护国"。1951年，被葡萄牙作为自己的"海外省"。殖民统治时期，莫桑比克人民为争取民族解放进行了顽强的斗争。在20世纪民族独立与民族解放浪潮中，莫桑比克解放阵线于1962年成立，是莫桑比克争取民族独立解放的重要武装之一。1974年9月7日，莫桑比克解放阵线同葡萄牙政府签署了关于莫桑比克独立的《卢萨卡协议》。9月20日成立以莫桑比克解放阵线（党）为主体的过渡政府。1975年6月25日，莫桑比克正式独立，宣告成立莫桑比克人民共和国。独立后，莫桑比克政府与莫桑比克全国抵抗运动（以下简称"莫抵运"）进入内战状态。1977年，莫桑比克解放阵线改名为莫桑比克解放阵线党。1990年，莫桑比克改国名为莫桑比克共和国。1992年10月4日，莫桑比克政府和莫抵运在罗马签署了和平总协议，结束了长达16年的内战。2013年5月到2017年，莫抵运与政府军反复爆发冲突；2017年5月，双方同意无限期停火；2019年7月，莫抵运举行解除武装仪式。8月，莫桑比克政府和莫抵运签署和平协议，宣布正式停止军事敌对行动。目前莫桑比克形势基本稳定。

二、莫桑比克教育现状

莫桑比克受到殖民统治历史和国内战乱的影响，教育发展起步晚，基础薄弱，全国人均受教育1.6年，2017年，莫桑比克文盲率达38.8%。独立后教育发展道路崎岖，内战结束后教育体系逐步发展、改进和完善。1983年，莫桑比克教育制度改革，分为普通教育、成人扫盲教育、职业技术教育、教师培训和高等教育；7年后，政府鼓励社会团体和私人办学以弥补教育资源的不足。由于受内战影响，约有60%的中小学校设施在1983年至1992年遭到破坏，造成约50万名学生失学。

莫桑比克建立了符合自己特点的教育体系。分别是普通教育、成人扫盲教育、职业技术教育、教师培训和高等教育。基础教育集中在小学阶段，实行7年制义务教育。小学教育分为两个阶段，第一阶段5年，第二阶段2年。2003年至2015年，莫桑比克未成年女性小学和初中入学率从45.3%和40.1%分别上升至48%和48.1%。2014年，莫桑比克初等教育共有学校11 742所，学生485.7259万名。

莫桑比克中等教育学制为5年，也分为2个阶段。第一阶段3年，第二阶段2年，分为普通中学和职业中学。普通中学毕业后，可以报考高等院校。2014年通过的《莫桑比克职业教育法》将职业技术教育纳入莫桑比克教育系统，职业技术教育每年预算2400万梅第卡尔（约合75万美元）。

莫桑比克高等教育包括大学和职业学院，提供各种学科和职业领域的学习机会。1996年，成立了贝拉天主教大学和马普托理工科综合高等学院。蒙德拉内大学是莫桑比克唯一的综合性大学。2015年，莫桑比克高校在校生达17.48万人。[1]

莫桑比克2020年人口为3130万人，文盲率为38.8%。虽然葡萄牙语是官方语言，也是唯一的教学语言，但莫桑比克实际使用的语言有18种，是一个多文化、多语言国家。这对莫桑比克的教育提出了挑战。

莫桑比克教育管理机构分为四个层次：国家教育部、省教育厅、区教育厅和学校等教育机构。教育部中央委员会负责国家教育战略和计划的制定以及国家教育预算。省教育厅负责分配省内教育资源；省开发计划署负责管理部分教育投资项目和捐助资金。区教育厅负责管理分配厅教育经费、教育督导。教育系统内的各级学校有预算自主权；除了靠政府划拨经费，学校还从学费和其他收入中筹集资金。

为了更好地发展教育，莫桑比克教育部门还出台一些措施配合政府的五年计划（2010年至2014年）和高等教育战略计划（2010年至2020年）以及教育战略计划（2012年至2016年），通过采取制度、技术及综合性措施，增加中小学、成人和技术教育的入学机会，提高教育质量和水平。

莫桑比克政府和国际组织通过组织教师培训，提高工资水平，改进学校基础设施和课程设置，增加教育投入等措施，推进教育进步。政府还通过扫盲和教育补助金等措施，解决了一部分贫困儿童接受教育的问题。目前，莫桑比克教育有了明显的发展。

---

[1] "莫桑比克国家概况"，载 http://mz.china-embassy.gov.cn/msbkgk/202302/t20230228_11032864.htm，最后访问日期：2023年3月5日。

第六节 几内亚比绍教育基本概况

一、几内亚比绍国家概况

几内亚比绍共和国（葡萄牙语：República da Guiné-Bissau；英语：The Republic of Guinea-Bissau），简称几比，国土面积为36 125平方公里，人口为197万人（截至2020年），首都为比绍。有27个民族，全国划分为8个省和1个自治区，是位于北大西洋沿岸的西非国家，东、南方与几内亚相邻，西邻大西洋，北邻塞内加尔。几比是全球最不发达国家之一，发展与教育成为一对伴生的矛盾体。教育落后制约发展步伐，发展落后又反过来限制了教育的进步。比绍是几比最大的城市，全国80%以上的工业集中于此，有榨油、碾米、锯木等小型工业。[1]在27个民族中，巴兰特族占总人口的27%，富拉族占23%，曼丁哥族占12%。45%的居民信奉伊斯兰教，其余信奉天主教、基督新教和原始宗教。[2]宗教差异和多民族文化也给几比教育发展造成不便。

几内亚比绍曾为非洲古国桑海帝国的一部分。1446年葡萄牙人登陆，并称之为葡属几内亚；1879年与葡属佛得角分开并沦为葡萄牙殖民地。1952年葡属几内亚殖民地改名为"葡萄牙海外领地"。1956年，几内亚和佛得角非洲独立党（African Party for the Independence of Guinea and Cape Verde）成立，开始了民族独立武装解放道路。1973年9月24日获得独立，几内亚和佛得角非洲独立党成为执政党。1980年，几内亚比绍时任部

---

〔1〕《对外投资合作国别（地区）指南：几内亚比绍》（2018年版），第4页。
〔2〕见https://www.fmprc.gov.cn/web/gjhdq_676201/gj_676203 fz_677316/1206_677752/1206x0_677754/，最后访问日期：2019年4月3日。

长会议主席维埃拉发动政变推翻卡布拉尔政府，成立革命委员会并自任主席。自此几比政局一直不稳，发生了多次军事政变；1998年内战开始，此后多次发生军事政变。2012年的政变发生后，发动政变方与多个反对党签署协议，宣布国家进入过渡期。2018年4月，桑吉·法蒂被若泽·马里奥·瓦斯总统任命为戈梅斯政府教育部部长。然而，几比政府长期不稳定导致经济、卫生、教育、司法、基础设施等部门发展滞后，并极大影响了国民生活。[1]根据1997年7月颁布的《几内亚比绍宪法修正案》，几比实行半总统制；总统由全民普选产生，任期5年。在2019年底、2020年的两轮总统选举投票中，国家选举委员会宣布候选人恩巴洛得票率为53.55%；4月23日，西非国家经济共同体发表声明承认恩巴洛为胜选总统；6月29日，恩巴洛任命的纳比亚姆政府施政纲领在议会获得通过。[2]几比政局不稳不仅造成教育落后，也对经济产生了严重影响；近期几比经济呈现恢复性增长。2017年，几比的GDP为13.47亿美元，GDP增长率为5.9%。[3]几比没有大型企业，是一个典型的农业国，农业人口占比68%，主要进行水稻、腰果、棕榈、木薯等家庭农业种植。几比腰果产量在非洲排名第3，世界排名第4，年生产和出口的腰果达135 500吨。[4]渔业也是几比的重要资源，沿海

---

〔1〕 Sucuma, Arnaldo. Estado e Ensino Superior naGuiné-Bissau 1974-2008. Dissertação（Mestrado）-Universidade Federal de Pernambuco, CFCH. Programa de Pós-Graduaçãoem Ciência Política, 2013, P.40.

〔2〕 "几内亚比绍国家概况"，载 http://gw.china-embassy.gov.cn/jbgk/，最后访问日期：2023年3月1日。

〔3〕 见 https://data.worldbank.org/indicator/NY.GDP.MKTP.CD?end=2017&locations=GW&start=1970，最后访问日期：2019年4月3日。

〔4〕 Ministério da Economia do Plano e Integração Regional-Segundo Documento de Estratégia Nacional de redução da Pobreza-DENARP II. Bissau, 2011, P.78.

地区大约有4000人到5000人靠捕鱼为生，几比每年发放捕鱼许可证的收入约为920万美元。[1]

在教育方面，几比受教育情况与预期差距很大。2018年人类发展指数与指标（HDI）统计显示，几比的HDI指数为0.455，处于人类发展低等水平，在统计的189个国家中排第177位；从2010年到2017年，几比的HDI年均增长率为0.95%。几比的人民出生时的预期寿命为57.8岁，预期受教育的年限[2]为10.5年，但平均受教育[3]年限为3年[4]。

二、几内亚比绍教育概况

几比的教育分为国家教育和高等教育；国家教育分为小学、中学和技术职业培训学校（如国立卫生学校、农艺学校和师范学校等）。小学学制6年；中学分为两个阶段，即初中3年和高中2年。根据1974年相关法律，几比实行初等义务教育制度。2003年，几比第一所私立大学科利纳斯德博埃大学成立；2004年1月，几比第一所公立大学卡布拉尔大学成立。另有葡萄牙里斯本大学在比绍开设的法律和医学系两个学部。由于高校不足，学生完成高中学业后需赴国外就读高等课程；几比每年向国外派出一定数量的留学生。接纳国有古巴、葡萄牙、中国、

---

[1] Ministério da Economia do Plano e Integração Regional-Segundo Documento de Estratégia Nacional de redução da Pobreza-DENARP II. Bissau, 2011, P.78.

[2] 根据HDI统计报告，预期受教育年限是指如果特定年龄的入学率现行模式经其一生不变，一名学龄儿童预计将接受教育的年限。

[3] 根据HDI统计报告，平均受教育年限是指使用每种教育水平所规定的期限，将受教育程度换算为25岁及以上年龄人口获得的平均受教育年限。

[4] 联合国开发计划署："人类发展指数与指标：2018年统计更新"，载http://hdr.undp.org/sites/default/files/2018_human_development_statistical_update_cn.pdf，最后访问日期：2019年4月7日。

俄罗斯和周边非洲国家。学生所学专业大多为医科、建筑、工科和师范等。

政府设有国家教育与高等教学部,但由于各种原因,教育资金投入少,教学科研处于低级水平。2012年军事政变以来,因政府拖欠公立学校教职员工工资,教师罢工、学生罢课此起彼伏,国家教育事业面临挑战。几比教育经费约占国家财政预算的12%,相当于GDP的3.2%。

一般认为,在殖民统治之前,传统的非洲社会并没有现代意义上的学校或者教育机构。但是教育作为学习知识和行为准则的重要途径,在任何社会,任何时期都不曾缺席。从教育方式来看,每个成年人某种程度上都是年轻人学习的老师。年轻人通过参与家庭、小区生活,融入田间劳作,听老人讲故事,参加观看传统仪式,能够获得并传承知识和技能。因此,非洲传统社会虽然缺乏学校或者教育机构,但并不意味着缺少教育。人们在日常生活和口头文化中自发地、直接地学习知识和技能。这种知识既不是累积性的,也不是向世界开放性的。[1]

尽管官方初等教育基本普及,但文盲率仍然非常高,特别是农村地区。2013年,几比的成人识字率为56.7%。师资力量不足、基础设施落后和教学资源匮乏也是该国教育面临的主要挑战。为了改善这种状况,几比政府和国际组织一直在努力提高教育投入和资源的使用效率,包括加强教师培训、提高工资水平、改善学校设施、鼓励社区参与、扩大学前教育覆盖范围等。此外,几比政府还与国际组织开展了一系列教育改革合作,以期提高整体教育水平。

---

〔1〕 A Educação Durante A Colonização Portuguesa Na Guiné-bissau (1471-1973), Lourenço Ocunicá, P5, Rev. online Bibl. Prof. Joel Martins, Campinas, SP, v. 2, n. 1, out. 2000.

第七节 佛得角教育基本概况

一、佛得角国家概况

佛得角共和国（The Republic of Cabo Verde，República de Cabo Verde），简称佛得角，陆地总面积为 4033 平方公里，总人口为 546 000 人（截至 2020 年），首都为普拉亚。佛得角位于北大西洋非洲侧，是非洲、南美和南部非洲的海上交通要冲，被称为"各大洲的十字路口"，全国由包括圣安唐、圣尼古拉、萨尔、博阿维什塔、福古、圣地亚哥等 10 个火山岛组成。佛得角的官方语言为葡萄牙语，克里奥尔语为民族语言。

1460 年之前，佛得角无人居住。1460 年，佛得角群岛被效忠葡萄牙王室的热那亚航海家诺力和葡萄牙航海家高美斯发现，他们在航海日记和致葡萄牙王室的信函中将其称为"'佛得角'西面 500 里的群岛"，后被其他航海家简称为"佛得角群岛"。其实，早在 1444 年，葡萄牙航海家迪尼什抵达塞内加尔首都达喀尔地区时因感到当地植被茂密，将达喀尔命名为佛得角，意即"绿色的角"。"佛得角群岛"因为 500 里外的称谓而得名也属一场美丽的误会。1975 年佛得角获得独立后，在国家名称中去掉了"群岛"一词，直接以佛得角命名。

佛得角被发现之后，因其海上地理位置特殊，逐渐成为欧洲殖民者向拉美等地贩卖奴隶的中转站。1495 年沦为葡萄牙殖民地。佛得角在帆船和蒸汽船时代，作为船只中转补给站一度繁荣；后因大型远洋船只技术的发展地理位置的重要性降低，逐步衰落。1951 年，葡萄牙宣布佛得角为葡萄牙的海外省。

第二次世界大战后，在民族独立解放浪潮下，自 1956 年起，几内亚和佛得角非洲独立党（以下简称"几佛独立党"）

领导佛得角与几内亚比绍人民并肩开展争取民族独立运动。1975年7月5日，佛得角宣布独立，成立佛得角共和国，几佛独立党总书记阿里斯蒂德斯·佩雷拉任首任总统。1981年，佛得角非洲独立党（以下简称"独立党"）从几佛独立党中独立，结束了佛得角同几内亚比绍两国一党的局面。1990年实行多党制。1991年1月至2001年1月，争取民主运动（以下简称"民运党"）执政。2001年1月至2016年3月，独立党执政。2011年2月，独立党在立法选举中获胜。3月21日新政府成立，内韦斯第三次任总理。丰塞卡在8月举行的两轮总统选举中当选新一届总统。2016年3月，民运党在第九届立法选举中获胜。同年4月，民运党主席席尔瓦就任总理。2021年4月，民运党再次赢得议会选举，党主席席尔瓦连任总理。同年10月，独立党支持的候选人内韦斯在总统选举中获胜，1月宣誓就职。相比其他非洲国家，佛得角的政局非常稳定，没有发生过大规模的政治冲突。

佛得角政府重视教育事业，推进教育制度改革。

二、佛得角教育现状

佛得角教育体系分为幼儿教育、基础教育、中等教育和高等教育四个阶段。基础教育为9年的免费义务教育，包括小学6年和初中3年。佛得角还沿用了葡萄牙的教育统计方法，将教育分为正规教育与非正规教育培训两大类。正规教育是指全日制中小学教育以及学前教育；非正规教育培训则指扫盲及教师培训两项内容。佛得角政府还致力于发展基础教育，通过提供更好的学习环境和教学资源，鼓励更多的学生完成基础教育。根据统计数据，佛得角小学适龄儿童入学率已达100%。

佛得角的中等教育学制为3年，提供文理课程和职业技术课程。重视成人教育，设有各类培训中心。成人（15岁以上）识字率在2015年达到了86.8%，相比于1990年的62.8%已经有了显著提高。尽管佛得角的教育系统在近年来得到了改善，但该国的教育水平仍然相对较低。

佛得角全国共有516家幼儿园，419所小学，49家中学，2013年至2014学年共注册学生142 266人，教师7105名。[1] 主要的挑战包括教育资源不足、教育基础设施落后、师资力量不足、学生辍学率高等问题。此外，佛得角的经济状况也对教育发展造成了一定的限制。为了解决这些问题，佛得角政府和国际组织采取了一系列措施，包括提高教师的培训和薪资、改善学校基础设施、扩大学前教育覆盖范围、推广信息技术教育、加强职业技能培训等。

高等教育包括大学和职业学院，目前共有11家高等教育机构，其中大学6所，高等学院5所，提供多种专业和学科教育机会。2011年至2012学年，在1316名大学教师中，63.5%拥有学士及以上学位；共有1.18万名在读大学生，占全国18岁至22岁人口的20.7%。[2] 2006年11月，第一所非营利性公立大学佛得角大学成立，位于普拉亚。官方认可其高等教育学位和课程项目，该校还在维森特等地设有分校。佛得角高等教育主要设有学士前学位（即证书、文凭、副学士或基础）、学士学位、硕士学位、博士学位等。我国自1996年开始接收佛得角奖学金留学生，先后接收佛得角奖学金留学生138名，2022年有107名佛得角奖学金留学生在华学习。

---

[1]"佛得角国家概况"，载 https://www.mfa.gov.cn/web/gjhdq_676201/gj_676203/fz_677316/1206_677608/1206x0_677610/，最后访问日期：2023年3月1日。

[2]"佛得角国家概况"，载 https://www.mfa.gov.cn/web/gjhdq_676201/gj_676203/fz_677316/1206_677608/1206x0_677610/，最后访问日期：2023年3月1日。

佛得角政府不断推进与我国的教育交流。除每年派出奖学金留学生外，2016年佛得角大学孔子学院开办，并逐步在中学开办中文教育；2017年6月20日，我国政府援建佛得角大学新校区开工；佛得角总理、教育部部长、基础设施部部长等与我国驻佛得角时任大使杜小丛共同出席开工仪式。佛得角大学新校区的建筑面积约2.9万平方米，可容纳师生5000余人。该项目于2021年7月20日竣工。佛得角总理、外交部部长、教育部部长、基础设施部部长等多位政府高官，各国驻佛得角使节、我国驻佛得角时任大使杜小丛及各界代表共计300余人出席2021年7月23日下午的交接仪式。席尔瓦总理一行参观了校区后，高度赞扬了该项目。[1]

佛得角将提高人民的价值与社会地位作为基本国策，并把教育作为落实这一国策的重要环节，把提高全民受教育程度作为实现目标的重要手段。通过教育传播知识，培养精神文明，促进民族团结。在1990年佛得角进行的教育体制改革中，采取了四项基本措施：改革教育体制结构；实施新的教学计划；扩大和改善学校网络；承认并执行新的教育方针及扩大教育体系多样化。这些新的教育方针尊重社会民主和机会均等原则，进行公民意识和爱国主义教育。重点普及6年基础教育，加速成人扫盲工作；提升中等教育质量，为满足国家发展需要以及对高层次科技和管理人才需要，根据学校招生能力采取多种方式扩大高层次人才的培养，在一定程度上推进了教育的发展。

---

[1] "中国政府援建佛得角大学新校区项目顺利移交"，载 http://www.mofcom.gov.cn/article/zwjg/zwxw/zwxwxyf/202107/20210703180362.shtml，最后访问日期：2023年3月1日。

第八节　圣多美和普林西比教育基本概况

一、圣多美和普林西比国家概况

圣多美和普林西比民主共和国（葡萄牙语：República Democrática de São Tomé e Príncipe；英语：The Democratic Republic of Sao Tome and Principe），简称圣普，陆地面积约1001平方公里，人口21.9万人（截至2020年），官方语言为葡萄牙语，首都为圣多美。圣普位于大西洋中的赤道地区，由几内亚湾的两大岛屿圣多美岛和普林西比岛以及环绕在两个岛屿周围的14个小岛组成；[1]是世界上最小的国家之一。圣多美岛大约895平方公里，普林西比岛大约142平方公里。圣多美岛与普林西比岛相距150多公里。

葡萄牙人于15世纪70年代到达圣普并将其作为奴隶贸易据点。1522年成为葡萄牙殖民地。在欧洲海洋争霸过程中，圣普在17世纪到18世纪一度被荷兰、法国占领；1878年葡萄牙再度获得统治权，并于1951年宣布圣普为葡萄牙的"海外省"。1960年圣普解放委员会成立（1972年易名为圣普解放运动；1990年又改名为圣普解放运动—社会民主党，以下简称"解运党"），要求无条件独立；经过不断抗争，葡萄牙统治当局于1974年同圣普解运党达成独立协议。1975年7月12日，圣普宣告独立，定国名为圣多美和普林西比民主共和国，曼努埃尔·平托·达科斯塔任首任总统。圣普独立后曾长期由解运党一党

---

[1] "圣多美和普林西比国家概况"，载 https://www.mfa.gov.cn/web/gjhdq_676201/gj_676203/fz_677316/1206_678452/1206x0_678454/，最后访问日期：2023年3月1日。

执政，1990年8月起实行多党制。1991年1月，民主统一党（以下简称"民统党"）在议会选举中获多数席位，成为执政党。1991年3月，米格尔·特罗瓦达在总统选举中当选并于1996年7月蝉联总统。1998年11月，解运党在议会选举中重新获胜并于1999年1月组建新政府。2001年8月，民主独立行动党（以下简称"民独党"）候选人弗拉迪克·德梅内塞斯当选总统并于2006年7月再次当选。2010年8月，民独党获得议会选举多数席位，帕特里斯·特罗瓦达出任政府总理；2011年8月，独立候选人、前总统达科斯塔当选总统；2014年10月，民独党再获议会选举绝对多数席位，特罗瓦达单独组建政府，再次出任总理。[1]2016年8月，民独党候选人卡瓦略当选总统。2018年10月，民独党议会选举获得25席，解运党获得23席，民主统一党—变革力量民主运动—公民发展民主联盟政党联盟（民变联）获得5席，圣普独立公民运动党获得2席；11月，卡瓦略总统宣布由解运党组阁，任命若热·博姆·热苏斯为总理。2021年7月18日，圣普举行新一届总统选举首轮投票后，民独党候选人卡洛斯·诺瓦、解运党候选人吉列尔梅·达科斯塔进入第二轮投票。最终诺瓦获胜当选。2022年9月，民独党议会选举获得绝对多数席位，民独党主席特罗瓦达再次出任总理，11月宣誓就职。[2]

1975年11月15日，圣普颁布第一部宪法，1990年3月重

---

[1] "圣多美和普林西比国家概况"，载https://www.mfa.gov.cn/web/gjhdq_676201/gj_676203/fz_677316/1206_678452/1206x0_678454/，最后访问日期：2023年3月1日。

[2] "圣多美和普林西比国家概况"，载https://www.mfa.gov.cn/web/gjhdq_676201/gj_676203/fz_677316/1206_678452/1206x0_678454/，最后访问日期：2023年3月1日。

修；现行宪法颁布于2003年1月，规定：圣普是独立的主权国家，是建立在基本人权基础上的民主法治国家。总统是国家元首、武装力量总司令，由普选产生，任期5年，可连任一届。总统有权任免总理、解散议会以及颁布法律、法令和命令等。[1]

圣多美和普林西比是种植以可可等经济作物为主的农业国，是联合国公布的世界最不发达国家之一。1975年7月12日，中国和圣普建交。1997年7月11日，中国政府宣布自即日起中止同圣普的外交关系，并停止执行两国政府间一切协议。2013年11月，中国驻圣普联络处挂牌成立。2016年12月26日，外交部部长王毅与圣多美和普林西比外交和海外侨民部部长乌尔比诺·博特略分别代表各自政府，在北京签署了《中华人民共和国和圣多美和普林西比民主共和国关于恢复外交关系的联合公报》，决定即日起恢复两国大使级外交关系[2]。该公报指出，圣多美和普林西比政府承认世界上只有一个中国，中华人民共和国政府是代表全中国的唯一合法政府，台湾是中国领土不可分割的一部分。圣普政府承诺不同台湾发生任何官方关系，不进行任何官方往来。外交部部长王毅在会见记者时表示，圣普政府在多年之后，积极顺应历史潮流，着眼本国人民的现实和长远利益，作出了重新回到一个中国原则的正确决断。"两国恢复外交关系，对于中国、圣普以及非洲各国来说都是一件互利

---

[1] "圣多美和普林西比国家概况"，载https://www.mfa.gov.cn/web/gjhdq_676201/gj_676203/fz_677316/1206_678452/1206x0_678454/，最后访问日期：2023年3月1日。

[2] "中国同圣多美和普林西比的关系"，载https://www.mfa.gov.cn/web/gjhdq_676201/gj_676203/fz_677316/1206_678452/sbgx_678456/，最后访问日期：2023年3月1日。

共赢的好事情。"[1]

前中国政府非洲事务特别代表刘贵今认为,圣普决定和中国恢复外交关系,是其作出的符合自身利益的正确选择。圣普奉行和平与睦邻友好的对外政策,主张同所有国家建立和发展友好合作关系,利用国际合作资源,开展"经济外交",为圣普发展服务;重点发展与中国、欧盟等重要发展伙伴以及周边国家、非洲葡语国家以及其他西方援助国的关系;圣普系非洲联盟、中非国家经济共同体、葡语国家共同体和法语国家组织成员国。2023年将接任葡语国家共同体轮值主席国。

二、圣多美和普林西比教育现状

圣多美和普林西比教育系统分为幼儿教育、基础教育、中等教育和高等教育四个阶段。尽管圣普教育系统比较薄弱,学校数量不足,教育资源和师资力量有限,但其重视教育,小学基础教育实行免费制。2004年2月,圣普教育体制改革后,基础义务教育由4年延长为6年,包括小学4年,初中2年。政府还通过提供更好的学习环境和教学资源,鼓励更多的学生完成基础教育。目前,圣普共有约80所小学、20所中学;2018年初中入学率为68%;2020年识字率约91.1%;儿童入学率超过95%。2020年至2021学年,圣普注册学生人数约8.2万人。圣普中等教育（高中）为3年。2018年高中入学率为32%。[2]

在高等教育方面,圣普有1所公立大学和2所私立大学。1994年6月,非洲发展银行投资兴建了圣普历史上的第一所高

---

[1] "中国与圣普恢复外交关系",载http://www.gov.cn/xinwen/2016-12/26/content_5153195.htm,最后访问日期:2023年3月1日。

[2] "圣多美和普林西比国家概况",载http://st.china-embassy.gov.cn/spjj/spgk/,最后访问日期:2023年3月1日。

等师范院校。政府注重师资培训，并聘请外国教师执教。国家每年还选派留学生到国外深造。[1]从中国和圣普两国建交到1997年，中国接收25名圣普留学生。2016年复交后，2018年圣普在华留学生总数达171人。2019年，圣普首家孔子学院圣多美和普林西比大学孔子学院揭牌。[2]

圣多美和普林西比政府和国际组织为解决免费义务教育与教育资源紧缺和教学条件落后的矛盾，采取了包括师资培训、提高薪资、改善学校基础设施、推广信息技术教育等一系列措施。全国有图书馆6个，藏书1.4万册[3]。

作为葡萄牙曾经的殖民地，圣普沿用了葡萄牙的教育模式与结构，分为小学教育、中等教育（普通初中与普通高中教育）、高等教育和其他教育（学前教育、职业教育、在职培训等）。除了提高师资水平，为将中小学免费教育落到实处，政府计划新建36所学校。圣普教育投入在政府预算中占比超过10%，2014年政府教育支出占GDP的3.75%。尽管还未达到联合国教科文组织给出的标准教育投入水平，对于一个弱小国家而言，这个进步仍是显著的。但是圣普整个教育体系的建立和发展更多还是依赖其他国家和国际机构的教育援助，这些援助包括提供师资、教材、资金用于资助学生普及教育，大学生出国留学资助，修建学校，培训师资和学校管理者等。

---

[1]"圣多美和普林西比国家概况"，载 http://st.china-embassy.gov.cn/spjj/spgk/，最后访问日期：2023年3月1日。

[2]"中国同圣多美和普林西比的关系"，载 https://www.mfa.gov.cn/web/gjhdq_676201/gj_676203/fz_677316/1206_678452/sbgx_678456/，最后访问日期：2023年3月1日。

[3]"圣多美和普林西比国家概况"，载 http://st.china-embassy.gov.cn/spjj/spgk/，最后访问日期：2023年3月1日。

第九节 东帝汶教育基本概况

一、东帝汶国家概况

东帝汶民主共和国（Democratic Republic of Timor-Leste），简称东帝汶，2002年5月20日独立，是世界上最年轻的国家，国土面积为14 919平方公里，人口为132万人（截至2020年），首都为帝力。[1]东帝汶位于东南亚努沙登加拉群岛最东端，由帝汶岛东部、西部北海岸的欧库西飞地以及附近的阿陶罗岛和东端的雅库岛组成。西部与印度尼西亚（以下简称"印尼"）的西帝汶相接，南隔帝汶海与澳大利亚相望，地理位置十分独特。

16世纪前，帝汶岛曾先后由室利佛逝王国和麻喏巴歇（满者伯夷）王国统治。16世纪初，葡萄牙殖民者入侵帝汶岛。1613年荷兰侵入西帝汶并建立基地，将葡萄牙势力排挤至东部地区。1859年，葡萄牙、荷兰两国签订重新瓜分帝汶岛的条约，将帝汶岛东部及欧库西划归葡萄牙，西部并入荷属东印度（今印尼）。1942年日本占领东帝汶。第二次世界大战后，澳大利亚一度管理东帝汶，不久后葡萄牙恢复对东帝汶的殖民统治，并在1951年将东帝汶改为葡萄牙的"海外省"。1960年，第15届联合国大会通过第1542号决议，宣布东帝汶岛及附属地为"非自治领土"，由葡萄牙管理。[2]

1975年葡萄牙政府因受1974年4月25日"康乃馨革命"

---

[1] "东帝汶国家概况"，载 http://tl.china-embassy.gov.cn/ddwjj/201811/t20181101_1311049.htm，最后访问日期：2023年3月1日。

[2] "东帝汶国家概况"，载 http://tl.china-embassy.gov.cn/ddwjj/201811/t20181101_1311049.htm，最后访问日期：2023年3月1日。

影响，开始非殖民化进程，允许东帝汶对自己国家的前途实行民族自决。该国国内当时存在三个不同的政治派别，分别是主张独立的东帝汶独立革命阵线（以下简称"革阵"）、主张同葡萄牙维持关系的民主联盟（以下简称"民盟"）、主张同印尼合并的帝汶人民民主协会（以下简称"民协"），因政见不同引发内战。1975年11月28日，革阵单方面宣布东帝汶独立，成立东帝汶民主共和国，由弗朗西斯科·沙维尔·德·阿马拉尔任总统。同年12月，印尼出兵东帝汶，次年宣布东帝汶为印尼的第27个省。1975年12月，联合国大会决议要求印尼撤军，呼吁各国尊重东帝汶的领土完整和人民自决权利。1978年12月，印尼军方杀害了担任三年总统的尼克劳·多斯·雷斯·洛巴托。1982年，联合国大会表决通过支持东帝汶人民自决的决议。1983年至1998年，联合国秘书长斡旋葡萄牙与印尼政府就东帝汶问题进行了十几轮谈判。

1999年1月，印尼总统哈比比同意东帝汶通过全民公决选择自治或脱离印尼。8月30日，东帝汶全民公决，75%的民众投票赞成独立。投票后东帝汶亲印尼派与独立派发生流血冲突，局势恶化，约20多万难民逃至西帝汶。9月，哈比比总统同意多国部队进驻东帝汶。以澳大利亚为首的多国部队经联合国安理会授权，于9月20日正式进驻东帝汶，进行权力移交。10月，印尼人民协商会议决议正式批准东帝汶脱离印尼。

1999年11月，东帝汶具有准内阁、准立法机构性质的全国协商委员会（NCC）成立，2000年7月组成首届过渡内阁，2001年8月经过制宪议会选举，9月15日成立制宪议会和第二届过渡内阁，2002年4月举行总统选举，东帝汶独立运动领袖凯·腊拉·夏纳纳·古斯芒当选。2002年5月20日，东帝汶民主共和国正式成立。[1]

东帝汶独立经历了一个复杂而漫长的过程。在葡萄牙殖民统治450年、印尼非法占领24年、联合国东帝汶过渡行政当局（东帝汶过渡内阁）临时国际行政32个月之后，它终于成为一个主权国家。

二、东帝汶教育概况

（一）独立前的东帝汶教育

葡萄牙船只首次在帝汶海岸登陆是在1515年，帝汶的教育是伴随天主教传教活动开始的。根据葡萄牙历史学家曼努埃尔·特谢拉的说法，1556年的一份报告第一次提到帝汶的传教活动，是在东帝汶和恩德岛进行的，规模约500人。

罗马天主教会通过让当事人皈依天主教的方式，使这些当地精英转变为葡萄牙王室的联盟。这些皈依者被安置在僻静的宣教学校，以住宿制方式接受葡萄牙语言文化以及天主教的价值观教育，最终成为忠于葡萄牙人的中坚阶层。葡萄牙人还将天主教文化、文字、印刷机和学校制度引进到东帝汶，由此开启了东帝汶西式教会教育的启蒙。

天主教会积极推行宗教教育，1738年建造了第一个神学院；1863年又在帝力建立了第一所大学；随后在主要城镇设立了教育管理机构。大学和耶稣会学院为培养东帝汶精英阶层发挥了作用。1877年，一位中国传教士被授权在帝力从事华人学童的教育。后来由殖民地政府和军队接管兴建与管理学校。

在1932年到1968年安东尼奥·萨拉查统治葡萄牙期间，葡萄牙对东帝汶实行区别对待的殖民主义教育，即对东帝汶社会

---

［1］"东帝汶国家概况"，载 http://tl.china-embassy.gov.cn/ddwjj/201811/t20181101_1311049.htm，最后访问日期：2023年3月1日。

上层人士进行殖民主义的精英官员教育，对农村地区和中下层人士进行当地语言的殖民基础教育。葡萄牙人认为，受过教会学校和官员教育的东帝汶人对教会和葡萄牙更加忠诚，很多人因此被安排成为公务员。这些人后来多数成为葡萄牙殖民统治时期东帝汶的国家精英，有较高的社会地位，受人尊重。无论是精英官员教育还是基础教育，主要目的是培养对葡萄牙和教会的认同和忠诚，灌输神职人员作为上帝的代表、东帝汶属于葡萄牙帝国的殖民主义观点。

从20世纪50年代开始，教会和殖民当局扩大了教育规模，但农村学生受生活所迫，辍学率很高，无法完成为期4年的小学教育，更难以通过预科入学考试，继续接受2年的预科教育。鉴于这种现实，东帝汶公务员入职和小学教师应聘的最低要求是小学四年级毕业。帝力作为首都教育水平相对较高，但直到1965年才开始完整的4年中学教育。中学教育为毕业生进入葡萄牙高校，接受高等教育带来了机会。据有关统计，到1974年，葡萄牙殖民统治结束时，东帝汶有200名教师，其中16名是葡萄牙人；其余是东帝汶人，他们大多数人在小学毕业后仅接受过一年的职业培训；仅有53%的学龄儿童接受教育；全国只有5%的人口识字。

(二) 印尼统治下的东帝汶教育概况

印尼于1975年12月7日入侵东帝汶，1999年宣布同意东帝汶进行全民公决，到2002年东帝汶获得独立，对东帝汶的教育产生了20余年的深远影响。加上与西帝汶的地理关系原因，印尼对东帝汶的影响更加深远。在印尼入侵之前，革阵几个控制区开展了扫盲运动，该活动强调非殖民化学习过程和促进小区教育的重要性；因此，扫盲以当地语言德顿语作为教学语言。这种去殖民化的扫盲方式也在一定程度上降低了葡萄牙语在东帝汶的实际影响力。

印尼实行占领后，为了加快东帝汶人对其的认同和融合，宣布葡萄牙语是殖民语言，禁止使用。东帝汶的教育因此被暂停。几年之后，会讲印尼语的教师队伍终于组建完毕，东帝汶恢复了教育并采用印尼教学方式和学制；公立学校用印尼语进行课程教学，实行新编撰的统一教材；学制为小学6年、初中3年和高中3年；扩大了教育建设规模；1975年至1993年期间，小学从47所增加到612所，中学从5所增加到34所。为了培养更多的高层人士，鼓励东帝汶人到印尼读大学并提供大学奖学金；1986年成立东帝汶国立大学。印尼希望以此途径向年轻的东帝汶人灌输印尼文化和意识形态，促进文化认同；并向国际社会证明东帝汶与印尼的融合是良性的。

在印尼占领期，印尼语是官方和教学语言，但由于能够用印尼语开展教学的师资缺乏，1994年至1995年允许使用当地德顿语对小学一二年级进行教学。印尼强制要求适龄孩子入学并对许多家庭进行监督。1998年的数据显示，东帝汶小学总入学率为90.1%；但实际情况却表明学校出勤率非常不稳定。因为在革阵控制的区域，家长认同革阵关于印尼教育是对东帝汶压迫的工具的观点，更愿意将孩子留在家中。

尽管在印尼占领期间，公立教育机构为许多东帝汶人提供了技能和政府机构的低级职位，但是东帝汶人认为公立教育机构与印尼占领者合作，在教学过程中灌输对印尼的认同和价值观，因此，对公立教育并不信任，甚至抵触和疏离。

1999年9月，联合国授权的多国部队抵达东帝汶，1999年10月25日，具有准内阁、准立法机构性质的全国协商委员会（NCC）成立，2000年7月成立首届过渡内阁，过渡内阁的职责包括：在全境提供安全、法律和秩序；建立有效的行政管理；

协助发展民事和社会服务；协调提供人道主义援助，恢复和发展；并协助建立可持续发展的条件。

在东帝汶过渡内阁管理教育之初，重建教育基础设施、恢复提供教育服务，建立一个新型的教育部门成为重中之重。东帝汶全国重建大会党（Congresso National de Reconstrucão Timorense/National Congress of Timor-Leste Reconstruction，CNRT，以下简称"大会党"）对过渡时期的教育非常重视，要求参与教育重建，并在很大程度上取得了成功。早在1999年4月，大会党代表们在澳大利亚墨尔本召开东帝汶教育部门改革会议，制定国家建设战略和教育发展计划，以期通过全民协商获得独立。会议专门讨论了教育发展与重建，认为教育是东帝汶社会和经济转型的关键部门；学校教育系统和非正规教育机构必须负责和灵活，以满足其他部门和项目的需要，并促进公平和参与；推进教学和课程现代化改革；引入新的教育技能和教学方法以促进和吸收重要的传统价值观，实现教育解放。教育战略计划目标包括：针对国家利益需要培养人力资源；完善教学过程，提高教学质量；协调和利用国外教育资源；促进东帝汶的历史教育；培养东帝汶文化和价值观，发展民族认同；培养独立性和批判性思维，鼓励自由和科学的探究精神。

1999年8月30日，全民公决后亲印尼派和独立派发生了流血冲突，大会党的计划被迫放弃。多国部队抵达后，大会党立即开始组织紧急教育服务，成立了地区教育委员会，组织征聘志愿教师，建立了数百个学校小组。随着东帝汶过渡内阁的成立，大会党成为事实上的教育管理机构。

2000年5月开始招聘公立学校教师，提出了申请人的申请资格和录取办法，要求参加全国教师招聘考试的报名者需会讲葡萄牙语和具备印尼小学教学资格。录取标准是根据每个地区教师职位配额，从高分到低分录取。东帝汶教师和教育工作者小组开展了课程改革、选择教科书等工作。

世界银行将东帝汶过渡内阁作为法定资金管理机构对教育发展活动进行资助，教育部获得过渡内阁授权管理教育发展项目。世界银行重点资助小学项目；为满足长期教育发展需要，启动了学校建设与运行监测项目；这个项目涵盖了每所学校学生的健康、设备设施、集水区和预计入学率等统计监测；2001年10月，东帝汶国立大学文学学士项目启动，为教师提供在职快速培训。据统计，2001年10月，修复了2700间被损毁的教室，超过240 000名中小学新生入学；有700多所小学和100所初中的6000多名教师接受在职培训教育，使用了100多万本教科书；设立了有10所技术学院；5000名学生就读于东帝汶国立大学。

2002年3月，东帝汶临时宪法规定葡萄牙语是该国官方语言，德顿语为国家语言。从小学4年级开始逐步引入葡萄牙语教学。为提高葡萄牙语教学质量，邀请葡萄牙派出葡萄牙语教师，用葡萄牙语对东帝汶当地教师进行培训，并在初中和高中为学生讲授语言课。

三、东帝汶教育发展现状

2002年5月独立后，东帝汶的教育沿用了大会党时期的教育政策和制度。教育部主管基础教育政策计划，分为学前教育、义务教育、中等教育和高等教育四个阶段。3岁至6岁的儿童接受学前教育，入学率只有11%。义务教育阶段分为三个学段：1年级至4年级为第一学段，5年级至6年级为第二学段，7年级至9年级为第三阶段。中等教育也分为职业中等教育和普通中等教育。高等教育分为高等技术教育和大学教育。技术教育主要是专业应用课程，为发展学生的实践能力和问题解决能力，获得文凭课程毕业证书；大学教育的重点在于调查研究和知识创造，为进一步学习和研究奠定基础，获得学位课程毕业证书。东帝汶政府为持续推动高等教育质量的提高，采取了一系列的措施：建立高效率和高质量的监管体系，高等院校进行国家质量制度的资格注册；建立有效的管理系统，调整政府干预高等教育的程度；开办理工学院以及相应的专业性学院；扩大院系规模等。

教育主管部门参与举办了关于东帝汶教育政策的讲解班。东帝汶国家非政府组织论坛认为"应将教育视为东帝汶未来的关键"，并强调需要为教育形成"确定框架"。在2006年全国危机期间，学校再次遭到故意破坏，学生成为破坏的受害者，教学一度停止。

在教育部的努力下，目前共有小学1275所，初中81所，大专院校17所。东帝汶国立大学于2000年11月重新开办。2019年，东帝汶的小学入学率为91.5%，中学入学率为65.8%，2018年15岁以上成年识字率为68.1%。[1]教育恢复和重建收到一定效果，但要实现既定目标还有很长的路要走。

本章小结

葡语国家之间，无论是政治、历史文化、经济水平、民众基础和基础建设，都存在一定差异；由于国情的不同，各国教育发展不一，教育制度各具特色；国际大环境也会影响国家在教育发展方面所采取的政策与策略。

---

[1] "东帝汶国家概况"，载 https://www.mfa.gov.cn/web/gjhdq_676201/gj_676203/yz_676205/1206_676428/1206x0_676430/，最后访问日期：2023年3月1日。

目前，国际国内对葡语国家的投资、研究兴趣方兴未艾；"一带一路"建设高质量发展在不断深化，"民心相通"研究不断深入，教育成为葡语国家政府部门、企事业机构、教学科研单位等广大读者共同关心的问题。帮助广大读者了解葡语国家的教育制度和水平、教育结构和教育规律，更好地开展文化交流，促进民心相通交流，构建人类命运共同体，是我们的初衷。

本书结合葡语国家的实际和分类特点，将基础教育、中等教育、高等教育、私立教育和其他教育分类介绍，最后展开对现存问题的分析。

第二章
葡语国家基础教育

"教育"一词在中国源于孟子的"得天下英才而教育之"。而先于孟子的孔子，作为中国早期的思想家和教育实践者，非常重视教育，把教育、人口和财富作为立国的三大要素。孔子三十岁开始广收门徒，相传弟子三千，贤人七十二；孔子提倡有教无类和因材施教，认为老百姓应该受教育，将教学推广到民间，是私人讲学教育的先驱，亦是中华传统文化教育的楷模。孔子是儒家学派的创始人，孟子是继孔子之后儒家学派思想的集大成者，因此，孔子和孟子被尊为儒家思想的代表。儒家文化对中国传统文化和官办、私立教育影响深远。

西方教育有广义和狭义之分。狭义的教育指专门组织的学校教育；广义的教育指影响人的身心发展的社会实践活动。中国和西方都对教育有着不同层次和视角的解读。

柏拉图认为，教育是为了以后生活所进行的训练；斯宾塞与柏拉图观点一致，认为"教育为未来生活之准备"。而杜威则认为："教育就是生活。"陶行知的观点与柏拉图相似，认为生活即教育；鲁迅和蔡元培则从立人的高度阐释教育。鲁迅认为，"教育是要立人"。蔡元培也认为，"教育是帮助被教育的人给他能发展自己的能力，完成他的人格，于人类文化上能尽一分子的责任，不是把被教育的人造成一种特别器具"。

本书所论述的教育，更多地偏重狭义概念，旨在围绕学校教育开展。与中国教育发展道路不同，西方教育在中世纪早期的发展为，教会几乎全部垄断文化教育，教会学校是当时最主要的教育机构；按等级分为僧院学校、大主教学校、教区学校等；主要教育内容是宗教，神学是最重要的学科，其他"七艺"（文法、修辞学、辩证法、算术、几何、天文、音乐）学科都是为神学服务的；形式主义的繁琐论证是主要的教学方法。这种经院主义的教育后来被资产阶级教育家批判为理论脱离实际的"经院哲学"。这种教育一度是被僧侣垄断的，渗透着神学思想。正如恩格斯所批判的，中世纪"僧侣们获得了知识教育的垄断地位，因而教育本身也渗透了神学的性质"。[1]中世纪后期，新兴市民阶层随着生产力的发展而产生，与新兴市民需要相匹配的世俗性城市学校和中世纪大学应运而生，教育发生了巨大变化。中世纪世俗性大学一是因各地青年慕名主教学校拥有的著名学者前来求学，逐步发展而成的；二是知名学生团体通过吸引名家讲学，发展而成的。这种情况使西欧封建社会出现了世俗教育与宗教教育并存的局面。

　　西方教育大致经历了以柏拉图为代表的神性化教育理论，以卢梭为代表的人性化教育理论，以赫尔巴特为代表的心理学化教育理论和以杜威为代表的现代化教育理论四个阶段。柏拉图的代表作《理想国》，主张以神性至上至善为主导，拟定出早期教育、分级学校教育和成人教育系统，这些至今还影响着教育系统的划分；卢梭的代表作《爱弥儿》，深受人道主义、启蒙思想的影响，为教育理论发展和变革提供了动力；赫尔巴特的主要教育著作有：《普通教育学》（1806年）、《科学的心理学》（1824年）、《教育学讲授纲要》（1835年）等。他把人的观念及其相

---

〔1〕［德］恩格斯："德国农民战争"，载《马克思恩格斯全集》（第7卷），人民出版社1959年版，第400页。

互联系和斗争视为人的心理活动的基础，认为"教育作为一种科学，是以实践哲学和心理学为基础的。前者说明教育的目的；后者说明教育的途径、手段与障碍"。[1]杜威的代表作有《民主与教育》，其是现代教育理论的代表。为了区别于"课堂中心""教材中心""教师中心"传统教育的"旧三中心论"，他提出了"儿童中心（学生中心）""活动中心""经验中心"的"新三中心论"。主张教育即"生活"，能传递人类积累的经验，丰富人类经验的内容，增强经验指导生活和适应社会的能力，从而把社会生活维系起来和发展起来。杜威的教育思想影响广泛，20世纪初，被胡适引进中国。

基础教育是一个动态概念，在不同国家和不同时期具有不同的内涵。尽管如此，基础教育概念的理解具有一定的共性认识。其基本共性是，面向全体学生的国民素质教育，打牢民族素质的基础，打好适龄儿童终身学习和参与社会生活的基础。目前中国的基础教育包括幼儿教育（一般为3岁至5岁）、义务教育（一般为6岁至15岁）、高中教育（一般为16岁至19岁），以及扫盲教育。基础教育所涵盖的小学和初中阶段属于义务教育。

联合国也十分重视基础教育问题。1977年，联合国教科文组织高级教育计划官员讨论会在罗毕召开，会上就基础教育的概念、目的进行了深入讨论，认为"基础教育是向每个人提供并为一切人所共有的最低限度的知识、观点、社会准则和经验"的教育。基础教育的"目的是使每一个人能够发挥自己的潜力、发挥创造性和批判精神，以实现自己的抱负并获得幸福，成为一个有益的公民和生产者，对所属的社会发展贡献力量"。基础

---

[1] 高觉敷、叶浩生主编：《西方教育心理学发展史》，福建教育出版社2005年版。

教育是整个教育体系的关键部分。在葡语国家，基础教育的内涵也不尽一致。有些国家向下兼容，涵盖学前教育阶段；有些国家向上兼容，涵盖高中教育阶段。一般而言，基础教育阶段或多或少都与义务教育阶段重合。

义务教育是国家针对全国适龄儿童、少年统一实施的具有强制性、免费性、普及性和世俗性的教育；[1]也是国家必须予以保障的公益性事业。多数葡语国家已经实行了免费义务教育。义务教育起源于德国。宗教领袖马丁·路德是最早提出义务教育概念的人。1619年，德国魏玛公国公布的学校法令规定：父母应送其6岁至12岁的子女入学，这是最早的义务教育。在1763年到1819年，德国基本完善了义务教育法规，包括父母与家庭有使学龄儿童就学的义务；国家有设校兴学以使国民受教育的义务；以及全社会有排除阻碍学龄儿童身心健全发展的种种不良影响的义务。英国、法国、美国等资本主义国家大多在19世纪70年代后实行义务教育。根据联合国教科文组织的有关统计资料，到20世纪70年代末80年代初，已有近60个国家实施了义务教育法。各国实施义务教育的年限长短，大体是由该国的经济发展水平和文化教育程度决定的。

一般而言，基础教育按照学制可以分为小学教育、中学教育（包括初中、高中）。义务教育通常会包含在基础教育之内，少数国家的义务教育包含学前教育，有些国家的义务教育并不包括高中教育。国家通过强制措施开展义务教育，并从国家层面予以保障，表明义务教育事关少年儿童健康成长，事关国家发展和未来。

---

[1] 包瑜："义务教育阶段'全科教育'——理念、趋势、定义及展望"，天津师范大学2019年硕士学位论文。

第一节　葡萄牙基础教育

葡萄牙高度重视基础教育，为了确保质量，政府对公立和私立学校都投入了大量的人力和资金。葡萄牙学龄儿童6岁入学，9年基础教育分为三个阶段；加上后来归入义务教育的高中3年，一共四个阶段。葡萄牙于1911年开始实行义务教育，最初是4年制免费教育；1965年延长至6年；后来延长至9年；2009年延长到12年义务教育。至此，葡萄牙义务教育包含了基础教育和中学教育，共有四个阶段：4年小学、2年预备期、3年初中、3年高中。需要说明的是，尽管高中属于义务教育，但并不属于基础教育阶段。基础教育体系如表1所示：

表1　葡萄牙基础教育体系

年级	入学年龄（岁）	学校阶段
1年级	6	第一阶段 （小学4年）
2年级	7	
3年级	8	
4年级	9	
5年级	10	第二阶段 （中学预备班）
6年级	11	
7年级	12	第三阶段 （初中）
8年级	13	

续表

年级	入学年龄（岁）	学校阶段
9 年级	14	

资料来源：作者整理

表 2　葡萄牙基础教育、义务教育对照与年限表

教育类型	学前教育	义务教育			
	学前教育	基础教育			中等教育
		第一阶段（小学 4 年）	第二阶段（中学预备班）	第三阶段（初中）	第四阶段（高中）
学制（年）	5	4	2	3	3
在校年龄段（岁）	0~5	6~10	11~12	13~14	15~18

资料来源：作者整理

一、葡萄牙小学教育

葡萄牙小学教育分为两个阶段：第一阶段为 1 年级至 4 年级的小学，第二阶段为 5 年级至 6 年级的中学预备班。20 世纪 60 年代，由于城乡教育资源分布不均，小学教育两个阶段的学校既有公立的也有私立的。私立学校多数是教会学校。偏远的农村由于师资缺乏，通过电视教学实施预备期教育。预备期的学生去电教中心上课，教育技术研究所负责上课，中心配备一名教师做班长管理评价学生。20 世纪 80 年代后，情况得到很大改观。师资水平、入学率都不断提高。2022 年教育投资占 GDP 的 5.8%，在发达国家中名列前茅。据统计，2006 年适龄儿童小学总

入学率高达99.5%；但到2016年，小学总入学率为96.43%，相比10年前有所下降；另据统计，在2007年到2016年期间，公立学校共失去了126 596名学生，私立学校则失去了15 602名学生。[1]目前葡萄牙接受基础教育的学生人数仍在不断减少。

在课程方面，葡萄牙小学阶段除了葡萄牙语和英语作为基础课，还开设有数学、音乐、美术、宗教、环境、历史、地理、科技、技术、思想品德等课程。到预备阶段的5年级又新增历史、地理、自然科学和手工等课程，这些课程为步入中学阶段做准备。

一段时间，欧洲经济发展迟缓，教师队伍逐渐走向老龄化，加上葡萄牙是金融风暴和欧债危机的重灾户，也使教育受到严重冲击。葡萄牙小学教师流失严重，教学质量下滑。统计显示，2005年小学教师有71 519人，到2015年仅剩49 355人；总体减少22 164人。[2]由于公务员和教师工资受葡债危机影响，已经冻结了10年，公务员和教师一直酝酿以罢工相威胁，希望政府做出让步。但政府也担心对教师的让步会带来令其难以承受的连锁反应，因此双方僵持不下。如果继续僵持，教师流失现象将会进一步加剧。

在"一带一路"高质量发展的背景下，中葡两国关系不断深化，教育也获益极大。越来越多的葡萄牙学生希望通过学习汉语了解中国，为了满足学生、学生家长和老师们让孩子们从小学习汉语这一愿望，2014年3月，葡萄牙时任教育部部长努

---

[1] "葡萄牙2016年教育状况报告：专心听讲学生成绩更好，中学生课外补习更多"，载《葡华报》2017年12月13日。

[2] Lourenco Marques, J., Tufail, M., Wolf, J., & Madaleno, M. "Population growth and the local provision of services: the role of primary schools in Portugal", *Population Research and Policy Review*, 40 (2021), 309~335.

诺格拉图在与葡萄牙总统访华时表示：在葡萄牙基础教育的第三阶段和中学课程中，选修课程将列入汉语。在葡萄牙政府教育政策推动下，越来越多的小学开始开设中文课，教育司向公立基础教育机构提供了足够的支持与补贴。葡萄牙高校也开设了中国文化相关专业。伴随着各类利好消息，葡萄牙也成为中国大中小学生的留学目的地国。

葡萄牙基础教育机构用于学生和设施的经费比较充足。为了吸引学生回到教室，新冠疫情期间，公立学校在教育部补贴支持下，能够以提供免费午餐的方式鼓励学生接种疫苗；并为此期间的在校学生提供午餐补贴。此外，学校还以 150 欧元的价格为接种疫苗的学生提供笔记本电脑以及每月费用为 5 欧元的无线上网服务；学生也可以用学校图书馆的计算机上网。

表 3　葡萄牙中小学资讯表

类型	小学	中学预备班	初中	高中（普高、职高）
入学时间	每年 9 月 15 日前			
学制	4 年	2 年	3 年	3 年
基础课	葡萄牙语、英语	葡萄牙语、英语	葡萄牙语、英语	葡萄牙语、物理、哲学、外语、宗教
主要科目	语文、英语、数学、音乐、美术、语言、宗教、环境、历史、地理、科技、技术、思想品德	新增历史、地理、自然科学和手工等	第二外语（7年级）、物理、化学、生物、技术实践、音乐、IT、戏剧、艺术等课程等	第三外语（10 年级）普通高中教育提供文化课程；针对继续大

续表

类型	小学	中学预备班	初中	高中（普高、职高）
				学深造或者更高阶段的学习者，可以选择自己感兴趣的科目学习，也可以开始为以后大学的专业打基础 技术职业教育 职业课程针对想要学习一门专职技能而对未来职业提前规划的学习者
备注	1. 小班教学；2. 高中功课开始紧张			

资料来源：作者整理

二、葡萄牙中学教育

葡萄牙中学教育包含两类，初中教育属于基础教育，高中教育属于中学教育。初高中学制都是 3 年；高中包含普通高中和职业高中。

2009年,葡萄牙将初高中教育统一纳入义务教育范畴,义务教育由原来的9年延长至12年。基础教育范畴的初中教育和中学教育范畴的高中及职业教育各有侧重。近年来,中学教育有了明显进步,相比小学入学率而言,中学入学率较为乐观。2006年,入学率为82.1%;直到2016年,入学率上升到93.5%,增长了11.4%。其中,私立中学2006年的入学率占15.5%;2016年的入学率占18%,增幅为2.5%。但是,中学师资和小学师资面临同样的问题,即流失情况严重。2015年在职教师人数由2005年的93 803人减少到78 418人,10年间直接减少了15 385人。[1]

2012年,为削减政府财政赤字,葡萄牙议会通过了《2013年预算草案》,该草案通过了包括削减10亿欧元教育经费在内的减少政府开支措施。大约3万名教师2013年在首都里斯本举行抗议政府的游行示威,教师公会指责政府此举将导致公立学校私有化,并导致5万名教职员面临失业。

(一)初中教育

7年级至9年级属于葡萄牙的初中教育,也是基础教育的第三阶段。作为欧盟国家,葡萄牙重视外语教育。初中开始开设第二外语课;此外,还为学生们提供物理、化学、生物、技术实践、音乐、IT、戏剧、艺术等课程。本阶段,公立学校除了提供正常的教学,还培养学生们对其他事物的广泛兴趣;定期组织课外活动、社会实践等形式内容丰富的活动,让学生直接体验和感受校外的世界,以此培养学生们对未来的规划。由于此阶段的学生多数处于叛逆期,学校有关部门注重关注学生的

---

[1] Teixeira, A. A. C., "Measuring aggregate human capital in Portugal: 19602001", *Portuguese Journal of Social Science*, 4 (2), 101~120 (2005).

心理健康，保持与学生和家长的沟通。

初中阶段是学生精力最旺盛，对外界事物敏感，注意力不容易集中的阶段，学习成绩也容易下滑。为了搞清楚这个问题，葡萄牙教育部2016年委托调查委员会通过对不同教育层次学生的学业成绩统计，对学校教师的网上调查等途径，进行了学习成绩与注意力关系的研究。经过调查发现，在课堂上集中精力的学生在考试中表现得更好。校外补课也对提高学生成绩有一定帮助。其中，61%的中学生为了考试取得更好的成绩，参加校外数学补习等私人课程。[1]调查得到的反馈是，成绩好的学生认为自己在课堂上更加专注，有抵抗噪音和复杂学习环境的能力；更有耐心和毅力，更有"自我责任感"。

(二) 高中教育

高中教育是基础教育的第四阶段，对象为10年级至12年级15岁至18岁的学生。实行12年义务教育后，高中教育由非强制性转为强制性教育。高中包含普通高中和技术职业高中两种类型。普通高中为升入大学的学生开设葡萄牙语、物理、哲学、外语、宗教等基础课程，10年级（高一）开设第三外语；除此之外，还开设升学所需的专业课程。职业高中，与普通高中一样，也是3年学制。为毕业后不打算升学，准备成为某方面的专业技术人才的学生提供一些专门领域的职业课程，此类课程更加注重课程与就业的针对性和实用性，以便帮助学生尽快实现就业。

一般认为，葡萄牙教学方法灵活多样，课堂较为生动活泼。但实际上由于师资老龄化的趋势，人均教龄23年（2016年统计）；仍有大部分教师不适应新的教学方法，课堂互动少，以讲

---

[1] Handa, S., "Raising primary school enrolment in developing countries: The relative importance of supply and demand", *Journal of development Economics*, 69 (1), 103~128 (2002).

解为主；作业以书本作业为主，专题作业占比不足20%；学生课堂不专心，课堂违纪，特别是在50岁以上资深教师的课堂违纪，比较常见；教学质量下滑。葡萄牙教育质量协会（CNE）主席玛丽亚·桑托斯认为，应该重新考虑教学方法。

和其他欧盟国家一样，葡萄牙劳动力紧缺。因此，大量就业岗位使很多年轻人在初中毕业后选择就读职业高中，经过职业教育培训后就业。这为职业高中教育带来了发展机遇。根据世界银行的数据，2006年葡萄牙接受职业教育的人数为110 647人，直到2016年，接受职业教育的人数达到了197 748人，明显呈上升趋势。[1]越来越多的学生选择职业教育除了因为葡萄牙劳动力紧缺，就业容易；欧盟国家劳动力缺乏，葡萄牙作为欧盟成员，毕业生可以在整个欧盟范围内就业也是重要原因。

第二节　巴西基础教育

巴西现行教育制度于20世纪60年代至70年代形成，负责单位是巴西联邦教育委员会，州和市有对应机构负责。在巴西，初等教育、义务教育在教育阶段时长上是对等的，两者的时长都是8年；初等教育包含小学和初中各4年。与上述两个概念不同，基础教育涵盖3年的儿童（学前）教育，为11年。由于巴西面积广，发展程度差别较大，一些贫困家庭的当务之急是通过孩子就业减轻家庭经济负担，同时，由于贫困地区师资严重不足，教育设备简陋，因此，在农村和偏远地区，首先是执行4年的小学义务教育。自2010年开始，巴西中小学教育学制从"8+3"调整为"9+3"模式，小学由4年延长为5年，相比

---

〔1〕"葡萄牙2016年教育状况报告：专心听讲学生成绩更好，中学生课外补习更多"，载《葡华报》2017年12月13日。

过去有所增加。巴西学前和高中教育不是强制性的，但学生可以通过申请在公立学校获得免费教育的机会；教育部评估和批准后，私立学校也可以开办中学。

表4 巴西基础教育

基础教育（12年）					
学前教育		免费普及义务教育（9年）			中等教育（普通高中、职业高中）
		初等教育（普通初中、职业教育初中）			
婴幼保育所	儿童教育（幼儿园）	1年级至5年级	6年级至9年级		10年至12年级 普通高中3年 职业高中2年至4年
2岁至3岁	4岁至6岁	6岁至10岁	11岁至14岁		15岁至18岁
	游戏，寓教于乐	葡语、数学、常识、自然科学、文体	8年级增设工商、家政、农业		分学术、师范、商业、工业和农业5科

资料来源：作者整理

一、巴西初等教育（小学和初中教育）

初等教育旧制是小学4年，初中4年；新制是小学5年，初中4年，为期9年。在教学条件好的地方，重点推行9年免费义务教育；边远地区受现实条件的制约，重点推行小学阶段的免费义务教育。免费义务教育主要由公立学校提供。小学开设的基础课程主要有：葡语、数学、常识、自然科学、文体等；初中分为普通初中和职业教育初中两个类型。两类学校在初中前两年课程设置没有区别。进入初中第三年开始，职业初中增设工商、家政、农业等职业课程。修读完毕可获得基础教育证书（Certificado de Ensino Fundamental）。小学和初中的教学质量因地区和学校而异。

2010年，初等教育（1年级至9年级）注册在校学生5190万人，其中，85.4%在公立学校就读；公、私立学校共计约19.5万所。根据世界银行2010年公布的国际学生评估计划结果，巴西在基础教育规模和学生受教育年限上进步显著，劳动力受教育年限从5.6年大幅上升到7.2年；被认为是过去20年教育幅度提升最高的国家之一。尽管巴西基础教育规模和平均受教育年限取得了一些进步，但基础教育的效果还不理想。主要表现在：学生留级率、辍学率高，相当数量的学生不能按时毕业；约1/5初中毕业生实际水平不够，存在阅读障碍。据2009年《供给学生能力评量》，巴西在65个参与的国家和地区中，数学等三项综合科目排名第53，平均386分，比国际平均分低111分，其中，数学单科排名倒数第9。[1]

二、巴西中等教育（3年；15岁至18岁）

在巴西，中等教育属于基础教育，但不是强制性的义务教育。尽管学生在公立学校可以申请免费的中学教育，但由于学生家庭经济窘迫、就业市场劳动力缺乏等原因，政府重点推行的仍旧是初中义务制教育，边远地区尚停留在小学义务制教育阶段。中等教育包含普通高中和职业高中。

---

〔1〕 来源于巴西政府网站：http://www.brasiil.gov.br/sobre/brasil-1/brasil-en-numeros/education/br_ model1? set_ language=es.

普通高中学制为3年，主要为升大学服务。开设的主要课程包括外语、哲学、社会学、葡萄牙语、地理、历史、物理、化学、生物、数学、艺术和体育；修读完毕可获得中等教育毕业证书。

中等职业教育学制为2年至4年，为学生求职服务，培养具有中等技术水平的技术人员和劳动者；课程包括一般和专业职业科目；修读完毕可获得技术水平证书或中级技术资格证书。巴西一直致力于发展和促进职业教育和培训，以提高高中毕业率并为年轻人提供更直接的劳动力市场途径。巴西把职业高中毕业生当作未来生产的生力军，不仅加快发展职业高中，设立奖学金吸引学生；针对90%的高中毕业生的目标是升入大学这一现实，还规定职业高中毕业生和普通高中毕业生一样，可以报考高等院校。

20世纪开始，为进一步促进职业教育，巴西政府采取了更为有效的操作方式。一是整合各校优势资源，联合若干学校组成"校际职业教育中心"，开设具有特色和吸引力的职业课程；二是通过推广校企合作，为学生提供实际训练机会和基地。州教育委员会根据当地劳动市场的需求决定职业教育课程计划，学校向毕业生颁发"职业证书"。里约一个"教育联合中心"在1973年就拥有颁发30个工种职业证书的资格。2014年政府制定了职业教育发展规划，2024年职业教育入学人数的目标是比2014年增加两倍。

在巴西，最受职业高中在校生欢迎的课程是商业、行政和法律，选择此类课程的在校生占25%。巴西为职业教育课程投入了大量资源，并采用小班教学。每名教师在专业课授课中，只有13名学生；而在一般基础课授课中，有26名学生。师生比高于经济合作与发展组织职业课的1∶13，如一般基础课程为1∶12。

对于巴西而言，这种进步是显著的。

表5　巴西职业教育

基础教育		高等教育	成人教育
初等职业教育	中等职业教育	高等技术教育	成人技术教育
2年	2年至4年	3年至5年	/
8年级至9年级	10年级至12年级		在职教育

资料来源：作者整理

第三节　安哥拉基础教育

一、安哥拉基础教育发展概述

安哥拉基础教育学制为14年，其中8年（小学到初中阶段）为义务教育，儿童7岁入学。2016年初等和中等教育系统注册学生775.8万人，其中小学510.4万人，中学191万人，教师数量为17.1万人，学校数量3万所，安哥拉小学免费义务教育已涵盖全国各个省市。教育支出占国家预算的5.8%。据政府2016年统计，全国识字率为81%。

战后安哥拉持续的高生育率造成14岁以下人口达1353万人，占总人口的46%。如此庞大的学龄人口远远超出了学校学位容纳力；加之缺乏师资，原本薄弱的教学设施在27年内战中被毁严重，各类学校无法满足激增的学位需求。为帮助安哥拉进一步提升基础教育，改善教学设施不足的局面，中国政府于2014年2月援助安哥拉"中安友谊小学校"在安哥拉万博省首府万博市竣工移交。中国驻安哥拉时任大使高克祥、安哥拉时任外交部部长希科蒂出席了仪式。学校占地面积5168.4平方米，建筑面积 1523.73 平方米，包括 6 间教室、多功能室、教师办公室和图书馆等，可以容纳 200 个孩子就学。为纪念和传承中安友谊，中安友谊小学将常年悬挂中、安两国国旗。[1]

(一) 安哥拉被殖民期间的基础教育政策

受葡萄牙殖民教育影响，安哥拉在被殖民之前，教育多以民间传承的启蒙教育为主。1575 年葡萄牙殖民占领后的 5 个世纪，直至 1975 年独立，由于国力和殖民理念，葡萄牙在安哥拉的殖民教育算不上成功。因此，安哥拉被殖民期间一直作为被判刑或被社会排斥的人的流放地，始终没有受到移民的青睐[2]。在被殖民期间，安哥拉的教育历史可以分为四个时期：耶稣会时期（1575 年至 1759 年）、庞巴尔时期（1759 年至 1792 年）、若昂妮娜（1792 年至 1845 年）及法尔康时期（1845 年至 1926 年）、萨拉查时期（1926 年至 1961 年）。每个时期的情况概述如下：

1. 耶稣会时期的教育（1575 年至 1759 年）

葡萄牙人以保教为名开始了殖民拓展，宗教传播自然是应有之义，这一时期的教会学校教育的主要目的不是传播知识而是传教。因此，与天主教教会及葡萄牙联系紧密的学校并不教授安哥拉本地语言和文化，而是向安哥拉人强行灌输天主教教义。第一批于 17 世纪初建立的学校的主要教育目标是传教。[3]

---

[1] "中国援助安哥拉小学校项目建成移交"，载 http://ao.mofcom.gov.cn/article/todayheader/201402/20140200497843.shtml，最后访问日期：2023 年 3 月 1 日。

[2] Dias, Jill, "Uma questão de identidade: respostas intelectuais às transformações económicas no seio da elite crioula da Angola portuguesa entre 1870 e 1930", Revista Internacional de Estudos Africanos（Lisboa: Instituto de Investigação Cientifca Tropical, n. 1 (1984), pp. 61~94.

[3] SANTOS, Martins (1970). História do ensino em Angola (page 117). Angola: Edição dos Serviços de Educação. (as cited in LIBERATO, Ermelinda (2012). Avanços e retrocessos da educação em Angola. Universidade Agostinho Neto, Luanda.)

第二章 葡语国家基础教育

这一现象一直持续到1759年。1759年11月11日,《安哥拉宪法》以法律形式规定了国家世俗权力与天主教会权力的完全隔离。

安哥拉首任总督保罗·迪亚士·德·诺发伊斯对安哥拉人抱有很深的偏见,他认为"经验表明,班图人是野蛮人。不能像(教会)在亚洲国家皈依日本和中国人那样的和平方法(皈依班图人)"[1],但教会学校仍然进行了努力,他们意识到,如果当地人不会阅读和写作就不能真正对他们进行教育,让他们转变并信仰天主教。教会学校对安哥拉教育产生了难以磨灭的影响。除了天主教教会学校的努力,新教教会学校还通过提供奖学金吸引安哥拉的黑人完成学习。

19世纪初,耶稣会士在安哥拉遭到驱逐,传教士人数大幅减少。1853年,传教士人数降至仅5人。直至19世纪下半叶情况才有所转变。尽管教会学校的目的是传教,但客观上减少了安哥拉的文盲率,使安哥拉开启了西式基础教育的先河。

2. 庞巴尔时期的教育(1759年至1792年)

1759年葡萄牙帝国总理庞巴尔侯爵[2]受欧洲启蒙运动和欧洲资本主义的影响,全面进行教育等领域改革,俗称"庞巴尔改革"。改革试图将葡萄牙转变成资本主义国家,并在安哥拉和其他葡萄牙殖民地推行类似改革。改革之前,教育和学校几乎全部由耶稣会和其他教会控制,国家无权过问。本着"上帝

---

[1] BOXER. Da idealização da Frelimo à compreensão da História de Moçambique (Lisboa: Edições 70, 1986), 29~52.

[2] 庞巴尔侯爵(Marquês de Pombal)本名为Sebastião José de Carvalho e Melo,是约瑟一世(D. José I)(1750年至1777年)时期葡萄牙帝国的首相,是葡萄牙启蒙运动的推行者,摄政期间推行现代化教育制度改革(尤其是葡萄牙的大学改革),并认为耶稣会的控制阻止了启蒙思想等先进思想的传播。

的归上帝,凯撒的归凯撒"政教分离的改革原则,解除了天主教会对教育和学校的垄断,国家接管学校并驱逐耶稣会士,提供教育服务。

这一时期主要奉行精英教育,为小部分富有的商人群体和葡萄牙人(主要以男性为主)群体服务。为了让学生对课程产生兴趣,删减、简化了不必要的学习内容,引入了科学、自然、数学等新科目;引入了教师选拔制度。但安哥拉终究处于殖民地地位,教育改革不彻底;教师选拔等制度未能真正落实;教育发展始终处于边缘地位。

3. 若昂妮娜(1792年至1845年)及法尔康时期教育(1845年至1926年)

随着欧洲工业革命和美洲的发展,奴隶贸易需求在这一时期迅速扩大。安哥拉被殖民者作为重要的奴隶供应和输出地,奴隶交易成为殖民者在安哥拉的主要工作。以英国为首的欧洲国家在工业革命中向安哥拉购入各类工厂需要的原材料,也使得安哥拉的教育显得无足轻重了。1807年,法国入侵葡萄牙,葡萄牙皇室仓忙逃往巴西,此后来自巴西的安哥拉统治者对安哥拉的教育并未实行任何新的举措。

1845年,在玛利亚二世统治时期,葡萄牙海军及海外事务部部长法尔康[1]于8月14日签署并颁布了一项法令,该法令正式撤销了宗教组织的教育职能角色,并在葡萄牙及其殖民地正式设立教育机构。1845年以后公立学校开始在非洲出现,早期的学校主要设立在卢旺达和本吉拉省。[2]

---

〔1〕 法尔康(Joaquim José Falcão)在1842年9月15日至1846年5月20日期间担任葡萄牙海军及海外事务部部长。

〔2〕 Zau, Filipe, "Génese do seu ensino em Angola", jornal Semanário Angolense (Angola), 28 de Junho de 2014.

1856年11月19日,为了督促人们参与学习,葡萄牙海军及海外事务部部长萨·达·班代拉签署颁布了一项皇家法令,要求"无论是统治者、酋长或是本地权贵阶层的子女都应在葡萄牙当局的监管及政府财政支持下在卢旺达接受教育"[1]。当时主要通过葡萄牙语授课,向本地人传递知识和葡萄牙文化。这种殖民教育并不能彻底改善安哥拉的教育状况,达到提高当地教育水平的效果。据有关统计,在这种教育理念下,截至1960年,仅有3万名安哥拉本地黑人会讲葡萄牙语,不到总人口的1%。[2]

4. 萨拉查时期的教育(1926年至1961年)

萨拉查作为殖民部部长,在教育政策方面也体现着"种族主义及实用功能"。1930年7月,萨拉查颁布第18.570号《殖民行动》法令。一方面向安哥拉等殖民地灌输强调"我们"(即白人、葡萄牙人)和"其他人"(即黑人、殖民地本地人)的"种族"意识形态;另一方面通过听说读写的葡萄牙语教育方式,提高安哥拉人的文化程度,使安哥拉当地民众了解法律、养成法律意识,掌握行政申请手续和程序,具备最基本的基础教育及社会认知。萨拉查时期,安哥拉本地教育体系建立起来,并为以后的教育发展提供了基础。基础教育具体分为小学、初中和高中三个等级。小学按不同入学年龄划分为三个层级(分别为7岁、8岁和9岁入学),规定学生至少应完成6年基础教育中的4年。中等教育涵盖初中、高中;高中包括职业教育和高中教育。

---

[1] SANTOS, Martins. História do ensino em Angola (Angola: Edição dos Serviços de Educação, 1970), 134.

[2] SANTOS, Martins. História do ensino em Angola (Angola: Edição dos Serviços de Educação, 1970), 134.

1935年3月，安哥拉基础教育进行改革，修改了小学教育相关规定，明确了初级基础教育的目的在于"通过让本地儿童学习葡萄牙语和采用文明习俗从而了解我们的文明"。

1960年后，迫于国际以及安哥拉解放运动的压力，殖民政府再次进行教育改革，采取更有利的（殖民）同化政策，[1]推出乡村小学计划——"带上学校去桑扎拉"[2]；该计划首次在乡村地区进行扫盲及葡萄牙语教育计划。[3]

5. 安哥拉扫盲运动（1976至1992年）

经历了1961年至1974年的独立战争，1975年安哥拉终于获得独立。独立后，安哥拉为提高民众的受教育程度，开展了扫盲运动。1976年到1992年间大约有129万的成人注册就读。扫盲运动主要集中在军队、市场等文盲集中的工作场所开展。尽管全国大量志愿者以极大热情参加了扫盲运动，但是由于内战造成的社会不稳定，学校预算有限，教育设施毁坏严重，教师和教材缺乏，没有任何教学经验的人员也被派遣从事教学工作，教师缺勤，学生极度不稳定，入学率低，流失严重，扫盲运动的实际质量并不理想。1992年底扫盲运动几乎完全终止，内战重创了安哥拉教育。

1979年至1980学年，小学毕业生注册数量为1 480 000人。

---

[1] 文化及教育部（Ministério da Educação e Cultura），Relatório da Comissão Nacional do Plano（Imprensa Nacional de Angola, 1984），18.

[2] 安哥拉乡村小学计划，由阿马杜·卡斯蒂略·苏亚雷斯司长订立，立法会1961年10月7日批准。（来源：http://memoria-africa.ua.pt/Library/ShowImage.aspx? q=/geral/A-00000001&p=1，最后访问日期：2018年12月20日。）

[3] SOARES, Amadeu Castilho. Universidade em Angola e a sua Criação em 1962 (Luanda: Edição Kulonga Especial, 2003), p.91. (as cited in NETO, Manuel Brito, História e Educação em Angola: Do Colonialismo Ao Movimento Popular de Libertação de Angola (MPLA) <PhD diss. Universidade Campinas, 2005>, 53).

1975年小学教育阶段的入学率是33%。[1]扫盲运动的停止,不仅使安哥拉产生新的文盲,也因缺乏对脱盲者进行知识巩固的教育措施,最终使得大约70%的脱盲者重新回到文盲状态。

据估计,安哥拉15岁以上人口中,超过33%的人是文盲(某些评估机构估计安哥拉的文盲率接近50%)。[2]妇女中的文盲率更高,大约50%的安哥拉妇女是文盲。在小学教育阶段男女生净入学率相差不大。贫困程度与受教育水平之间存在非常明显的联系,41%的未接受任何教育的人口是极度贫穷者。

二、安哥拉独立以后的教育情况

在结束了长达5个世纪的殖民期后,安哥拉于1978年进行了第一次现代教育制度改革。学者马济时指出,教育改革的原则在于追求教育质量、实现权力下放、在教育过程中实现原则和灵活性的统一。[3]改革主要包括教育计划、课程设置、学生就业去向、教科书和学习评估等内容,分阶段进行。第一步先在省教育局选定的小学及教师培训机构试行。[4]这次改革受到内战的严重冲击,收效甚微。

---

[1] Davies, L. (2013). Angola: Fostering teacher professionalism and safe schools. In School Level Leadership in Post-conflict Societies (pp. 36~54). Routledge.

[2] "安哥拉文化教育事业",载http://www.qianzhengdaiban.com/angelaqianzheng/news/27900.html,最后访问日期:2023年3月1日。

[3] MARQUES, Mara R. A. Tópicos Especiais em Política, Gestão e Educação II-"Estado e Reforma Educacional Contemporânea" (Uberlândia: FE/PPGE, 2007), 32. [as cited in MAYEMBE, Ndombele, Reforma Educativa em Angola: A Monodocência no Ensino Primário em Cabinda (MS Thesis, Universidade Federal de Minas Gerais do Brasil, 2016), 44.]

[4] 安哥拉教育部-教育改革跟进委员会(Comissão de Acompanhamento das Acções da Reforma Educativa), Ficha Técnica (Luanda, 2010), 41.

1995年,安哥拉教育部制定了一套详尽的教育恢复重建计划,即国家教育体系恢复重建总体计划。该计划规定了教育体系重建、巩固和扩大三个阶段的目标,力争2005年小学净入学率达67%;文盲率,尤其是妇女文盲率降低50%。1998年小学教育入学人数已经达到140万人。受到国内不安全因素和教育预算额缩减的影响,安哥拉注册学生数量减少了大约100万人,2001年的入学率仍低于1980年曾经实现的入学水平。

2001年12月31日,安哥拉立法会颁布被称为"教育系统基础法"的第13/2001号法令,确立了安哥拉目前使用的教育体系。该法令废除1978年实行的旧教育体系(Antigo Modelo de Sistema de Educação-AMSE),确立实行新教育体系(Novo Modelo de Sistema de Educação-NMSE),这个教育体系一直延续至今。教育系统分为六个子系统,即:学前教育、通识教育、职业技术教育、教师培训、成人教育和高等教育。[1]

《安哥拉教育系统基础法》规定,基础教育包括小学教育和中学教育。其中,小学教育的目的包括:①提高和完善沟通与表达能力;②完善对融入社会的习惯和态度;③提高知识和心智能力;④促进艺术创造力;⑤确保体育教育及运动技能的体操实践。小学教育学制为6年,主要设置了10门基础学科,包括葡萄牙语、数学、环保(仅上课至4年级)、自然(从5年级开始教授)、历史(从5年级开始教授)、地理(从5年级开始教授)、道德和公民(从5年级开始教授)、音乐、可塑教育课(Educação Plástica)以及体育课。[2]安哥拉为实现确保全民享有高质量的小学免费义务教育的目标,提供智力、

---

[1] 第13/2001号法令第10条第1款。

[2] 安哥拉教育部(Ministério da Educação),Caracterização Global do Contexto Angolano e Respectivo Sistema Educativo(Luanda:INIDE/UNESCO,2003)。

身体、道德和公民义务和谐发展的教育，采取了以下措施：①和当地小区合作低成本恢复配备教育基础设施，提供更多入学额；②满足学校因各种原因产生的对教师用书、基本教材额外需求的供应。

表6　安哥拉基础教育

	基础教育（14年）			
	免费义务教育8年			
学前教育	小学教育	中学教育		高中教育
	1年级至4年级（基本年级）	5年级至6年级（中年级）	7年级至8年级（高年级）	普通高中/职业高中
3岁至6岁	7岁至11岁	12岁至13岁	14岁至15岁	16岁至18岁
	葡萄牙语、数学、环保、自然、历史、地理、道德和公民、音乐、可塑教育课（Educação Plástica）以及体育课	巩固、深化及拓宽小学阶段的知识、能力、态度及习惯；保证应获得的必要知识		为工作或高等教育做准备；发展逻辑思维能力、抽象思考能力以及解决现实生活中科学问题的能力

资料来源：作者整理

安哥拉中学教育分为中学教育和中等（高中）教育两个阶段，每个阶段的学制为3年（7年级、8年级、9年级和10年级、11年级、12年级）。中学第一阶段相当于我国的初中，教学围绕巩固、深化及拓宽学生的知识水平，端正学习态度，养成良好的学习习惯以及提升学习能力等目标开展；并保证学生获得必要的相关知识。中学第二阶段相当于我国的高中，教学目标围绕为投身工作或报考高等院校的人做准备；发展逻辑思维能力、抽象思考能力以及现实生活中科学解决问题的能力。[1]

根据人口福利调查（IBEP）的统计数据，安哥拉2009年的小学入学率约为76.3%，其中约23.7%的学龄儿童失学。和学前教育相似，农村地区的入学率较低，仅为66.8%。

安哥拉的辍学人数及延迟上学人数比例非常大，尤其在农村地区，从未上过学的6岁或以上的人口比例为20%。而且在那些从未上过学的人中，约有26%是6岁至9岁年龄段的儿童。此外，安哥拉教育最大的问题是60%以上的小学生没有上中学，且有大量儿童失学。

从绝对数字来看，2012年接受小学教育的学生人数为5 022 144人，其中还包括有延迟上学的儿童和青少年（即没有6岁至12岁的年龄组对应小学教育）。据国际教育研究所的数据估计，年龄在12岁至17岁的儿童和青少年中有58.5%上小学，而不是上中学，这表明学校延误率很高。

安哥拉的教育指标在撒哈拉以南非洲地区是最弱的。根据联合国指标，2000年15岁以上人口文盲率为58%，与此相对照的是，撒哈拉以南非洲地区的平均文盲率为38%。年龄为15岁以上的人口大约为33%。妇女人口的文盲率更高，为46%，并且超过70%的妇女属于最贫穷社会经济群体。妇女人口中的高文盲率非常令人担忧，因为母亲的教育水平对孩子的教育和家

---

[1] 第13/2001号法令第20条。

庭的幸福有着很大的影响。[1]

安哥拉的人口非常年轻：超过一半的人口小于 19 岁。2000 年，根据安哥拉教育部的统计资料，学龄前人口大约占全国总人口的 17%，学龄人口（5 岁至 25 岁）大概占总人口的 42%。因此，潜在的教育需求相当高。[2]

第四节　莫桑比克基础教育

莫桑比克教育分为普通教育、成人扫盲教育、职业技术教育、教师培训和高等教育五种类型，从 1985 年教育改革后延续到今天。小学实行免费义务教育，学制为 7 年；据莫桑比克教育部统计，2014 年，莫桑比克初等教育第一阶段（1 年级至 5 年级）共有教师 76 572 名，较 2010 年增加 13%，共有学校 11 742 所，学生 485.7259 万名；初等教育第二阶段（6 年级至 9 年级）共有学校 5086 所，较 2010 年增加 40%。[3]

一、普通教育的义务教育部分

普通教育涵盖义务教育阶段，实行 7 年制免费义务教育。本阶段分为第一阶段教育和第二阶段教育两个层次：第一阶段为初等教育（EP1，等级 1 到 5）；第二阶段为小学教育（EP2，等级 6 和 7）。一年级学生入学年龄是 6 岁。由于师资紧缺，校舍严重不足，一些小学，特别是在城市里开办的小学，不得

---

[1] 数据来源于联合国教科文组织。
[2] 联合国经济及社会理事会：《〈经济、社会、文化权利国际公约〉执行情况报告》，2008 年。
[3] "莫桑比克国家概况"，载 https://www.mfa.gov.cn/web/gjhdq_676201/gj_676203/fz_677316/1206_678236/1206x0_678238/，最后访问日期：2023 年 3 月 1 日。

实行上午一班,下午一班学生半天上课的二部轮流教学;每班每天5节课,每节授课45分钟。由于教室不足,一些夜校也开设EP2课程,但夜校开设EP2课程的比例正在下降。由于经济等原因,多数学生选择在公立小学读书;只有不到2%的学生在私立小学就读。学生完成初等教育后,可继续在普通中等教育或基础技术和职业教育设施中学习。[1]

莫桑比克政府在教育领域的首要任务是确保所有适龄儿童都有完成一项为期7年的义务教育机会。由于短期内难以实现,教育管理部门为促进教育发展,采取了一些诸如集中机构、人力、财力方面资源的做法,确保师生、管理人员在主要重点学校里有更好的教学与互动。据莫桑比克教育部统计,2014年,莫桑比克初等教育第一阶段(1年级至5年级)共有教师76 572名,较2010年增加13%;共有学校11 742所,学生485.7259万名。2016学年,莫桑比克共有640万名在读学生,14万名教师和1.2万所学校。2017年,莫桑比克文盲率达38.8%。[2]

表7 莫桑比克普通教育

普通教育			
义务教育、免费教育、小学教育		中等教育	
第一阶段	第二阶段	第一阶段(初中教育)	第二阶段

---

[1] 李安山:"莫桑比克的教育近况——中国教育部考察团访非报告之二",载《西亚非洲》2016年第6期。

[2] "莫桑比克国家概况",载https://www.mfa.gov.cn/web/gjhdq_676201/gj_676203/fz_677316/1206_678236/1206x0_678238/,最后访问日期:2023年3月1日。

续表

普通教育			
5 年	2 年	3 年	2 年
6 岁至 11 岁	12 岁至 13 岁	14 岁至 16 岁	17 岁至 18 岁
阅读、写作、算术、社会学科、实用科学和卫生教育课程			

资料来源：作者整理

在殖民统治时期，绝大多数莫桑比克黑人无法接受基础教育，接受中等教育者少之又少。殖民统治者禁止黑人入读白人学校。被称为"本地人"的黑人只能接受针对黑人开展的"本土教育"，教学内容也是对殖民者认同的同化教育。黑人学校和白人学校的师资力量、教学质量、设备设施差距明显。黑人学校主要是由传教士管理的天主教教会学校；白人和已被同化者所就读的学校是国家或专门教育机构开办的学校。在农村地区，教会等宗教团体经营开办学校，获得国家的资金支持，事实上承担了国家或官方教育机构的角色。根据爱德华多·蒙德拉纳的说法，1963 年莫桑比克有 311 所小学；25 742 名在校学生，其中非洲人不足 20%，其余均为白人。

在完成了小学阶段的"适应性教育"之后，未满 13 岁的孩子们可以进入正规的小学教育系统的第二阶段，他们将继续学习 2 年并准备进入中学教育。由于贫困、师资缺乏、教育质量低下等原因，黑人接受小学教育的流失率居高不下，毕业率极低。1954 年，180 000 名初级教育系统的在校学生中只有 3000 人参加了期末考试。其中只有 2500 名学生获得及格成绩。对在莫桑比克白人定居者和被同化者实行的是另一教育体系，在这个体系中；孩子们接受 4 年制的正规小学教育，毕业后升入中学接受中学教育没有任何障碍。[1]

莫桑比克在独立前和独立后,由于殖民统治、战乱等原因,文盲率居高不下。独立前的1970年,文盲率在90%左右;也有人认为这个数字高达97%。2014年,人均接受教育年限仅为1.6年。

未接受殖民文化"同化"的莫桑比克黑人,以传统方式延续着本民族的传统教育,教育年轻人尊重老年人,崇拜祖先,接受社会规范、权力关系及工作价值。但殖民统治者却将未接受同化的莫桑比克人排挤出了政府正式殖民教育体系;这反而给了"传统教育"更大的活动空间。在去殖民化的思潮中,莫桑比克的传统教育符合该国大多数人的思想,也为莫桑比克开展反殖民、争取民族独立,投身到民族解放斗争提供了条件。

尽管战后情况有所好转,莫桑比克基础教育仍然面临着多重困难。除了战乱,还有天灾。飓风就是其中之一。2019年3月,飓风"伊代"袭击了莫桑比克等三国,"伊代"摧毁破坏了莫桑比克4000多间教室,给当地的教学设施造成了巨大破坏,给教学带来了巨大压力。正常的年份,莫桑比克每年也会因极端天气损毁600间教室。各校都采取了不同的救灾措施。贝拉小学校长费德里科·弗朗西斯科表示,为了保证教学不受影响,从6月25日早上7点开始该校实行4班次轮班制,每个班次3小时,为4871名6岁至12岁的学生提供服务。

二、普通教育的中等教育部分

普通教育中的义务教育是强制和免费的,而同属普通教育的中等教育并不免费,没有入学考试。中等教育分为两个阶段,

---

[1] 见http://www.sacmeq.org/? q=sacmeq-members/mozambique/education-fact-sheet.

第一阶段包括 8 年级、9 年级和 10 三个年级，入学对象是 14 岁至 16 岁的小学毕业生，相当于我国的初中教育；第二阶段的学制为 2 年，招收 16 岁至 18 岁的第一阶段（初中）毕业生。学生完成第一阶段教育后，可在进入高等教育之前的通识教育系统（11 年级和 12 年级）的第二阶段继续学习。为满足巨大的中学教育需求，许多私立中学正在兴建，特别是在城市，兴建高中夜校以弥补高中数量的不足；招生以年龄较大（15 岁以上）、在职者的学生为主。2011 年，约有 10% 的中等教育学生就读于这些私立夜间学校。

殖民时期的莫桑比克黑人受教育比例低，年限少，大多数人难以有接受教育的机会，文盲率很高。据爱德华多·蒙德拉纳的观点，莫桑比克黑人中学生比例要比小学低得多。1963 年，在大约 3000 名中学生中黑人学生只占 6%。独立前的 1970 年，文盲率在 90% 左右；全国人均受教育年限为 1.6 年。此外，学校的领土分布非常不平衡，大多数学校集中在该国南部的伊尼扬巴内州（Inhambane）和卢伦索·马克斯（Lourenço Marques）地区。

表 8　莫桑比克中学入学率与流失率[1]（2019 年）

总入学率	32.4%	私立学校招生	10.6%
净入学率	18.6%	女学生	47.9%
总毕业率	22%	辍学率	44.8%
复读率	14.3%		

---

[1]　"莫桑比克中学教育时间"，载 https://cn.knoema.com/atlas/%E8%8E%AB%E6%A1%91%E6%AF%94%E5%85%8B/topics/%E6%95%99%E8%82%B2/E4%B8%AD%E7%AD%89%E6%95%99%E8%82%B2/%E4%B8%AD%E5%AD%A6%E6%95%99%E8%82%B2%E6%97%B6%E9%97%B4，最后访问日期：2023 年 3 月 1 日。

第五节　几内亚比绍基础教育

一、几内亚比绍初等教育

近年来，几内亚比绍（以下简称"几比"）重视发展教育事业，尤其是基础教育（小学教育）。教育经费约占国家财政预算的12%，相当于GDP的3.2%。初等教育（小学）学制为6年，分为初级（4年）和补充级（2年）。儿童6岁入学。1970年有小学261所，学生近2.8万人，教师6161人[1]。1987年有小学704所，学生近7.9万人。2013年成人识字率为56.7%，青年识字率为60%。2021年1岁至14岁人口占全国总人口的比重为40.6%。全国主要有小学、中学和技术职业培训学校。

表9　几内亚比绍基础教育

初等教育		中等教育		中学后教育	
义务教育 （6年，7岁至12岁）		初中教育		高中教育	
免费教育 （6年）		普通初中	职业课程		
小学（6年）					
1年级至 6年级		7年级至 9年级	7年级至 9年级	10年级至 12年级	
（6岁入学）		12岁至 15岁	12岁至 15岁	12岁至 18岁	

---

[1] 顾明远主编：《教育大辞典》（增订合编本），上海教育出版社1998年版。

续表

初等教育		中等教育		中学后教育	
初级	补充级		已完成6年级并希望参加职业技术培训课程的学生可以接受职业培训，如机械、建筑和农业综合企业	国家中学克瓦米·恩克露玛中学（Kwame N'Krumah）包括7年级至12年级，而其他中学只包括7年级至9年级。	
4年	2年	3年	3年	2年至3年	

资料来源：作者整理

几比独立后，初等教育得到较大发展，中小学建设步伐加快，初等学校在校人数大幅度增长。这些成就主要得益于新生政权对初等教育的关注和扶持。政府制定了新的教育发展目标，要为每一个适龄儿童提供接受初等教育的就学名额并在农村为所有小学适龄儿童实施6年初等义务教育。此外，新的教育发展目标还包括扫盲，培训政治、经济领域所需要的专业和技术人才等。根据法律相关规定，7岁至14岁的儿童应接受义务教育，小学学制为6年，儿童6岁入学。为了落实新的教育目标，几比政府采取缩小城乡间初等教育差距；逐步取消小学第四年级的升学考试；小学毕业生不再强调升学，而是要走向生活；加快普及6年制初等教育步伐等措施。

1991年几比改行多党制，此后政局一直不稳，较频繁的军事政变不仅影响政局稳定，也影响教育目标的实施。本届政府于2022年5月组成，系看守政府，教育部部长为马提娜·莫妮兹。几比属于最不发达国家，贫困的生活使多数人在为食物发愁。70%的家庭长期缺粮，平均每户家庭72%的日常支出用于购买食品。[1]相较于落实基础义务教育而言，吃饱对于多数家庭才是最重要的。对于几比政府而言，解决粮食自给，使经济走向稳定发展，降低高通胀率才是重中之重。因此，几比基础教育发展的前路漫长。

尽管如此，几比政府已经意识到教育对经济发展的重要作用，以及与经济增长、改善人口质量的紧密联系，把发展初等教育、增进教育公平放在较高的位置。

二、几内亚比绍中等教育

从葡萄牙1446年发现几比到16世纪宣誓对几比的主权，葡萄牙对几比的实际控制范围十分有限。直到19世纪，葡萄牙因奴隶贸易的衰落，开始征服几比内陆寻找新的利益。这一过程比较漫长，直到1915年殖民过程才基本完成。在几比沦为殖民地之前，其一直实行的是传统教育；实行殖民统治的初期，几比中等教育的规模极为有限，中等教育的入学率不足1%。[2]

在殖民统治时期，大部分当地人的受教育状况并未得到改变，依然是传统的教育方式，在田间或作坊里通过实际工作生活获得有关人生和职业技术方面的知识。绝大多数人没有接受正规中学或职业教育的机会。

---

[1] "几内亚比绍国家概况"，载 https://www.mfa.gov.cn/web/gjhdq_676201/gj_676203/fz_677316/1206_677752/1206x0_677754/，最后访问日期：2023年3月1日。

[2] Yabiku, S. T., & Agadjanian, V., "Father's labour migration and children's school discontinuation in rural Mozambique", *International Migration*, 55 (4), 188~202 (2017).

第二章　葡语国家基础教育

为提高几比人口教育素质，为经济发展提供高素质的劳动力，几经努力，几比政府决定加大力度发展中等教育和中学后教育，实现接受中等教育人数提升的目标。在这一时期，几比中等教育学校数量有了很大发展，师资数量同比增长；中学在校人数大幅增加。1970年中学在校学生4215人，其中普通中学占77%。1987年增加到5468人。1960年至1980年中等教育的平均增长率达到10.7%。

中等教育包括两种类型：3年（7年级至9年级）的普通中学教育或职业课程，以及毕业后3年（10年级至12年级）的中学后教育。只有国家中学克瓦米·恩克露玛中学（Kwame N'Krumah）包括7年级至12年级，具备普通中学和中学后教育；其他中学只包括7年级至9年级的普通中学教育。

普通中学教育的目的是提高学生的学习技能，使他们掌握技术原理，为进一步发展打下基础。职业课程为3年，培养小学教师、护士及政府职员等。几比职业技术教育是基于本土模式的教育，具有鲜明的本土特色。技术职业培训学校包括国立卫生学校、农业学校、师范学校等。中学后教育开设有护理、农艺、社会科学、教师培训等专门课程。受几比高校资源条件限制，希望继续接受高等教育的中学后毕业生一般到古巴、苏联、葡萄牙或非洲邻国留学；归国后成为医学、工程、教育及其他领域的专业人员。1988年向国外派出留学生296名。

国家教育与文化委员会负责教育管理。内设6个局，其中2个局分别负责中小学教育。由于对教育的认识提高，教育公共支出逐年增加。1987年教育支出15.5亿比索，占国家财政预算的17%；1990年至1991年期间，教育预算为3亿比索（60 240美元），相当于GDP的6%。

几比的官方语言是葡萄牙语，但90%的本土居民讲克里奥尔语和其他方言。虽几经努力，但几比文盲率仍然很高。1991年，几比文盲率约为68%。

总体来说，几比对中等教育的改革是积极的，也取得了一定的成就，既接受了西方教育理念，形成了多样化的课程；又传承了传统教育的元素，结合了本国农业国家的实际国情。但是囿于经费、教育设施、教学资源、设备及师资的短缺，以及学生上学放学交通困难。特别是，几比没有能力雇佣合格的教学人员等，导致几比中等教育的整体水平还是比较落后，这也成了制约其教育发展的"瓶颈"。

第六节 佛得角基础教育及中等教育

一、佛得角基础教育

佛得角政府高度重视教育发展，1992年，全民教育被写入《佛得角共和国宪法》，人人都享有受教育的权利。佛得角对基础教育实行8年（1年级至8年级）义务教育，年满6岁的适龄儿童均可进入小学接受基础教育，2016年的统计结果显示，全国的小学总净入学率为86.4%，小学1年级的入学人数为9520人；公立小学在校学生总人数为63 474人；私立小学在校生总人数为852人。[1]小学教育支出在政府2016年教育总支出中占比39.1%，开支达到3400万美元。在小学师资力量方面，通过教育研究院对小学教师进行专门培训，受培训教师占小学教师总人数的92.8%，小学师生比为1∶4.65。

---

[1] Échevin, D, "Employment and education discrimination against disabled people in Cape Verde", *Applied Economics*, 45 (7), 857~875 (2013).

表 10　佛得角小学入学率与毕业率统计[1]（2018 年）

净入学率	97.1%	调整后的初级教育净入学率	98.4%
复读生	8.3%	辍学率	11%
民营招生	1.4%	小学教育毕业率	89%
女学生所占百分比（大学教育）	47.9%	完成率	87.3%
小学教育年龄儿童辍学率	6.4%		

到 2020 年，佛得角拥有小学 419 所；适龄儿童小学入学率达 100%；毕业率达 95%；教育经费占国家财政预算的 16.5%。[2] 佛得角在非洲葡语国家中受教育程度较高，15 岁以上成年人有读写能力的达 97.1%。

表 11　佛得角基础教育

基础教育（14 年）				
	免费义务教育 8 年			中等教育
			初中	高中
学前教育	小学教育（第一周期）	小学教育（第二周期）		
	1 年级至 4 年级	5 年级至 6 年级	7 年级至 8 年级	9 年级至 10 年级

---

〔1〕"佛得角入学统计"，载 https://cn.knoema.com/atlas/%e4%bd%9b%e5%be%97%e8%a7%92/topics/%e6%95%99%e8%82%b2/%e5%88%9d%e7%ad%89%e6%95%99%e8%82%b2/%e6%80%bb%e5%85%a5%e5%ad%a6%e7%8e%87，最后访问日期：2023 年 3 月 1 日。

〔2〕《对外投资合作国别（地区）指南：佛得角》（2021 年版）。

续表

基础教育（14 年）				
	免费义务教育 8 年			中等教育
			初中	高中
学前教育	小学教育 （第一周期）	小学教育 （第二周期）		
4 岁至 6 岁	7 岁至 10 岁	11 岁至 12 岁	13 岁至 14 岁	15 岁至 16 岁
			过渡阶段，开始普通教育与职业教育培训分班	普通中学/职业技术中学

资料来源：作者整理

佛得角政府在基础教育方面的投入和努力，改变了被殖民时期本土民众无权接受教育的局面，使更多的适龄儿童接受正规的基础教育，极大提升了国民的受教育水平。教学设施和师资的提升，使更多的小学毕业生有机会进入中学接受教育。

二、佛得角中等教育

佛得角的教育体制与我国不同，其 7 年级至 8 年级（相当于我国的初中）的教育是在小学教育的第二阶段内的后 2 年过渡阶段开展的。在过渡阶段，开始普通教育与职业技术培训的分班，分班后学生根据自己的目标，学习不同的科目，接受技术和专业科目指导，为接受下一步教育打好基础。9 年级至 10 年级进入中学阶段（相当于国内的高中），除了为升学准备的普通中学外，公立职业技术教育对学生开展国家战略发展需要的技术培训，以缩短与国际社会的技术差距。由于佛得角丰富优越的旅游资源，旅游业成为该国的支柱产业；佛得角旅游产业的兴旺,提供了大量旅游相关产业的就业岗位,全国超过50%的人口从事相关产业。由于旺盛的旅游市场造成旅游从业者极度缺乏,提供了超量工作岗位,加之旅游业对入职要求的低门槛,造成中学入学率低、在校生流失严重。为解决这一问题,一些国家希望以教育援助的方式开办旅游产业职业学校,培训旅游从业人员,提高佛得角青年的受教育程度,促进经济的自我维持能力。

表12 佛得角中学教育

	中学教育(初高中)	
基础教育(第二阶段后半期)	中学(高中)教育	
7年级至8年级,13岁至14岁;过渡阶段	9年级至10年级,15岁至16岁	
普通教育	职业教育培训	普通中学	职业技术中学/学校	在岗职业培训

资料来源:作者整理

2016年佛得角初中入学率为63.97%,在校人数为57 730人。由于前述原因,中学入学率相比小学来说大幅降低,近四成的适龄人口并未进入中学继续就读。[1]

高中教育阶段,佛得角2018年有中学49家,中学入学率为93%。尽管佛得角面积不大,但国家仍处在发展阶段,教育资源分布不均。全国范围内教育资源配置条件最好的是首都普拉亚。全国著名的"多明戈斯拉莫斯"中学就在普拉亚,许多政

---

[1] Santos, E. C. B. D. (2013). The link between remittances and and education in Cape Verde (Doctoral dissertation, NSBE-UNL).

府部门领导人都曾就读于这所中学。2018年，佛得角高中入学率达70.4%；其中，男生入学率高于女生，女生入学率仅为52.2%。[1]高中在校生为23 143人；私立学校在校生约占高中在校生总数的7.4%；高中毕业率为63.7%；高中在岗教师3607人，师生比为1∶16。[2]

佛得角独立后，经过多年不懈努力，教育局面发生很大变化。其不仅极大地普及了小学教育，也使更多的适龄青少年能够进入初、高中，接受升学或职业技术教育，为自己的未来打好基础。由于国情原因，佛得角的高中教育入学率并不理想，存在较大提升空间。

在教学特色方面，非常值得一提的是，除了独具特色的职业技术教育外，佛得角将对10年级学生开设汉语课。据佛得角通讯社Inforpress 2018年8月报道，佛得角教育部代表阿德里亚诺·莫雷诺于首都普拉亚发表谈话，表示当地10年级学生将于下一学年开始学习汉语。[3]此前，佛得角圣地亚哥岛上的普拉亚和阿苏马达，以及圣维森特岛已经试行将汉语作为校内选修外语。而且，将会有更多的中国教师来到佛得角中学教普通话。2017年，佛得角大学已经开办了孔子学院，协助佛得角教育部解决师资、教学设备、教材等方面的问题。

---

[1] "佛得角总毕业率"，载https://cn.knoema.com/atlas/%e4%bd%9b%e5%be%97%e8%a7%92/topics/%e6%95%99%e8%82%b2/%e4%b8%ad%e7%ad%89e6%95%99%e8%82%b2/%e6%80%bb%e5%85%a5%e5%ad%a6%e7%8e%87，最后访问日期：2023年3月1日。

[2] 《对外投资合作国别（地区）指南：佛得角》（2021年版）。

[3] "佛得角学校进一步推广汉语学习"，载https://www.forumchinaplp.org.mo/sc/cabo-verde-secondary-schools-to-teach-chinese-3/，最后访问日期：2023年3月1日。

表 13 佛得角中学入学率与总毕业率[1]（2018 年）

净入学率	70.4%	女学生入学率	52.2%
总毕业率	63.7%	中学学龄辍学率	13.5%
复读生	23.3%	受学校教育年数（学前教育）	11.6 年
私立学校在校生占比	7.4%	中学教育年数	6 年

佛得角独立后在教育方面做了很多努力，改善了本地教育局面。特别是在基础教育中的小学教育阶段投入很大，8 年义务教育成效显著，国民识字率明显提升。中等教育分阶段分步骤开展，与职业技术教育有机结合，同时，与国家经济支柱旅游产业结合，走出了一条具有自己特色的教育发展道路。

第七节 圣多美和普林西比基础教育及中等教育

一、圣多美和普林西比基础教育

独立之后，圣多美和普林西比（以下简称"圣普"）重视教育，初期实行的是 4 年义务制教育；2004 年 2 月，圣普进行教育体制改革，将原来 4 年制的基础义务教育改为 6 年的免费义务教育。随着免费义务教育措施的实施，圣普学校总数和人口识字率都有增加。2016 年 1 月全国共有 85 所小学、20 所中学；而 1950 年仅有 26 所学校，其中公立学校 18 所，教会学校

---

[1] "佛得角入学统计"，载 https://cn.knoema.com/atlas/%e4%bd%9b%e5%be%97%e8%a7%92/topics/%e6%95%99%e8%82%b2/%e4%b8%ad%e7%ad%89e6%95%99%e8%82%b2/%e6%80%bb%e5%85%a5%e5%ad%a6%e7%8e%87，最后访问日期：2023 年 3 月 1 日。

8所。2003年文盲占总人口的17%,到2020年识字率达到约91.1%,儿童入学率超过95%。初、高中学制都是3年,是非强制性、收费教育。初中毕业后,学生可以选择升入普通中学或者职业技术学校,为升入大学或从事教师、高级技术工作做准备。2018年初、高中入学率分别为68%和32%。2020年至2021学年,圣普注册学生人数约8.2万人;[1]在学平均年数在187个国家和地区中排名第146,人均接受教育5.3年,[2]比较靠后。

表14 圣多美和普林西比基础教育

学前教育	基础教育(11年或12年)			
	免费义务教育6年	中等教育		
幼儿教育	小学教育	初中教育	高中教育	
			一般课程	职业技术课程
	1年级至6年级	7年级至9年级	10年级至12年级	
1岁至5岁	6岁至12岁	12岁至14岁	15岁至17岁	
	6年	3年	3年	
			高等教育升学准备	专业技术教育教师、高水平技术工人

资料来源:作者整理

---

[1] "圣多美和普林西比国家概况",载https://www.mfa.gov.cn/web/gjhdq_676201/gj_676203/fz_677316/1206_678452/1206x0_678454/,最后访问日期:2023年3月1日。

[2] "在学平均年数",载https://zh.db-city.com/%E5%9B%BD%E5%AE%B6--%E5%9C%A3%E5%A4%9A%E7%BE%8E%E5%92%8C%E6%99%AE%E6%9E%97%E8%A5%BF%E6%AF%94,最后访问日期:2023年3月1日。

圣普的基础教育是11年，在完成了5岁前的学前教育之后，适龄少年可以接受11（12）年的基础教育；其中6年是强制性的小学免费义务教育；毕业后可以进入非强制性的初、高中教育阶段。高中毕业后，一些学生选择升学或出国留学；一些人继续接受更高一级的技术教育；也有人进入中小学从事教学工作。近年来圣普教育经费升幅较大。2014年，教育经费在政府开支预算中的占比达到12.32%，共计1141万美元。[1]国际社会也在努力为圣普提供教育援助。援助项目主要有：师资语言和专业培训，校舍建设，英法语课程和教材，学生出国留学奖学金等。

二、圣多美和普林西比义务教育

义务教育包含在基础教育阶段。2002年小学在校生共23 760人。2004年2月，圣普教育改革将义务教育由4年延长为6年，在小学1年级至6年级实行强制免费义务教育。为了推进义务教育，圣普政府在各方面下了很大功夫。仅以财力方面支持为例，政府超过一半的教育支出都用在了小学教育上。2014年，小学教育支出占了政府总支出的6.88%，在政府教育总支出中的占比为55.82%。[2]

2005年圣普小学注册在校生为3.5万人；到2017年，小学1年级入学人数达5590人，1年级适龄人口入学率为97%。几

---

[1] Groves, H., "Offshore oil and gas resources: economics, politics and the rule of law in the Nigeria-São Tomé E Príncipe Joint Development ZONE", *Journal of International Affairs*, 81~96 (2005).

[2] Groves, H., "Offshore oil and gas resources: economics, politics and the rule of law in the Nigeria-São Tomé E Príncipe Joint Development ZONE", *Journal of International Affairs*, 81~96 (2005).

乎全部小学适龄儿童都可以入学接受教育。[1]在整个小学教育1年级至6年级阶段，据联合国教科文组织的统计，失学儿童总人数为1013人，失学人数的数字近几年持续下跌，体现出了政府在普及小学义务教育中的成效。2017年佛得角总计有37 172名小学在校生接受基础教育，其中公立学校在校生人数为36 660人；私立学校在校生人数为512人。

由于政府的推进，教师、学生家长和学生本人都对义务教育提高了认识，小学毕业率有了较大提升。但由于学生素质和师资水平等原因，毕业率还不稳定。2014年，小学毕业率为92%，[2]是近年来毕业率最高的一年；到了2016年，小学毕业率仅为80.35%，回落了仅12%。除了学生素质和教师水平，毕业率下降也是学生家庭经济等原因造成的辍学而导致的；这种情况每个年级都会存在。毕业率成了小学教育亟待解决的问题，辍学率高，毕业率低，小学未毕业的青少年失去了继续接受中学教育的机会，更与高等教育无缘。这会对国家人才储备造成损失，为提高教学质量，提升小学毕业率，政府采取了多种措施，其中之一就是加强师资培训，提高师资水平，并聘请外国教师执教。[3]

三、圣多美和普林西比中等教育

圣普的中等教育包含初中和高中教育两部分。与多数国家

---

[1] Segura, A. (2006). Management of oil wealth under the permanent income hypothesis: the case of São Tomé and Príncipe.

[2] Frynas, J. G., Wood, G., & de Oliveira, R. M. S. (2003). Business and politics in São Tomé e Príncipe: from cocoa monoculture to petro-state. African Affairs, 102 (406), 51~80.

[3] "圣多美和普林西比国家概况"，载 https://www.mfa.gov.cn/web/gjhdq_676201/gj_676203/fz_677316/1206_678452/1206x0_678454/，最后访问日期：2023年3月1日。

初中阶段教育不一样的是,圣普的初中教育是非强制性的基础教育,不属于免费的义务教育。这一方面是由圣普的国家经济实力决定的,但也给圣普贫困家庭孩子接受初等中学教育带来了新的难题。圣普的高中教育阶段涵盖一般课程(普通高中)和职业技术课程(职业高中)两部分。

中等教育在读总人数为 25 875 人,其中公立教育机构的在读生人数为 24 654 人,私立中学的在读生人数为 1221 人。中等教育支出占政府总支出的 2.44%,占教育总支出的 19.79%;政府 75% 以上的教育投入用于中小学教育。与被殖民时期相比,小学毕业升初中的过渡率大幅提高,几乎所有小学毕业生都可以进初中继续接受过渡阶段教育。而在被殖民时期,葡萄牙殖民者只是将圣普作为一个种植园,种植并向葡萄牙提供可可、咖啡等农作物;在进行殖民教育的理念上,葡萄牙殖民者认为圣普人民作为被殖民者,是下等人,只要学会种植就足够了,无须接受更多的教育;当时,圣普的中学升学率很低。1951 年,葡萄牙才在圣普开办了一所技术学校,培训电工、木工、机械、金属工人和打字员;1952 年才在圣普首都开办了第一家中学。中学升学率提高除了有人们重视接受教育的程度加强这一原因,也与圣普独立后产业转型有关。独立之后政府开始大力发展旅游业,旅游市场开发为本地提供了大量旅游业从业岗位,如果没有一定的受教育程度,便无法进入旅游业从事较高收入的工作,也无法提供游客满意的旅游服务。旅游工作岗位刺激了圣普人接受中等教育的愿望,进入中学的适龄青年学生也越来越多。

圣普高中教育阶段入学率近年来逐步上升,但与初中、小学教育阶段相比,入学率还比较低。2013 年高中总入学率为 23%,2014 年为 43%,2017 年大幅上升,接近 70%。圣普女性接受中学教育的情况得到改善,失学女高中生数字持续下降,

2013年到2015年女高中生失学人数分别为2009人、1702人和1110人，[1]失学女高中生人数大幅度下降表明女性社会地位提高，就业机会增加。政府和社会开始重视高中教育，使更多人能够接受高中教育，满足岗位需要，提供就业机会，培养和储备专业人才。尽管圣普高中入学率与发达国家相比还存在一定差距，但通过近几年高中入学率增长的幅度来看，圣普政府及教育管理部门在高中教育方面所作的努力取得了成效。

为提高师资水平，圣普重视师资培训，并聘请葡萄牙、英国的教师在中学从事教学工作；同时，非洲发展银行1994年6月在圣普兴建了第一所高等师范学校，提供高等师范教育。政府每年选派优秀的高中毕业生到国外留学，以此鼓励更多的学生接受高中教育。高中教育结束后学生除了升高校就读，还可以接受高等技术教育，到中小学教书（师资缺乏的体现），从事旅游业或服兵役。

圣普重视教育，尤其是基础教育。小学免费义务教育财政投入很大，超过了总教育投入的一半，免费义务教育有了保障，得以顺利实施。圣普的中学教育也得到重视，中小学教育投入超过了总教育投入的75%。中小学免费教育措施取得了一定的进展，识字率显著提升，圣普政府为学前教育、小学教育和初中教育提供大部分的免费教育，并通过各种措施，提升教育水平，提高高中的入学率。符合发展实际的职业技术教育为圣普民众提供了技能，提升了就业能力。联合国教科文等国际组织和援助国的教育援助，成为圣普教育发展的重要支持。它们帮助圣普兴建学校，设计并提供课程，培训师资，管理学校，捐赠教材，为出国留学生提供资助。

---

〔1〕 Fall, B., Survey of ICT and education in Africa: Sao Tome and Principe country report, 2007.

第八节 东帝汶基础教育及中等教育

一、东帝汶基础教育

东帝汶于 2002 年成立，成立后的教育由教育部主管。教育部主管基础教育政策计划，分为学前教育、基础教育、中等教育和高等教育四个阶段。学前教育为 3 年。3 岁至 5 岁的儿童依据住所就近入学，学习相关知识技能。基础教育为 9 年，属于强制性免费义务教育，目标是学会学习、学会做事、学会共存和学会生存。基础教育是 6 岁入学，分为三个周期：1 年级至 4 年级为第一周期；5 年级至 6 年级为第二周期；7 年级至 9 年级是第三周期；第三周期也称为中学前教育（相当于我国的初中阶段）。中等教育相当于我国的高中阶段，也分为职业中等教育和普通中等教育。高等教育分为理工学院教育和大学教育。理工学院教育属于中等后技术教育，主要是讲授专业应用课程，通过培养专业技能，提高学生就业能力和维持家庭经济生活的能力，获得文凭课程毕业证书；大学教育的目标是培养本专业领域和行业未来的领导者，使之接受经过严格认证的高标准优质教育。

东帝汶早期义务教育并不涵盖基础教育的第三周期，实行 6 年免费义务教育；2008 年 10 月，政府将免费义务教育延长为 9 年，涵盖了 9 年的基础教育，分为三个周期，[1]相当于中国的小学到初中阶段。小学是 6 岁入学，学习包括第一、第二周期共计 6 年。政府尽量为学生提供就近入学的机会；9 年义务教育

---

［1］ Justino P., Leone M., Salardi P., "Short-and long-term impact of violence on education: The case of Timor Leste", *The World Bank Economic Review*, 28 (2), 320~353 (2014).

毕业后，学生们在"四会"的基础上，还将掌握两种官方语言和英语（第一外语）；掌握读写和运算，拥有国家核心价值观的认同。[1]

经过不懈努力，小学校舍大面积增加。1999年至2000年，全国共有小学674所；2001年10月，修复2700间被损毁的教室；2008年，全国小学数量上升到993所；2022年共有小学1275所。小学数量增加很快。小学生入学率在波动中逐步上升。2005年入学率从2004年的75%下降至69%；辍学率约25%；2019年入学率已达91.5%。

基础教育主要由基础学校集群中心和感恩学校具体实施。这两类教育机构全国一共1358个，有公立和私立之分。其中集群中心245个，感恩学校1113个。数据显示，245个集群中心的基础较强，可以提供1年级至9年级全部三个周期的基础教育；而1113个感恩学校，通常位于偏远地区，一部分学校仅能够提供比较初级的第一周期教育；另一部分也只能提供第一、第二两个周期的教育；没有感恩学校能够提供全部三个周期的教育。[2]

2001年，超过240 000名中小学新生入学；2008年，小学入学人数为170 358人，在校生人数大幅增加。小学毕业率为49%；13年至15岁青少年中只有28%完成了中学前教育（初中毕业）[3]。2015年，东帝汶人均受教育4.4年，在187个国家

---

[1] "东帝汶国家教育战略计划（2011—2030年）"，载齐小鹍等编译：《印度尼西亚、东帝汶教育政策法规》，大连理工大学出版社2020年版。

[2] "东帝汶国家教育战略计划（2011—2030年）"，载齐小鹍等编译：《印度尼西亚、东帝汶教育政策法规》，大连理工大学出版社2020年版。

[3] Ogden, L., "Competing visions of education in Timor-Leste's curriculum reform", *International Education Journal: Comparative Perspectives*, 16 (1), 50~63 (2017).

和地区人均受教育年限中排名第 161 位。[1] 据统计，2018 年 15 岁以上成年识字率为 68.1%[2]。为提高师资水平，700 多所小学和 100 所初中的 6000 多名教师接受在职培训教育。

尽管葡萄牙语是官方语言，但东帝汶实际使用语言非常多样。据亚洲基金调查，东帝汶实际使用语言近 20 种，德顿语、印尼语和葡语三种主要使用语言人口占比为：88%、40% 和 7%；[3] 另据联合国计划开发署统计，2004 年全国人口对不同文字的识字率分别是：葡语 5%，印尼语 43%，德顿语 82%。语言的多样性也给东帝汶普及基础教育带来不小的难题。

表 15　东帝汶教育

学前教育	基础教育			中学教育		高等教育	
	免费义务教育 9 年 强制性、普遍性					大学	理工学院
	小学教育		中学前教育（相当于我国的初中）	普通中学	职业技术中学	中等后技术教育	
	第一周期	第二周期	第三周期				

---

[1]　"在学平均年数"，载 https://zh.db-city.com/%E5%9B%BD%E5%AE%B6--%E5%9C%A8%E5%AD%A6%E5%B9%B3%E5%9D%87%E5%B9%B4%E6%95%B0，最后访问日期：2023 年 3 月 1 日。

[2]　"东帝汶国家概况"，载 https://www.mfa.gov.cn/web/gjhdq_676201/gj_676203/yz_676205/1206_676428/1206x0_676430/，最后访问日期：2023 年 3 月 1 日。

[3]　郑蔚康："东帝汶的语言问题及其对教育的影响"，载《东南亚研究》2009 年第 2 期。

续表

学前教育	基础教育			中学教育	高等教育
	1年级至4年级	5年级至6年级	7年级至9年级	10年级至12年级	
3岁至5岁	6岁至10岁	11岁至12岁	13岁至15岁	15岁至17岁	18岁至22岁
3年	4年	2年	3年	3年	4年

资料来源：作者整理

目前，影响基础教育顺利开展的主要问题有：环境安全差、过于遥远的上学距离、家庭贫困及对教育缺乏重视、师资水平低、教科书和教学材料质量差。上述问题导致了学生高复读率和高辍学率。

教育部也通过国际组织和援助国的教育援助提高了教育质量。在国际组织的支持下，编写采用基础教育新课程；开展了教师培训活动；接受了联合国教科文组织捐助的教材和参考资料。

二、东帝汶中等教育

东帝汶的中等教育不属于基础教育范畴，因此，中学教育没有强制性。年满15岁的学生有资格接受中等教育。中等教育学制为3年，由10年级至12年级组成；中等教育有两种教育方式：普通中等教育和中等职业技术教育。普通中等教育要求学生掌握学习方法，夯实语言、科学和技术基础，为进入大学开展高水平科研做好准备；中等职业技术教育，旨在培养学生专门的职业技术能力，侧重获得技术应用能力，为学生进入劳动力市场做好准备。

中学数量不断增加。1975年只有2所普通中学，1所中等技术职业学校、1所教师培训学校、2所（体育和农业）培训学校。2003年，中学已达43所，其中公立学校22所，天主教学校17所，伊斯兰学校1所。2006年至2007学年，共有123所公立和私立普通中等学校。2007年至2008学年，新开办14所公立职业技术中学。

  2005年中学的总体师生比为1∶23.7。[1]但师生比存在着显著的地区差异，维克克地区的师生比为1∶10；马纳图托和包考师生比是1∶14；利基萨约为1∶24；帝力为1∶25。出现这种情况的原因之一，可能是多数家长希望自己的孩子能够到大城市，在教学条件好的中学，接受较高质量的教育，故城市、名校不得不超额收生。2006年至2007学年，共有28 751名在校学生，2008学年有2987名在校学生。

---

[1] World Bank. (2013). Building Evidence, Shaping Policy: Findings of the 2012 Timor-Leste Education Survey.

第三章
葡语国家高等教育

高等教育（Higher Education）是继中等教育之后开展的专业教育和职业教育，是整个教育体系的重要组成部分，也是国家培养高层次专门人才的重要途径；其主要目的是培养国家所需要的各领域高级人才。高等教育机构是这一目标的执行者，包括以高层次学生的教学、研究和社会服务为主要目标的各类公私立高等教育机构。

高等教育可以分为普通高等教育、职业技术教育、硕士博士研究生教育等不同层次。各层次的教育机构根据自己的培养目标开展教学研究。高等教育属于非强制性教育，大部分葡语国家近年来社会和经济发展较快，政府的教育支出无法满足市场对高等教育的需求；加之不断新增的工作岗位对就业者教育程度有了较高入职门槛。在政府支出不足，高等教育市场需求增加的情况下，政府允许并鼓励兴建私立高校，私立高等教育机构有所增长。

葡语国家发展水平不一，所处的发展阶段不尽相同，高等教育规模和受教育水平，高等教育毕业生人数和教师质量等方面，总体上还有提升空间。

第一节　葡萄牙高等教育

一、葡萄牙高等教育概况

2006年是葡萄牙高等教育改革的分水岭。1999年6月19日，葡萄牙和欧洲29国教育部部长齐聚博洛尼亚，签署了欧洲高等教育的《博洛尼亚宣言》，宣言指出，要增强欧洲高等教育系统的国际竞争力，并提出包括实行高校本科生和研究生两级教育体制，建立学分制等指标的6项具体目标。由此开启了葡萄牙高等教育改革之路，实现了欧洲高等教育一体化、统一的学分制以及学士、硕士和博士三段式的高等教育体制。此前，葡萄牙高等教育体系一直是（普通）大学教育和理工教育二元系统（双轨制），大学教育和理工教育系统都有各自的具体学科理念及办学目的。普通大学教育开展本科、硕士和博士教育，学制分别是4年、3年和3年。本科学士课程的学习年期为4年至6年，不同专业学系要求不同；硕士学位课程包括1年至2年的学习，然后撰写论文进行毕业答辩；博士教育主要是开展学术研究，没有特别的课程；但会组织某些特别考试，最后撰写一篇论文，进行毕业答辩。理工学院采取3年学制的专科教育。高等教育改革后，葡萄牙高校与欧洲大学对标，普通高校实行学士3年、硕士2年、博士3年的体制，根据实际专业学习需要，法律本科专业学制4年；工程类、医学类专业不设学士学位，分别是5年制和6年制的硕士学位；理工学院向普通高校看齐，开始培养本科生和硕士生，学制分别是3年和2年。

表 16　葡萄牙高校学制

	公立大学				
	普通大学 University			理工大学 Polytechnic	
	学士	硕士	博士	Bacharelado（专科）	
欧洲教育改革实施前	4 年※	3 年	3 年	3 年※※	
				学士	硕士
欧洲教育改革实施后	3 年※※※	2 年	3 年	3 年	2 年
1999 年欧洲 29 国教育部部长签署《博洛尼亚宣言》，决定实施欧洲教育改革（博洛尼亚进程），2010 年正式实施 ※根据不同专业要求，4 年至 5 年毕业 ※※ 根据职业技术教育实际需要，3 年至 4 年毕业 ※※※法律专业的本科学制为 4 年。工程类、医学类专业不设学士学位，分别是 5 年制和 6 年制的硕士学位					

资料来源：作者整理

葡萄牙高等教育历史悠久，最早的科英布拉大学创建于 1290 年，目前，仍然是葡萄牙最好大学之一。Universitas 21 全球高等教育系统排名是世界上唯一一个评估国家高等教育系统的排名，它将世界最好的大学排名转向讨论每个国家的高等教育系统排名。根据"Universitas 21 全球高等教育系统排名"，2012 年葡萄牙被评为拥有世界第 23 位最好的高等教育系统（中国位于第 42 位，美国第 1 位，加拿大第 3 位，澳大利亚第 8 位，英国第 10 位，西班牙第 24 位，日本第 20 位，韩国第 22 位）。[1]

---

[1] "Universitas 21 ranking of national higher education systems 2012", https://universitas21.com/sites/default/files/2018-03/2012%20full%20report.pdf.

在世界大学单独排名中，2022QS 世界大学学科排名涵盖了 51 个细分学科和 5 大学术领域，包括学术声誉、雇主声誉、篇均论文引用率、H（高引用次数）指数和国际研究网络（IRN 指数）五个评分指标；葡萄牙高校也有不俗的表现，有 4 所高校跻身前 500 名。

表 17　葡萄牙前四名高校在 2022QS 世界大学学科中的排名

排名（位）	大学	得分（分）
295	波尔图大学	34.9
356	里斯本大学	31
431	新里斯本大学	26.8
455	科英布拉大学	25.7

资料来源：作者整理

进入高等院校需要满足两个条件：第一，已经完成 12 年的基础教育或具有同等学力；第二，参加全国统考并通过招生学校面试。

技术教育在高等教育改革之后，以职业为导向，主要提供高等技术培训，培养实用技能，仅可授予学士和硕士学位；多数学校开设技术、艺术和教育等专业；少数院校开设会计、工程造型艺术和设计等学系专业。

葡萄牙高校包括公立、私立大学和理工学院。无论公立或私立高校都需要获得政府的许可，承认其学历，且二类大学具有同等效力。一般而言，公立大学的教学质量方面有较大优势，其属于免费的综合性教育机构，为学生提供具有特色的专业教育，构建优质高校。私立大学需要学生支付学费以维持学校的运转，但有其自身的优势，更注重学科建设和专业性研究。葡萄牙高校提供的基本上都是双学位课程。

葡萄牙著名的公立高校主要有：里斯本大学、科英布拉大学、波尔图大学、阿威罗大学等；典型的私立大学有里斯本理工大学、国家行政管理学院等。这些学院在葡萄牙乃至全球都有一定的声誉。

在欧洲有越来越多的国家认为学费不应该由学生和家庭来支付，而要由受益于高等教育的社会和国家来支付。目前仍有不少葡萄牙人在高中毕业之后由于家庭无法承担高等教育的支出而不能选择继续深造。为进一步促进高等教育，葡萄牙加大了对高等教育的投入。在2019年葡萄牙高等教育全国代表大会上，葡萄牙总统马塞洛·雷贝洛·德索萨、葡萄牙教育部部长曼努埃尔·黑托尔，均赞同减免葡萄牙高等教育学费，以更好地促进人才培养和发展。德索萨总统指出，免除高等教育学费将成为葡萄牙未来在高等教育上的重要一步。因家庭无法承担学费而失去接受高等教育的机会，不利于国家的未来发展，也使国家失去了国际竞争优势。黑托尔认为，正是确信高等教育能带来更好的就业机会，所以必须提高葡萄牙年轻人的受教育水平，减少家庭的直接成本，让精英教育变得更加大众化。高等教育免费在欧盟影响较广。自2014年开始，德国、法国、挪威分别有不同的学费减免措施；丹麦和瑞典免费接受来自欧盟国家的大学留学生；奥地利对来自欧盟国家的留学生只收取极低的学费；捷克对熟练捷克语的大学留学生免收学费。

二、葡萄牙大学教育

葡萄牙高等教育一直实行的是双轨制。大学教育指的是普通大学的教育，与理工学院相区别。普通大学开展本科、硕士和博士教育。在博洛尼亚进程实施之前，普通大学实行本科、硕士、博士 4 年、3 年、3 年的学制。学士课程一般为 4 年，也有少部分专业课程如法律等，采取 4 年至 6 年的学制；硕士一般为 3 年，课堂学习 1 年至 2 年，结课后撰写毕业论文，通过毕业答辩可获得硕士学位；博士学制为 3 年，主要从事学术研究，进行专题研讨和特别考试，博士的毕业论文要求较高，毕业答辩通过则可获博士学位。2006 年实行高等教育改革后，普通高校学制向欧洲看齐，学士课程从 4 年减少为 3 年，硕士修业期也减少 1 年，变为 2 年；博士 3 年学制维持不变。尽管本科的学制进行了压缩，但为了保证教学质量，葡萄牙高校根据不同专业学习特点的实际需要，进行了学制调整。调整后，本科法律专业课程修业 4 年；工程、医学类不开设本科课程，分别开设 5 年和 6 年制硕士学位课程。这样一来，既满足了课程教学的需要，又提高了毕业生的就业竞争力。

全日制普通高校实行学年学分制。即每学年 60 个 ECTS（欧洲学分），每 1 学分对应 25 小时至 30 小时的课堂学习。学习成绩采用 7 等制，最后两等为不及格。本硕博三个阶段的学分要求如下：

第一阶段为本科教育阶段，3 年制的学生须完成 180 欧洲学分，4 年制的学生须完成 240 欧洲学分，方可授予学士学位。

第二阶段为硕士教育阶段，多数专业实行 2 年制，少数专业学制为 1 年半；学习期间须完成 90 欧洲学分到 120 欧洲学分；工程、医科、兽医等实行本硕连读的专业，学制为 5 年到 6 年，学习期间须完成 300 欧洲学分到 360 欧洲学分；学分修满，答辩通过后，通常授予硕士学位。

第三阶段为博士教育阶段，学制一般为 3 年至 4 年，开展专题研究，没有全国统一的学分要求，通过各种特别考试，毕业论文答辩通过后，授予博士学位。

虽然葡萄牙积极推进免费的高等教育，扩大高校入学人数，但高校招生名额必须经过教育部核准，名额有限；因此，想进公立大学，特别是优秀的公立大学上学，竞争比较激烈。除了要具备一定的葡语语言能力，学生须完成12年的课程学习或具有同等的教育背景；参加教育部组织的高校入学考试，考生的最终成绩是高中3年各科成绩和高考成绩的加权平均分；成绩合格后方可入学。

葡萄牙的大学基本上都使用葡萄牙语作为教学语言，因此，对学生入学时的葡萄牙语水平有一定要求。少数专业课课程，如经济学和管理学等，用英语作为授课语言。使用英语作为授课语言的课程，会在招生简章上注明。

三、葡萄牙高等职业教育

在博洛尼亚进程之前，葡萄牙高等教育二元系统将普通大学教育和理工教育区别开来，泾渭分明。理工学院采取3年学制的专科教育，有自己的学科理念及办学目的。博洛尼亚进程之后，高等职业技术教育以职业为导向，提供高等技术培训，培养实用技能；此前仅为专科的理工学院，学科起点与普通高校一致，开始培养3年制的本科和2年制的硕士生。尽管如此，高等职业教育仍保留了葡萄牙高等教育双轨制的特点，在专业设置方面保持了与普通大学相区别的传统。例如，高等职业技术教育机构坚持只开设学前教育、护理、技术、艺术、教育、会计、工程设计等高等职业院校的课程，不开设自然科学、法律、医学等大学专业课程。这种做法，形成了错位发展，避免了高校之间的竞争。

由于葡萄牙地处欧洲边缘，高等职业教育经过多年发展，逐渐形成了自己的特点。1837年，为了满足工业化进程对高级

第三章 葡语国家高等教育

工人的需求，培养更多的合格职业工人，里斯本与波尔图创建了技术学院。1959年在葡萄牙地中海地区项目中，高等职业教育体系才真正发展起来。1970年以后，"世界银行"资助葡萄牙大力发展高等职业教育，大量投资建设高等职业院校，并将一部分中专和培训机构进行升级，改造成学院。由于高等职业教育就业前景好，广受学生欢迎，因此吸引了私立高等职业院校的建设与发展。

近年来，随着中葡两国文化交流的深入，以及"一带一路"对两国高等教育交流的促进，葡萄牙的高校从不为人知，到较为了解，再到受欢迎，已经成为国内学生留学的目标学校，赴葡萄牙留学的学生不断增加。我国教育部认可了葡萄牙的35所高校。现将名单附上。

表18 我国教育部认可的葡萄牙高校名单

	ENSINOSUPERIOR PÚBLICO UNIVERSITÁRIO 葡萄牙公立大学		ENSINO SUPERIOR PÚBLICO POLITÉCNICO 葡萄牙公立理工大学（学院）
1	Universitário de Lisboa 里斯本大学	1	Escola Superior de Enfermagem de Coimbra 科英布拉护理大学（科英布拉护理高专）
2	Universidade Aberta 阿尔伯塔大学（公开大学）	2	Escola Superior de Enfermagem de Lisboa 里斯本护理大学（里斯本护理高专）

续表

	ENSINOSUPER-IOR PÚBLICO UNIVERSITÁRIO 葡萄牙公立大学		ENSINO SUPERIOR PÚBLICO POLITÉCNICO 葡萄牙公立理工大学（学院）
3	Universidade dos Açores 亚速尔群岛大学（大学学院）	3	Escola Superior de Enfermagem do Porto 波尔图护理大学（波尔图护理高专）
4	Universidade do Algarve 阿尔加维大学	4	Escola Superior de Hotelaria e Turismo do Estoril 埃斯托里尔大学（埃斯托里尔酒店及旅游管理学院）
5	Universidade de Aveiro 阿威罗大学	5	Escola Superior Náutica Infante D. Henrique 亨利航海大学（亨利航海船舶学院）
6	Universidade da Beira Interior 内达贝拉大学	6	InstitutoPolitécnico de Beja 贝雅理工大学（贝雅理工学院）
7	Universidade de Coimbra 科英布拉大学	7	InstitutoPolitécnico de Bragança 布拉干萨理工大学（布拉干萨政治研究所）

续表

	ENSINOSUPERIOR PÚBLICO UNIVERSITÁRIO 葡萄牙公立大学		ENSINO SUPERIOR PÚBLICO POLITÉCNICO 葡萄牙公立理工大学（学院）
8	Universidade de Évora 埃武拉大学	8	InstitutoPolitécnico de Castelo Branco 布朗库堡理工大学（布朗库堡政治学院）
9	Universidade da Madeira 马德拉大学	9	InstitutoPolitécnico do Cávado e do Ave 卡瓦多和阿夫理工大学（阿夫政治研究所）
10	Universidade do Minho 米尼奥大学	10	InstitutoPolitécnico de Coimbra 科英布拉理工大学（科英布拉政治研究所）
11	Universidade Nova de Lisboa 新里斯本大学	11	InstitutoPolitécnico da Guarda 瓜达理工大学（瓜达政治研究所）
12	Universidade do Porto 波尔图大学	12	InstitutoPolitécnico de Leiria 莱里亚理工大学（莱里亚政治研究所）

续表

	ENSINOSUPERIOR PÚBLICO UNIVERSITÁRIO 葡萄牙公立大学		ENSINO SUPERIOR PÚBLICO POLITÉCNICO 葡萄牙公立理工大学（学院）
13	Universidade Técnica de Lisboa 里斯本科技大学	13	InstitutoPolitécnico de Lisboa 里斯本理工大学（里斯本政治学院）
14	Universidade de Trás-os-Montes e Alto Douro 阿尔托杜罗大学	14	InstitutoPolitécnico de Portalegre 波塔莱格雷理工大学（波塔莱格雷政治研究所）
15	ISCTE-Instituto Universitário de Lisboa ISCTE 里斯本大学学院	15	InstitutoPolitécnico do Porto 波尔图理工大学（波尔图政治研究所）
	排名不分先后	16	InstitutoPolitécnico de Santarém 圣塔伦理工大学（圣塔伦政治研究所）
		17	InstitutoPolitécnico de Setúbal 塞图巴尔理工大学（塞图巴尔政治研究院）

续表

	ENSINO SUPERIOR PÚBLICO UNIVERSITÁRIO 葡萄牙公立大学		ENSINO SUPERIOR PÚBLICO POLITÉCNICO 葡萄牙公立理工大学（学院）
		18	Instituto Politécnico de Tomar 托马尔理工大学（托马尔政治研究所）
		19	Instituto Politécnico de Viana do Castelo 维亚纳堡理工大学（维亚纳堡政治研究所）
		20	Instituto Politécnico de Viseu 维吉尔理工大学（维吉尔理工研究所）
			排名不分先后

资料来源：作者整理

第二节　巴西高等教育

高等教育是巴西教育体系四个阶段中的最高阶段。巴西高等教育始于1816年的皇家科学艺术学院。经过多年的发展，巴西高等教育体制不断完善，形成了包括本科和研究生教育在内的高等教育结构。高等院校的目标是培养国家需要的高级专家、科学家和高级工程技术人员。综合大学本科学制长短视专业而定，2年至6年不等。航空导航和驾驶、外交等专业学制为2年；哲学、文学、新闻、体育本科学制为3年；社会学、图书馆学、经济学、数学、物理学、化学、护理、医药等本科专业学制为4年；建筑、工程、法律等本科学制为5年；医学、矿业、冶金、艺术等为6年。巴西农业学院和兽医学院学制为4年。研究生教育以课程制方式开展，分为专业进修教育课程（lato sensu）和硕士博士学位课程。[1]其中专业进修教育课程相当于我国的专业型硕士，硕士、博士学位课程则相当于学术型硕、博士学位。

巴西的高等教育机构有大学、大学中心、单科学院、研究生院、联合大学和专业学校等不同类型。大学承担科研、教学和服务社会的责任，要求有一定数量的高学历全职教师作为保证，拥有较高的自主权；大学中心以教学为主要目标，拥有一定开设新课程的自主权；单科学院等教育机构规模和自主权更小，开设新课程需要政府部门审批。高等院校全国统一招生vestibular（入学考试），或 ENEM（国家中等教育水平测试）。考试分两轮，每年年底进行。第一轮是综合考试，第二轮进行专业科目考试（类似我国的文理分科考试）。

Vestibular 考试科目包括数学、科学、历史、地理、文学、葡语和外语；不同专业的考试科目不尽相同，如法律专业的考试科目包括历史、地理和数学等；医学专业的考试科目包括生物、化学和地理等。

一些大学用 ENEM 代替 vestibular。ENEM 是一种全新的全

---

[1] 蒋洪池：“巴西高等教育之嬗变”，载《高等农业教育》2005年第1期。

国中学考试。但由于 ENEM 的局限性，有些高校只用 ENEM 代替 vestibular 第一轮的资格达标考试部分。ENEM 申请由教育部管理的大学申请系统 SISU 提供名额和网上注册报名。考生可在提供的入学名额专业中进行选择。没有加入 SISU 的大学有自己的独立考试，这些学校采用自己版本的 vestibular，为了增加招生人数，扩大招生规模，进行每年 5 月和 11 月两季招生报名；大学采取学年学分制；多数本科专业都是 4 年制，一些学科例外。例如，航空（导航和驾驶）和外交专业为 2 年；哲学、文学、新闻、图书馆和体育专业为 3 年；社会学、图书馆学、经济学、数学、物理学、化学、护理、医药等为 4 年；建筑、工程学、法律本科专业是 5 年制；医学、矿业、冶金、艺术等专业为 6 年。

表 19　2021 年泰晤士世界大学排名之巴西前十名学校

排名	学校	世界排名
1	圣保罗大学	第 201~250 名
2	坎皮纳斯州立大学	第 401~500 名
3	维索萨联邦大学	第 601~800 名
4	南里奥格兰德联邦大学	第 601~800 名
5	圣卡塔琳娜联邦大学	第 601~800 名
6	圣保罗联邦大学	第 601~800 名
7	塞尔希培联邦大学	第 601~800 名
8	里约热内卢天主教大学	第 601~800 名
9	布拉德福德大学	第 801~1000 名
10	佩洛塔斯联邦大学	第 801~1000 名

资料来源：作者整理

1967年，巴西将教育经费写入宪法，并在宪法中明确规定了教育目标、经费及各级政府的责任与义务。巴西的公立高校包括联邦、州立和市立，均不收取学费，[1]学费由政府担负，学生只需支付日常生活费，这极大地减轻了学生和家庭的经济负担。

在政府和社会的共同努力下，巴西高等教育质量和数量得到较大发展。20世纪60年代以来，巴西加强了研究生培养，调整了高等教育专业结构，提高了自然科学、工程技术和经济学专业的比重。高校数量也大幅提升。据统计，1976年，巴西有63所大学（其中联邦大学30所，州立大学8所，市立大学3所，私立大学22所），3所联合大学，786所单科学院（研究所）（其中私立608所，联邦17所，州立76所，市立85所）；到2022年，巴西有高等教育机构2199所，其中公立大学252所，私立大学1947所；在校生共计640.8万人。[2]

一、巴西高等教育发展历史

19世纪初，葡萄牙王室为躲避拿破仑军队迁至巴西，并一度定都在那里，使巴西暂时成为葡萄牙殖民帝国的心脏。这刺激了巴西的高等教育发展，由于上层统治阶级的需要，皇家科学艺术学院于1816年开办，这是巴西第一所专科层次的学院，奠定了巴西高等教育专业化特色基础；1822年巴西独立后，着力发展高等教育，增建一些单一性的专业学院，并一直延续到20世纪初。1920年，里约热内卢大学在专业学院合并的基础上

---

[1] 员文杰等："巴西私立高等教育的发展与启示"，载《教育与教学研究》2014年第6期。

[2] "巴西国家概况"，载 https://www.mfa.gov.cn/web/gjhdq_676201/gj_676203/nmz_680924/1206_680974/1206x0_680976/，最后访问日期：2023年3月1日。

得以成立，是巴西第一所大学；到1930年，巴西共有17所法律学院、8所医学院、8所工学院和2所大学。[1]但第一所现代意义的大学还是圣保罗大学。

20世纪30年代，巴西政府颁布《巴西大学章程》，规定大学的组织结构应由三个学院组成，即法学院、工学院和医学院(不具备推荐的也可以以下三个学院代替其中之一，即教育学院、自然科学学院和人文学院)。[2]圣保罗大学成立于1934年，是巴西第一所符合标准的综合性大学。社会发展和需求也刺激了私立教育机构的发展，里约热内卢天主教大学和圣保罗天主教大学在教会支持下分别于1940年和1946年成立并得到政府认可，是巴西最早的非营利性私立大学。20世纪60年代，巴西提出的民主共和理念不仅带来了经济腾飞，也对教育提出了更高要求。1968年，巴西政府颁布"大学改革法"，全面改革教育体制，重点发展高等教育，高校迎来了一次跳跃式大发展。一方面，调整高校专业设置以利于国家经济建设；另一方面，奠定巴西高等教育的结构体系，即按照办学的规模和定位，将高等教育机构分为大学、联合学院和独立学院。巴西高校的数量大幅度增加，私立高校迅速崛起和猛增，数量超过了公立高校。在发展高等教育的同时，政府鼓励并资助具备条件的高等教育机构开设研究生课程。1974年，巴西高校的硕士点有451个，博士点有157个；到了1979年，硕士点发展到727个，增幅59%；博士点达257个，增幅64%。研究生点总数从1974年的

---

[1] 蒋洪池："巴西高等教育之嬗变"，载《高等农业教育》2005年第1期。

[2] Mario Contreras, La Education cncl Brasil. (Prio do Republicano), Ediciones, el eaballito, Consejo National de formento Education. Secretaria de Education Publica, Mexico, 1985, 35.

608个上升到974个，增幅60%。[1]尽管此时期的高等教育开始迈向正规，但是由于巴西工业和技术滞后，对高端人才需求不迫切，严重制约了巴西的高等教育和职业教育发展。1996年，巴西政府的LDBD9.394教育法（《国家教育指导方针和基础法》），对高等教育开始创新性多样化改革，在高等教育阶段开设了职业教育（继续教育课程），并规定继续教育课程只能由高等教育机构提供。2002年底，继续教育课程增加到了612门，仅圣保罗大学一个学校，就开设了60门继续教育课程。[2]

二、巴西私立高等教育

巴西私立高等教育比公立起步晚，私立高等教育主导型特征十分明显[3]，有营利性与非营利性两种私立大学。由于公立大学数量少、师资力量强、教育水平高，在激烈的高校竞争中，形成了"金字塔"式的高校结构。塔尖是名牌公立高校，塔中间是一批非营利性私立高校，塔底是数量众多、以本科教学为主的营利性私立高校。为确保教育政策与教育水准的统一，私立高等教育同样受教育部监管，文凭与公立高校具有同等效力。私立大学的发展，首先得益于20世纪30年代的《巴西大学章程》，继圣保罗大学1934年成为第一个现代意义的综合大学之后，1940年、1946年里约热内卢天主教大学和圣保罗天主教大学成为政府认可的非营利性私立大学。到了20世纪60年代，私立大学发展势头第一次超过了公立大学。据统计，1968年至1974年，新增私立大学388所，而公立大学仅新增88所。

---

[1] 黄志成：《巴西教育》，吉林教育出版社2000年版。

[2] 宋霞："巴西与中国职业技术教育比较研究"，载《拉丁美洲研究》2009年第4期。

[3] 王留栓："巴西的私立高等教育"，载《教育科学》2004年第2期。

到了20世纪80年代，私立高校在校生占全国高校在校生总数的60%[1]。卡多佐执政时期，政府着力推进私立高等教育的发展，以大力发展私立高等教育来满足日益增加的市场需求，改善公立高校不足现状。在政府扶持和市场需求双重推动下，私立高校数量不断增加。截至2022年，在巴西2199所高校中，私立高校为1947所；公立大学仅为252所[2]。由此不难看出，巴西公立高校处于"金字塔尖"的地位，以及公立高校入学竞争的激烈程度。

前面提到，巴西公立大学师资力量强，教育质量高，且有政府的财政支持不收学费，成为所有中学毕业生追逐的目标。那些出身富裕家庭、毕业于教学质量好的私立中小学的毕业生，凭借自己较好的教育基础，轻松跑赢那些来自普通家庭、毕业于质量较低的公立中学的毕业生。落选的普通家庭的学生为了升学，只有报读收费的营利性私立大学。这些私立大学需要通过收取学费以维持学校的运行，因此，收生基础和教育质量都难以与公立大学相比。

（一）巴西高等教育入学考试制度

巴西大学入学考核是将中学平时成绩与招生入学考试分数相结合。中学阶段平时成绩达到报名条件后，可以参加高校组织的入学考试。考试有高等院校全国统一招生vestibular，或ENEM。考试分两轮，每年年底进行。第一轮是综合考试，第二轮进行专业科目考试（类似我国的文理分科考试）；巴西学生经常在中学课程结束后参加额外课程以为vestibular做准备。

---

[1] R. M. Brito Meyer, "The education system in Brazil", *Anglo Higher*, 2010, 2~5 (2010).

[2] "巴西国家概况"，载https://www.mfa.gov.cn/web/gjhdq_676201/gj_676203/nmz_680924/1206_680974/1206x0_680976/，最后访问日期：2023年3月5日。

一些大学用 ENEM 代替 vestibular。ENEM 于 1998 年启动，是一种评估巴西教育质量的手段。但由于 ENEM 的局限性，有些高校只用 ENEM 代替 vestibular 第一轮的资格达标考试部分。到了 2009 年，巴西教育部正式将 ENEM 确立为大学入学考试。现在有数百所大学正在使用 ENEM 代替 vestibular 作为入学考试。

ENEM 申请由教育部管理的大学申请系统 SISU 提供名额和网上注册报名。考生可在提供的入学名额专业中进行选择。一些没有参加 SISU 系统的大学，独立举办考试，进行每年 5 月和 11 月两季招生报名。

在巴西，私立中小学教学质量普遍高于公立学校，私立中学毕业生具备较大的升学入学考试竞争力；在高等教育阶段，国立大学由于得到政府大力支持，高质量教学和免费教育成为每一个考生的优先选择。通常是那些私立学校的中学生才能通过激烈的考试竞争，进入公立联邦大学；那些低收入家庭、毕业于公立中学的孩子们，为了不失去求学机会，转而就读营利性私立大学。这种情况既增加了贫困家庭的负担，也减少了中下层阶层的孩子上升的空间，因此备受争议。为解决这一争议，巴西政府于 2012 年采取措施，要求每年从公立中学招收新生的人数要占每所联邦大学新生总数的一半。2019 年，巴西私立大学一般收费在 7800 雷亚尔到 40 200 雷亚尔之间。

（二）巴西大学教育证书

巴西的大学教育分为两个层次：Graduação（本科生）和 Posgraduação（研究生），采用学年学分制。大学证书有以下几种，公私立大学学位具有同等法律地位。

1. 学士学位证书（Bacharel）

根据不同专业要求，本科（Graduação）修满为期 3 年至 6

年课程所需学分（以考试或论文方式获得学分）。修读完毕通过毕业答辩可获得学士学位证书或教学文凭（Licenciado）。

2. 硕士学位证书（Master）

修满18个月至24个月的硕士（Mestrado）课程并注重理论研究，完成学分并通过毕业论文答辩可获得硕士学位证书。

3. 博士学位证书（Doctor）

博士（Doutorado）课程入学需要具备硕士学位，部分博士课程允许学士学位学生报读；博士课程一般为4年。博士课程通过专题研究开展学习，成绩合格并通过毕业论文答辩可获得博士学位证书。

三、巴西高等教育的特点

1. 公立高等教育"小而精"、资源供给少

巴西公立高等教育采取"小而精"的办学模式，注重师资和教学质量，公立大学数量少、招生数有限。2015年，公立高校仅占高校总数的22%；2022年，在巴西2199所高校中，公立大学仅为252所[1]。为保障生源的质量，公立高校入学采用的是vestibular考试方式，在合格候选人中实行淘汰制，而不是择优制。这人为加剧了竞争激烈程度。公立高校每年只举办一次vestibular考试，报考比例达10∶1，私立大学每年举办2次及以上选拔考试，报考率不到2∶1。

2. 高校主要分布在发达城市、人口聚集地区

巴西幅员辽阔，在行政区划上由26个州和1个联邦区（巴西利亚联邦区）组成。州下设市，全国共5560多个市。州平均人口约720万人，市平均人口约3.4万人（截至2017年）。大

---

[1]"巴西国家概况"，载 https://www.mfa.gov.cn/web/gjhdq_676201/gj_676203/nmz_680924/1206_680974/1206x0_680976/，最后访问日期：2023年3月10日。

西洋沿岸人口密集，广大的内陆地区人口稀少。全国近60%的人口集中居住在占国土面积18%的东南部地区，而占国土面积42%的北方地区，却只居住着全国人口的5%。[1]由于资源、历史和政策等方面的因素，巴西社会经济存在着极大的地区差异，高校包括私立高校率先在发达城市布局，围绕经济、技术展开；巴西最早的三所大学圣保罗大学、里约热内卢天主教大学和圣保罗天主教大学分别在政治、经济和文化最发达的圣保罗和里约建立；受此影响，东南部地区成为巴西高校最集中的区域，44%的公立高校和47.8%的私立高校都在这里。

3. 私立大学教学质量呈"金字塔"型分布

一般而言，巴西公立大学经费充足、师资力量强、教学质量高，而私立大学的教学质量则良莠不齐，这就形成了"金字塔"结构。处于塔尖的是极少量的私立精英大学，塔底则集中了大量营利性、学科设置多被限制在本科教育层次的私立院校。里约热内卢天主教大学这样的非营利性顶尖私立大学，在巴西少之又少。它作为巴西最著名的私立高校，拥有一流的教学设施[2]。而绝大多数新建的营利性私立大学，为了追求经济效益、压缩办学成本，师资力量达不到全职教师占1/3的要求，教育质量差强人意。巴西政府为保证质量，将这些学校限制在本科的办学层次；每年有近2%的私立大学因办学条件不合格而被停办[3]。大量的这类院校通常被称为"大众取向"或"需求满足型"机构。1998年，全国高校1097所，其中私立大学905所，占比82.5%；2022年，全国高校2199所，其中私立大

---

[1] 孙霄兵、周为、胡文斌："巴西的私立教育"，载《比较教育研究》2002年第4期。

[2] 郭悦："巴西：免费大学只为富人服务？"，载《青年参考》2015年6月17日。

[3] 郭悦："巴西：免费大学只为富人服务？"，载《青年参考》2015年6月17日。

学1947所〔1〕，占比88.5%。其中荣登巴西高校排名前十的更是凤毛麟角；营利性大学不仅难以跻身其中，绝大多数都被限定在本科教育层次。

4. 鼓励私立高等教育，办学环境宽松

为了提高人们的受教育水平，满足经济发展对高层次人才的需求，减少因政府公立高校不足而引起的不满，巴西政府从20世纪30年代开始，鼓励发展高等教育；特别是针对高等教育领域存在的教育资源供不应求的问题出台了相关教育政策，鼓励社会力量投资办学。1996年颁布的《巴西国民教育法》规定，为促进高等教育多元化发展，允许公、私立教学机构共存；公共经费不仅可以分配给公立学校，也可在社区、宗教和慈善等非营利性学校间流动，用于教育、研究或设立奖学金。这极大地刺激了高等教育的发展，由于公立大学的办学条件更加严谨，一大批营利性私立大学涌现出来。

1830年之前，巴西允许成立的私立高校只有圣保罗法律学院和奥林达法律学院（1827年）、里约热内卢医科学院（1830年）、艺术与职业学院（1856年）；1910年，巴西有公私立学院27所；截至第二次世界大战，巴西共有5所大学和293所学院；到了1980年，巴西大学发展到882所〔2〕，1998年为1097所；2009年为2314所（其中，私立2069所，联邦94所，州立84所，市立67所）〔3〕；2022年为2199所。

---

〔1〕"巴西国家概况"，载https://www.mfa.gov.cn/web/gjhdq_676201/gj_676203/nmz_680924/1206_680974/1206x0_680976/，最后访问日期：2023年3月12日。

〔2〕王留栓："巴西的私立高等教育"，载《教育科学》2004年第2期。

〔3〕［巴西］西贝莱·亚恩·德·安德拉德、［巴西］若瑟·罗伯特·鲁斯·佩雷斯："巴西大学的战略管理"，载《国际高等教育》2011年第2期。

公立高校由教育部门负责，私立高校没有专门的法律规制。《巴西国民教育法》设有专门条款；除一般规定外，要求校长必须是巴西人；不可以开办警察、军事性质的学校。设立私立大学的条件有：符合《巴西国民教育法》的相关规定；符合全国教育理事会有关规定；提供详尽的教学计划；提供相关教学保障材料和规章制度文件；提供教学场所证明；提供师资员工配备情况；财务保障计划说明资金的来源。上述文件齐备后由教育部和全国教育理事会负责审批。获批后政府颁发许可证，有效期为5年，期满后重新考核[1]。私立非营利性高校（主要是宗教和慈善机构的学校）免除税收，营利性高校必须与其他企业一样支付营业税，纳税额约占总收入的35%。许多以利润为导向的高校为免除部分税收，宣称自己为非营利性高校。

第三节　安哥拉高等教育

20世纪下半叶之前，安哥拉没有高等教育机构，学生只有到葡萄牙才能接受高等教育。1958年，天主教会罗安达和万博开设了私立高等教育机构，改写了安哥拉没有高等教育的历史[2]。1962年4月21日，葡萄牙颁布第3.235号法令，授权在安哥拉设立5所高等教育中心，分别开设美术、医疗、教育、农业以及兽医专业。同年，海外和教育部成立了研究大学（Estudos Gerais Universitários，EGU）；罗安达有一个以医学、科学和工程为主的高等教育机构；万博有一个以农学和兽医为主的高等教

---

〔1〕 孙霄兵、周为、胡文斌："巴西的私立教育"，载《比较教育研究》2002年第4期。

〔2〕 Artigas Wileidys, Gungula Eurico Wongo, Laakso Mikael, "Open Access in Angola: a Survey among Higher Education Institutions", *Scientometrics*, 2022.

育机构;卢班戈有一个以文学、地理和教育学为主的高等教育机构。1963 年高等教育机构注册在读人数仅为 314 名,到了 1966 年达到约 600 名学生[1],这些高等教育机构在安哥拉负责前两年的教育,其后学生到葡萄牙完成剩余部分的教育。当时,受大学数量和规模限制,大部分安哥拉人没有接受高等教育的机会[2]。

1968 年,EGU 更名为罗安达大学。1975 年独立后,内战爆发,许多教师逃往国外,安哥拉高等教育停滞。尽管政府努力维持,但由于基础设施被毁、教学和经济资源匮乏以及缺乏安全保障,高等教育情况充满挑战[3]。总体而言,由于战乱等原因,1997 年之前的高等教育乏善可陈。2002 年内战结束,由于产生了提高人口教育水平以提高工作技能和工资水平的需要,安哥拉高等教育环境发生了重大变化。

当时,阿戈斯蒂纽·内图大学(Universidade Agostinho Neto,UAN)是(现在仍然是)安哥拉唯一一所公立综合性大学。2002 年之后,出现了一些新创建的公立高等教育机构,高等教育迅速发展,招生规模迅速扩大。例如,UAN 在校学生人数从 2002 年的 9000 人增加到 2010 年的 60 000 多人,分布在 18 个校区[4]。2011 年,安哥拉公立和私立高等教育机构已有 140 016 名在读学生[5]。2016 年,全国拥有 39 所高等教育机构,其中公立教育机构 17 所。截至目前,除阿戈斯蒂纽·内图大学一所公立综合性大学外,安哥拉还有 19 所公立高等教育机构;另有

---

[1] Henderson, Lawrence, A Igreja em Angola. Lisboa: Editorial Além-Mar, 1990, P. 342. [as cited in LIBERATO, Ermelinda (2012). Avanços e retrocessos da educação em Angola. Universidade Agostinho Neto, Luanda.]

[2] Almeida Patatas, 2016 年。

[3] Almeida Patatas, 2016 年。

[4] Langa, 2014 年。

[5] 安哥拉高等教育及科技部(MESCT)数据。

私立高等教育机构40所。

阿戈斯蒂纽·内图大学设在首都罗安达。作为唯一一所公立综合性大学，UAN从师资到教学质量都属上乘，2000年以前，它几乎没有竞争对手，唯一敢与之角逐的是安哥拉天主教大学。随着安哥拉政府对高等教育的重视以及高等教育的迅猛发展，已经有十余所私立大学加入竞争行列。

目前UAN在安哥拉所有主要城市都设有分校区，是安哥拉规模最大的大学。2005年至2006学年，该校提供了68个经核准的高教课程。其中，18个为学士学位课程，15个为硕士学位课程；其余为学士荣誉学位课程[1]。

在高校师资力量方面，根据数据统计，2000年有839名高校教师，2011年升至5499名，增幅为655.42%[2]。由于师资队伍迅速壮大，师资水平良莠不齐，教学质量和质量管理遇到了一些问题。例如，UAN作为安哥拉唯一的公立综合性大学，兼具执行公共政策的责任，但其从未对所提供的教学服务进行教学质量评估[3]。安哥拉也没有在教育质量外部评估方面作出任何立法，目前没有足够的评估数据可以反映安哥拉的高等教育质量。由于教学任务繁重，安哥拉高等教育机构对教师的学术研究成果发表还不够重视，缺少对教师学术发表方面的培训，很多老师没有学术期刊发表和理论专著出版[4]；一些课程未能真正满足本

---

[1] Langa, Patrìcio Vitorino, Higher Education in Portuguese Speaking African Countries, Chapter 2.

[2] CARVALHO, Paulo, Evolução e Crescimento do Ensino Superior em Angola (Revista Angolana de Sociologia, n.9, 2012), pp.248~265.

[3] CARVALHO, Paulo, Evolução e Crescimento do Ensino Superior em Angola (Revista Angolana de Sociologia, n.9, 2012), p.260.

[4] CARVALHO, Paulo, Evolução e Crescimento do Ensino Superior em Angola (Revista Angolana de Sociologia, n.9, 2012), p.261.

第三章 葡语国家高等教育

地市场需求；上述情况均反映出安哥拉高等教育质量总体偏低。

1. 殖民时期的高等教育情况（1962年至1974年）

1958年之前，安哥拉没有任何高等教育机构，本地学生需要到葡萄牙留学才能接受高等教育。虽说政府也为部分留学生提供了奖学金，但由于赴海外深造产生的高昂交通费和生活支出，大多数温饱尚未解决的家庭根本无法选择留学[1]。据有关资料统计，1833年至1857年期间，安哥拉仅有19名留学生[2]。1958年，天主教会罗安达和万博开设了天主教神学院，改写了安哥拉没有高等教育的历史[3]。

1961年10月7日，安哥拉总督维南西奥·德斯兰德斯在向立法会提交的1962年度政府计划中，就教育领域提出了要创设高等教育。1962年，授权安哥拉设5所高等教育中心，分别开设美术、医疗、教育、农业以及兽医专业。同年，海外和教育部成立了综合研究大学（EGU）。1968年，第48.790号法令批准综合研究大学（EGU）变更为罗安达大学[4]。

在安哥拉殖民时期，接受高等教育的机会仅属于上层阶级，中层无法拥有这一权利，下层普通人民则更是无缘接受高等教育。在1964年，安哥拉大学仅有531名在校大学生；到了殖民末期，安哥拉在校大学生也仅有4176人。

[1] Artigas Wileidys, Gungula Eurico Wongo, Laakso Mikael, "Open Access in Angola: a Survey among Higher Education Institutions", *Scientometrics*, 2022.

[2] SANTOS, Martins, História do ensino em Angola (Angola: Edição dos Serviços de Educação. 1970), 117. (as cited in LIBERATO, Ermelinda. Avanços e retrocessos da educação em Angola, Universidade Agostinho Neto, Luanda, 2012.

[3] Artigas Wileidys, Gungula Eurico Wongo, Laakso Mikael, "Open Access in Angola: a Survey among Higher Education Institutions", *Scientometrics*, 2022.

[4] Artigas Wileidys, Gungula Eurico Wongo, Laakso Mikael, "Open Access in Angola: a Survey among Higher Education Institutions", *Scientometrics*, 2022.

殖民时期宗主国对高等教育的控制，某种程度上使安哥拉在传统教育之外，开启了一扇符合西方体系的教育之窗；客观上提升了安哥拉亲葡萄牙的精英阶层受教育程度；开启了安哥拉与欧洲世界的交流道路。但是，葡萄牙只将高等教育的前两年放在安哥拉，主要内容是培养宗主国语言文化以及宗主国认同；符合条件者将送往葡萄牙一边继续完成大学教育，一边切身耳濡目染宗主国文化，提高对宗主国的认同；这些人大学毕业后会被安排到政府内部担任一定职位，有权有势，成为许多人羡慕和学习的对象，使更多人认为接受宗主国高等教育是谋求社会地位擢升的主要途径，愿意向殖民政府靠拢。也正因如此，宗主国推进的高等教育规模有限，限制了多数人接受高等教育。

2. 独立以后的高等教育

安哥拉于1975年宣布独立。独立后，安哥拉转变了教育特别是高等教育的目标理念。将殖民时期高等教育主要为葡萄牙殖民者的后裔以及培育亲葡萄牙殖民政府势力服务的功能，转变到独立与社会主义教育实验，建设发展型大学和培养安哥拉本土人才方面来。政府于独立1年后创建安哥拉大学，这是当时国内唯一一所公立高等教育机构；1985年，安哥拉大学改为现名：阿戈斯蒂纽·内图大学；2009年，由于阿戈斯蒂纽·内图大学在罗安达以外的不同省市还有6个学院，造成了运营和管理方面的不便，因此，政府对其进行了重组。重组后，将6个学院升格为独立的大学。这7所公立大学如下表20所示：

表20 安哥拉公立大学

大学名称	地区
Universidade Agostinho Neto 阿戈斯蒂纽·内图大学	Luanda 罗安达

续表

大学名称	地区
Universidade Katyavala Bwila 卡蒂亚瓦拉·布维拉大学	Benguela 本格拉
Universidade 11 de Novembro 十一月十一日大学	Cabinda 卡宾达
Universidade Lueji A'Nkonde 吕吉·阿恩孔德大学	Dundo 栋多
Universidade José Eduardo dos Santos 何塞·爱德华多-多斯桑托斯大学	Huambo 万博
Universidade Mandume ya Ndemufayo 曼杜梅亚·恩德穆法约大学	Lubango 卢班戈
Universidade Kimpa Vita 金帕维塔大学	Uíge 威热

资料来源：作者整理

1992年，安哥拉第一所私立高等教育机构——安哥拉天主教大学成立。此后，安哥拉又陆续出现多所私立大学，截至2022年，安哥拉共有40所私立高等教育机构（部分高等院校名录参见表21）。

表21 安哥拉部分高等院校名录

类别	学校名称	地点
公立大学	Universidade Agostinho Neto 阿戈斯蒂纽·内图大学	Luanda 罗安达
公立大学	Universidade Katyavala Bwila 卡蒂亚瓦拉·布维拉大学	Benguela 本格拉
公立大学	Universidade 11 de Novembro 十一月十一日大学	Cabinda 卡宾达

续表

类别	学校名称	地点
公立大学	Universidade Lueji A'Nkonde 吕吉·阿恩孔德大学	Dundo 栋多
公立大学	Universidade José Eduardo dos Santos 何塞·爱德华多-多斯桑托斯大学	Huambo 万博
公立大学	Universidade Mandume ya Ndemufayo 曼杜梅亚·恩德穆法约大学	Lubango 卢班戈
公立大学	Universidade Kimpa Vita 金帕维塔大学	Uíge 威热
公立学院	Instituto Superior de Ciências da Educação do Huambo 万博教育科学高等学院	Huambo 万博
公立学院	Instituto Superior de Ciências da Educação de Luanda 罗安达教育科学高等研究所	Luanda 罗安达
公立学院	Instituto Superior de Ciências da Educação do Uíge 威热高等教育学院	Uíge 威热
公立学院	Instituto Superior de Ciências da Educação da Huíla 威拉教育科学高等研究所	Lubango 卢班戈
公立学院	Instituto Superior de Serviço Social 社会服务高等研究所	Belas 贝拉斯
公立学院	Instituto Superior para as Tecnologias da Informação e Comunicação 信息和通信技术高等学院	Luanda 罗安达
公立学院	Escola Superior Pedagógica do Bengo 本戈高等师范学校	Caxito 卡西托
公立学院	Escola Superior Pedagógica do Bié 比耶高等师范学校	Cuíto 奎托
公立学院	EscolaSuperiorPedagógica do Cuanza Norte 北宽扎高等师范学校	N'dalatando 恩达拉坦多

第三章 葡语国家高等教育

续表

类别	学校名称	地点
公立理工学院	Instituto Superior Politécnico do Cazenga 卡赞加高等理工学院	Cazenga 卡赞加
公立理工学院	Instituto Superior Politécnico do Cuanza Sul 南宽扎高等理工学院	Sumbe 松贝
公立理工学院	Instituto Superior Politécnico de Malanje 马兰热高等理工学院	Malanje 马兰热
私立综合大学	Universidade Católica de Angola 安哥拉天主教大学	Kilamba Kiaxi 基兰巴·基亚希
私立综合大学	Universidade de Belas 贝拉斯大学	Belas 贝拉斯
私立综合大学	Universidade Independente de Angola 安哥拉独立大学	Corimba 科林巴
私立综合大学	Universidade Jean Piaget de Angola 安哥拉让·皮亚杰大学	Viana 维亚纳
私立综合大学	Universidade Lusíada de Angola 安哥拉卢西亚达大学	Luanda 罗安达
私立综合大学	Universidade Metodista de Angola 安哥拉卫理公会大学	Luanda 罗安达
私立综合大学	Universidade Privada de Angola 安哥拉私立大学	Belas 贝拉斯
私立综合大学	Universidade Técnica de Angola 安哥拉技术大学	Kilamba Kiaxi 基兰巴·基亚希
私立学院	Instituto Superior de Ciências Sociais eRelações Internacionais 社会科学和国际关系高等学院	Belas 贝拉斯
私立学院	Instituto Superior Deolinda Rodrigues 德奥琳达·罗德里格斯高等学院	Luanda 罗安达
私立学院	Faculdade Adventista de Angola 安哥拉基督复临学院	Huambo 万博
私立理工类学院	Instituto Superior Politécnico Jean Piaget de Benguela 本格拉让·皮亚杰高等理工学院	Benguela 本格拉

· 119 ·

续表

类别	学校名称	地点
私立理工类学院	Instituto Superior Técnico de Angola 安哥拉高等技术学院	Viana 维亚纳
私立理工类学院	InstitutoSuperior Politécnico da Tundavala 通达瓦拉高等理工学院	Lubango 卢班戈
私立理工类学院	Instituto Superior Politécnico Dom Alexandre Cardeal do Nascimento 亚历山大·卡代尔·那西曼特高级理工学院	Catepa 卡特帕
高等军事学院	Escola Superior de Guerra de Angola 安哥拉战争学院	Luanda 罗安达
高等军事学院	Escola Militar Aeronáuticada Força Aérea Nacional 国家空军航空军事学校	Lobito 洛比托
高等军事学院	Academia Militar do Exército 陆军军事学院	Lobito 洛比托
高等军事学院	Instituto Superior Técnico Militar 高等军事技术学院	Luanda 罗安达
高等军事学院	Academia NavalAngolana 安哥拉海军学院	Luanda 罗安达
高等军事学院	Instituto Superior Naval de Guerra 海军战争学院	Ambriz 安布里斯
高等军事学院	Escola Nacional dePolícia de Protecção e Intervenção 国家警察保护和干预学校	Luanda 罗安达
高等军事学院	Escola Nacional deProtecçao Civil e Bombeiros 国立公民保护和消防员学校	Luanda 罗安达

资料来源：作者整理

高等教育的资金来源在内战期间被忽视，大约持续了30年之久，内战结束后，教育投入了大量公共资金。政府还扩大了职业技术教育，以解决大规模的技能短缺问题。此外，高等教育经历了指数级增长，自2002年以来，高等教育的入学率每年增长50%以上，到2011年人数达到14万人。

第四节　莫桑比克高等教育

高等教育包括公立和私立大学、学校和高等学院以及学院。莫桑比克在1975年独立之初，全国仅有一所大学。1983年，莫桑比克进行教育制度改革，将教育划分为普通教育、成人扫盲教育、职业技术教育、教师培训和高等教育五个类型。1990年再度改革教育制度，鼓励社会团体和私人办学。1995年决定扩大教育事业，加大专业教师培养力度，提高教学质量[1]。在此政策的鼓励下，莫桑比克高校得到发展；1996年，成立了贝拉天主教大学和马普托理工科综合高等学院[2]。2011年莫桑比克高校已增至41所[3]。2010年，莫桑比克在读大学生达10.1万人[4]。2015年，莫桑比克高校在校生达17.48万人[5]。蒙德拉内大学是莫桑比克唯一一所综合性大学。报考莫桑比克的高校，学生必须具备以下条件：完成或具有普通中等教育12年

---

[1]　"莫桑比克教育情况"，载 http://www.qianzhengdaiban.com/mosangbikeqianzheng/news/28456.html，最后访问日期：2023年4月15日。

[2]　"莫桑比克国家概况"，载 https://www.mfa.gov.cn/web/gjhdq_676201/gj_676203/fz_677316/1206_678236/1206x0_678238/，最后访问日期：2023年4月15日。

[3]　"莫桑比克教育情况"，载 http://www.qianzhengdaiban.com/mosangbikeqianzheng/news/28456.html，最后访问日期：2023年4月20日。

[4]　"莫桑比克教育情况"，载 http://www.qianzhengdaiban.com/mosangbikeqianzheng/news/28456.html，最后访问日期：2023年4月20日。

[5]　"莫桑比克国家概况"，载 https://www.mfa.gov.cn/web/gjhdq_676201/gj_676203/fz_677316/1206_678236/1206x0_678238/，最后访问日期：2023年4月20日。

级或同等学力的技术、职业水平，且通过考试。

莫桑比克高等教育管理部门实际上是高等教育科研部，该部成立于1999年，是从教育部独立出来的；其职责是专门管理高等教育及科研工作。高等教育科研部独立之后，教育部不再分管高等教育而是专门主管初等教育（包括基础教育和中等教育）。在实际运作中，很多方面（特别是财政）两部门相当长时期内还是一个整体[1]。

根据《莫桑比克高等教育法》的规定，莫桑比克高等教育机构享有学科设置、教学和行政自主权。为了进一步提高高校质量，莫桑比克在大学开设课程、颁发学位文凭等方面以博洛尼亚进程所确定的标准为依据。

蒙德拉内大学是莫桑比克唯一一所公立综合性大学，全名为"埃杜拉多·蒙德拉内大学"，建于1962年。初建时名为"综合研究大学"，1968年改名为"洛兰索·马贵斯大学"。1976年为纪念莫桑比克民族解放运动领导人埃杜拉多·蒙德拉内而改为现名。为了实现高校教育去殖民化和本土化，1983年蒙德拉内大学增设老战士和先进生产者系。全校共有11个院系，20多个学科；在校生约7200名，老师806名。除本国老师外，还有不少外籍教师。

蒙德拉内大学有两个特色单位，一个是非洲研究中心，另一个是计算机研究中心。非洲研究中心成立于1976年，其前身为前葡萄牙殖民政府设立的热带研究中心。有14名左右常驻研究员，不同课题和研究项目还会招收名额不等的兼职研究员。中心主要从事社会科学研究工作，图书资料丰富，有自己的图书馆。中心与南部非洲各国的学术界多有合作，研究内容广泛，研究项目包括司法权、民主过渡、妇女问题及法律、政治、社会等相关

---

[1] 李安山："莫桑比克的教育近况——中国教育部考察团访非报告之一"，载《西亚非洲》2000年第5期。

问题。美国明尼苏达大学著名非洲农民问题学者艾伦·伊萨克曼曾在此开展访问研究。其项目资金来源多样化，一些与政府无关的项目（如非政府组织研究等）的资金来源主要为国际组织[1]。

蒙德拉内大学计算机研究中心从事网络研究并向社会开放，已具相当规模，主机房设备比较齐全，正准备建光纤系统将校内各单位联网。该中心的计算机设备主要来自他国捐赠，捐赠主要来自加拿大、芬兰等北欧国家和世界银行等机构。学校图书馆已开通与欧洲的网络联系。总统曾在该校电视会议室与美国总统克林顿通过电话。

蒙德拉内大学根据政府教育改革方针，于1998年制定了1999至2003年发展计划。通过分析自我的力量、弱点、机遇和面临的威胁，制定了12个战略目标。其中最为主要的是：①在自主的前提下加强行政效率；②提高教学科研的质量；③逐步实现财政的可持续性；④稳定和进一步发展人力资源；⑤充分增加蒙德拉内大学的入学率；⑥发展国内和国际合作。

莫桑比克师范大学是莫桑比克独立后建立的知名高校，共有在校学生2000名；教师224人。师资注重国际化，有8名外籍教师，分别来自德国、荷兰、俄国、法国、英国和葡萄牙等国。学校共有三个校区。学校运作实行理事会负责制，校长是执行人。校长具体执行理事会决议，提出现行办学方针建议。根据莫桑比克师范大学校长介绍，该校有两位教师曾在中国接受过培训，并希望每年都能派教师到中国接受培训[2]。

中莫高校互动交流近年来取得了巨大进步。除师资培训外，

---

[1] 李安山："莫桑比克的教育近况——中国教育部考察团访非报告之二"，载《西亚非洲》2016年第6期。

[2] Henriksen, S. M. (2010). Language attitudes in a primary school: A bottom-up approach to language education policy in Mozambique.

2012年10月，蒙德拉内大学孔子学院成立，目前有10名汉语教师、10多个教学点，注册学员累计超过7000人次，涵盖莫桑比克社会各界人士。2016年，蒙德拉内大学开设汉语本科专业课程，汉语被纳入该国国民高等教育体系[1]。汉语作为学制4年的一门新专业在蒙德拉内大学文学院正式设立[2]。本学年共有200余名学生报名，最终30人入选。蒙德拉内大学孔子学院新教学楼是一幢三层楼房，拥有12间教室、10间办公室、一个图书资料室、一个报告厅。新教学楼建成后，无论是教学条件还是办公环境都有了大幅改观。蒙德拉内大学孔子学院自成立以来，已培训学生约2300人。

在师资力量方面，《莫桑比克高等教育法》规定，大学教师至少拥有硕士研究生学历。据莫桑比克媒体2016年3月24日报道，莫桑比克全国一半以上的公立大学教师只有大学本科文凭，没有达到国家法律规定的要求[3]。莫桑比克教育部部长奥古斯托·琼在参加圣托马斯大学的毕业典礼时说，在公立高等教育机构执教的8000名教师中，只有22%的人拥有硕士研究生学历，8%的人拥有博士研究生学历[4]。

---

[1] "莫桑比克蒙德拉内大学孔子学院喜迁新楼"，载 https://www.sohu.com/a/448281814_201960，最后访问日期：2023年4月20日。

[2] "莫桑比克第一高校开设汉语专业"，载 http://www.xinhuanet.com/world/2016-02/19/c_1118091467.htm，最后访问日期：2023年4月20日。

[3] "莫桑比克：超半数大学教师学历未达要求"，载 http://news.sohu.com/20140325/n397172592.shtml，最后访问日期：2023年4月21日。

[4] "莫桑比克：超半数大学教师学历未达要求"，载 http://news.sohu.com/20140325/n397172592.shtml，最后访问日期：2023年4月21日。

第五节　几内亚比绍高等教育

几内亚比绍重视科研及普及工作，设有国家教育与高等教学部，但由于各种主客观原因，特别是资金投入少，科技仍处于低级水平。卡布拉尔大学（Amilacar Cabral）成立于2004年1月，是几内亚比绍第一所公立大学。科利纳斯德博埃大学为几内亚比绍第一所私立大学，于2003年成立。几内亚比绍每年向国外派出一定数量的留学生[1]。

卡布拉尔大学提供教育、法律、医学、兽医、工程、农学、经济、社会、现代语言和新闻学等本课程，学制为3年至5年；其中法学是5年学士学位；医学包括授课、实习需要7年，授博士学位[2]。几内亚比绍的研究生课程在国外进行。学生完成学业后需赴国外就读高等课程。接纳国有古巴、葡萄牙、中国、俄罗斯和周边非洲国家。学生所学专业大多为医科、建筑、工科和师范等。

在几内亚比绍获得独立之前，葡萄牙没有在其建立大学，发展高等教育。因此，几内亚比绍独立后，国家干部队伍中只有17名是中学毕业，14名是大学毕业[3]。由此可见，几内亚比绍国家干部队伍水平素质偏低，制约了国家的发展道路，难以快速步入正轨。为发展高等教育，几内亚比绍政府在独立后不久，和保加利亚、苏联、古巴、巴西、法国、阿尔及利亚、

---

[1]　"莫桑比克国家概况"，载 https://www.mfa.gov.cn/web/gjhdq_676201/gj_676203/fz_677316/1206_677752/1206x0_677754/，最后访问日期：2023年4月21日。

[2]　"几内亚比绍的教育制度与医疗状况全面解读"，载 https://www.hlcgfw.cn/a/w/xw/2019/0929/2286.html，最后访问日期：2023年4月21日。

[3]　AUGEL, Moema Parente. A nova literatura da Guiné–Bissau. Bissau：INEP, 1998. ColecçãoKebur, P. 24.

塞内加尔和葡萄牙等国签署了《几内亚比绍技术和高等教育协议》[1]，希望通过这一协议的签署将国家教育培训纳入正轨，培养国家发展迫切需要的相关领域的大学生[2]。

1974年至2011年期间，在几内亚比绍政府的重视下，高等教育机构不断增加。据不完全统计，此期间新增的高等教育机构有：1974年为培训国家卫生系统技术人员而成立的国家卫生研究中心（后升格为医学院）；1975年为培养小学师资而成立的卡布拉尔（Amílcar Cabral）培训学校，校址设在博拉马；1979年，为了培训早期的公务员和官员，填补因葡萄牙定居者离开而造成的政府机构的职位空缺，成立了法学研究所。同年，为培训中学教师而开设了奇科（TchicoTé）高等师范学校，学制为3年本科，可获得学士学位；1982年为解决公共和私人管理技术人员缺乏，创建了技术和专业培训学院（INAFOR）行政培训中心（CENFA）；目前，政府决定由国家行政学院（ENA）所取代该中心，提供会计和管理方面的技术和高级课程；1986年，为培养公共卫生人员，与古巴合作开设医学院（后医学院被卡布拉尔大学合并）；同年，成立培养体育教师的国立体育运动学院（ENEFD）；1990年与葡萄牙合作，开设提供法学学士学位的比绍法学院（FDB）；2003年，一群知识分子创建了几内亚比绍第一所私立大学科利纳斯德博埃大学（Universidade Colinas de Boé，UCB），开设管理学和会计学、媒体和营销、计算器工程、土木工程等课程；2004年1月，第一所公立大学卡拉布尔大学

---

[1] AUGEL, Moema Parente. A nova literatura da Guiné-Bissau. Bissau：INEP, 1998. ColecçãoKebur, p. 134.

[2] SANHÁ, Alberto. Educação Superior em Guiné- Bissau. In：Seminário Internacional de educação Superior da Comunidade de países de Língua Portuguesa, P37. PUCRS. 2009. Disponível em：www. pucrs. br/edipucrs/cplp/ educacaosuperior. htm.

(UAC)正式开学；但几年之后，因学校管理不善，政府曾对其进行整顿，并新成立了一所几比葡语大学（Universidade Lusófona da Guiné，ULG），开设经济学、社会学、传播和新闻学、建筑学、护理和医学等学士课程；2007年，西非天主教大学（UCAO）在首都比绍开设了行政管理课程；2008年，几内亚比绍管理学院（ISGB）成立，提供管理、旅游、会计、经济和商业等课程；2009年，成立了Sup管理中心（比绍高等教育机构），提供管理和计算器科学课程（目前ISGB和Sup两个机构都不再运作）；2010年成立了皮亚杰葡文大学（Universidade Jean Piaget），提供政治学、教育和行为学、健康科学等课程[1]。

几内亚比绍独立之后，政府几经努力，高等教育有了起色，越来越多的公立或私立大学以及培训机构不断增加。但高校开设的课程未能跟得上几内亚比绍经济的发展。农业和渔业是几内亚比绍的经济基础，一些新兴产业代表着几内亚比绍未来的发展方向，但农业或者渔业相关的课程，以及新兴产业方面的课程，在几内亚比绍高校中几乎没有开设。

医学研究所是几内亚比绍高等教育史上最早的高等教育专业机构，也是几内亚比绍事实上高等教育培训开始的标志。1985年，医学研究所升格为医学院，并在1986年10月23日发布的第31/986号中法令获得正式确认。医学院正式成立后，获得了古巴在医疗设备和科学技术方面的支持。第一期有34名学生参加了医学预科课程。到1993年为止，有30多位古巴教师在这里教授数学、物理和化学以及生物学和西班牙语等不同科目。几内亚比绍每年派出一定数量的留学生到国外学习；提供奖学金名额较多的国家有古巴、巴西、葡萄牙等；外籍教师除来自

---

〔1〕 AUGEL, Moema Parente. A nova literatura da Guiné–Bissau. Bissau：INEP, 1998, ColecçãoKebur, pp. 134~135.

古巴外，还有一些来自葡萄牙、巴西等国家[1]。

几内亚比绍也非常重视与中国的高等教育合作。2015 年 4 月 29 日，几内亚比绍高等教育与科研国务秘书、几内亚和佛得角非洲独立党政治局候补委员迪亚斯，与我国驻几内亚比绍时任大使王华会见，就进一步加强两国高等教育领域交流与合作等深入交换了看法[2]。

第六节　佛得角高等教育

佛得角面积为 4003 平方公里，人口为 54.6 万人，工业基础薄弱，资源匮乏，渔业和服务业占比较大。在被殖民时期，高等教育发展缓慢。独立后，高等教育得到发展。在教育层次和收生规模方面，2003 年至 2010 年期间，一些高等教育机构进行了升格。多数高校的收生人数都有所增加，情况得到改善。私立高等教育机构的主导地位显著上升[3]。

2006 年 11 月，佛得角大学成立，这是佛得角的第一所公立大学。目前，佛得角共有 11 所高等教育机构；其中 6 所大学，5 所高等学院。2009 年入学率 11%，在校人数约 7000 人；2011 年至 2012 学年共有 1316 名大学教师，其中 63.5%拥有学士及以上学位；共有 1.18 万名大学生在读[4]，大多数高等教育机构

---

[1]　李广一主编：《列国志：赤道几内亚、几内亚比绍、圣多美和普林西比、佛得角》，社会科学文献出版社 2010 年版。

[2]　"驻几内亚比绍大使王华会见几内亚比绍高教国秘迪亚斯"，载 https://china.huanqiu.com/article/9CaKrnJKBpK，最后访问日期：2023 年 4 月 21 日。

[3]　Langa, Patrìcio Vitorino. Higher Education in Portuguese Speaking African Countries. Chapter 3.

[4]　"佛得角国家概况"，载 https://www.mfa.gov.cn/web/gjhdq_676201/gj_676203/fz_677316/1206_677608/1206x0_677610/，最后访问日期：2023 年 4 月 25 日。

建于20世纪末。2010年,佛得角有9个高等教育机构;其中8个私立,1个公立;9个高校招收了近万名在校生,其中绝大多数在私立高等教育机构就读。2011年,共有公私立大学在读生11 769名。2016年,高等教育入学率22%;本科及以上学历总人口占比9.3%;2017年高等教育适龄人口为57 485人,在校人数为12 622人,入学率为21%。

除首都普拉亚外,圣文森特高等教育资源最好。明德卢大学、Lusophonena葡式大学、佛得角大学明卢分校、佛得角大学海洋学院以及皮亚杰葡文大学都在那里,高校在校生超过4000人。[1] 根据高等教育机构提供的学术计划,可以将其分为两个类别:一类是学术和专业课程的综合性大学,课程专业包括艺术、人文、社会科学以及商业、技术和工程等;另一类是提供法律、商业科学和社会服务单一课程的专门高等教育机构[2]。

佛得角受经济条件限制,高等教育经费不十分充足。2017年佛得角政府高等教育支出占政府总教育支出的17%;仅占GDP的0.95%;大约为1500万美元。

近年来,中佛两国加强了高等教育的交流合作,中国方面除了帮助佛得角大学开设汉语专业课程外,龙信建设集团有限公司还承建中国援建佛得角大学新校区建设项目。

2021年7月7日,我国驻佛得角大使徐杰考察佛得角大学新校区项目现场,看望项目组工作人员及佛得角大学孔子学院教师。佛得角体育和青年局负责人、佛得角大学校长、佛得角

---

〔1〕 于平、张德银:"佛得角圣文森特岛教育和卫生事业发展现状和对策",载《海洋经济》2019年第5期。

〔2〕 Langa, Patrĭcio Vitorino. Higher Education in Portuguese Speaking African Countries. Chapter 3.

大学孔子学院中外方院长等一同参加。[1] 7月23日,中国援佛得角大学新校区项目移交工作顺利完成。该项目于2017年6月开工。2021年7月20日,项目顺利通过商务部国际经济合作事务局专家组的竣工验收,工程整体质量等级综合评定为"优良"。佛得角大学新校区位于佛得角首都普拉亚市区,建设用地11公顷,总建筑面积近3万平方米,是一座能容纳5000多名师生的现代化综合性大学。佛得角大学新校区项目是中佛建交以来中国对佛得角最大的援建项目。7月23日,在佛得角大学新校区大学报告厅举行了隆重的中国援佛得角大学新校区项目移交仪式。佛方高度重视,时任总理席尔瓦和教育部、基础设施部、外交部等多位部长、佛得角大学校长出席;中国驻佛得角使馆时任大使杜小丛致辞;中方使馆及在佛各国驻外使节、主流新闻媒体共300余人出席了仪式。席尔瓦总理、杜小丛大使等一行参观了教学楼、服务中心、中心图书馆、宿舍楼、行政楼等校区设施设备,高度评价工程质量,功能齐备、设备先进。杜小从大使表示,援佛得角大学新校区项目的建成移交,是两国教育领域合作的一座丰碑。席尔瓦感谢中国政府和人民长期以来对佛得角的无私援助和支持;诚挚感谢中国政府和中方团队援建了品质一流的大学校区。他表示,大学将尽快启用,再次希望两国未来继续在高等教育领域进一步深化交流合作。杜小从大使与席尔瓦代表两国政府签署了交接证书[2]。

2021年底,佛得角大学孔子学院汉语言专业本科首届开学

---

[1] "驻佛得角大使徐杰考察中国援佛项目",载 https://www.fmprc.gov.cn/web/wjdt_674879/zwbd_674895/202207/t20220712_10718628.shtml,最后访问日期:2023年4月25日。

[2] "龙信建设承建的援佛得角大学新校区项目顺利移交",载 http://www.jccief.org.cn/v-1-19038.aspx,最后访问日期:2023年4月25日。

第三章 葡语国家高等教育

典礼举行。杜小丛大使、佛得角时任国务秘书尤丽迪丝、佛得角大学时任校长纳西门托、佛中友好协会、驻佛中资机构和在佛华商领导，佛得角大学各部门负责人、十几所中学相关负责人、所有新生及其家长等 130 多人出席。[1]

根据广东外语外贸大学网页介绍，佛得角大学孔子学院成立于 2015 年 12 月。经过多年发展，该学院已有 5000 多名学生，得到中国教育部和佛得角教育部的关心和支持，渐趋成熟；2016 年度招生规模不断扩大，注册学员达 400 多人；2017 年，办学场地与注册学员分布在佛得角两岛三地，注册学生人数超过 1400 名。2018 年至今，不断提升汉语教学质量，每年注册学生在 1500 名至 2000 名。[2]

在被葡萄牙殖民时期，佛得角的高等教育起步晚，只重视殖民统治者的后裔以及少数为殖民统治服务的管治和教化者，因此高等教育在佛得角历史上几乎是一片空白，直到 1866 年，佛得角神学院在佛得角的圣尼古拉岛建立；尽管这并非一所严格意义上的大学，但它结束了佛得角没有高等教育的历史。这所学校除培养了大批牧师、作家教师以及公务员外，还培养了很多铁匠与木匠等手工匠人。

在这里会涉及一个概念，教育的经常性支出，高等教育的经常性支出是指维持公共部门正常运转或保障高校基本运作所必需的支出，主要包括人员经费、公用经费及社会保障支出。统计显示，2015 年至 2017 年高等教育机构经常性支出占总支出的百分比分别为 100%、94.71% 和 88.7%。这一数字表明，高

---

[1] "我校佛得角大学孔子学院汉语言专业本科首届开学典礼举行"，载 https://www.gdufs.edu.cn/info/1106/57660.htm，最后访问日期：2023 年 4 月 25 日。

[2] "佛得角大学孔子学院简介"，载 https://internationaloffice.gdufs.edu.cn/info/1103/5155.htm，最后访问日期：2023 年 4 月 25 日。

校大部分经费都用在维持机构的基本运转；很少用于科研经费、实验器材等方面。

根据有关机构按照《国际教育标准分类法》的统计，在佛得角，2017年，在全部受过高等教育的女生中，本科毕业占全部人数的95.38%，硕士与博士占比为2.84%；全部受过高等教育的男生人数中，本科毕业的占总人数的91.64%，硕士与博士毕业的占总人数的4.76%。

佛得角高等教育的投入相对较低，一方面与国家当前的经济现实有关。佛得角经济长期处于负债状态，财政赤字严重；教育事业对外国国际机构依赖严重；高校提供的博士与硕士学位课程少。另一方面是硕士以上学历的就业优势不明显。佛得角的支柱产业是旅游业，经营旅游项目门槛低，不需要高学历，接受硕士以上的高学历教育是一种浪费。

在法律层面，政府通过法律规范教育，包括高等教育。法律定义了高等教育的定义，高等教育机构的类型、入学条件、教学目标，学位颁授和荣誉学位；并将高等教育分为两种，即大学或学术高等教育和理工高等教育（第31条）。大学或学术高等教育和理工高等教育对应法律定义的三种高等教育机构类型，即大学、学院和高校（第43条）。在法律上，大学既是普通机构，又是专门机构；而高校和高等教育机构只是专门机构。[1]

随着佛得角近年来海洋特区开发的积极推进，人口流入造成高校师资紧缺；高校本土入学率还满足不了经济发展的需求；现有高校作用发挥不充分；现有学科设置不能满足海洋经济、旅游、科技等新兴产业的发展需求。这对佛得角的高等教育发

---

[1] Langa, Patrìcio Vitorino. Higher Education in Portuguese Speaking African Countries. Chapter 3.

展是一个严峻的挑战，佛得角在高等教育领域应积极开设应用型、特色专业学科。

第七节 圣多美和普林西比高等教育

圣多美和普林西比（以下简称"圣普"）的高等教育始于1951年，当时圣普还处在葡萄牙殖民时期，葡萄牙殖民者在圣普建立了一所技术学校，教授电工、机械工、木匠、金属等工人技能和培训打字员等课程；这所学校按照现在的学科分类应该属于职业教育，但在当时并不是所有人都可以接受到这类教育，已经算是圣普最高级别的高等教育了。圣普经济造血能力弱，外来援助和投资有限，加之受新冠疫情影响等原因，国家财政困难，外汇收入下降，外债高企，民众生活水平两极分化严重[1]，高等教育发展十分缓慢，需要很长时间完善。数据显示，2014年，政府高等教育支出占教育总支出的9.6%，大专教育支出占1.2%；在GDP中的占比为0.36%，总计126万美元。2014年，大专入学率只有9.51%；高校学生与教师比例为5.732∶1；2017年所有课程的高等教育在学人数为2336人。目前有1所公立大学和2所私立大学。政府注重师资培训，并聘请外国教师执教。此外，国家每年还选派留学生到国外深造[2]。

---

[1] "圣多美和普林西比国家概况"，载 https://www.mfa.gov.cn/web/gjhdq_676201/gj_676203/fz_677316/1206_678452/1206x0_678454/，最后访问日期：2023年4月25日。

[2] "圣多美和普林西比国家概况"，载 https://www.mfa.gov.cn/web/gjhdq_676201/gj_676203/fz_677316/1206_678452/1206x0_678454/，最后访问日期：2023年4月25日。

1994年，圣普接受了高等师范学校援助项目，这一项目加快了圣普的教师培养步伐，壮大了独立后圣普的高等教育。

圣普本身的支柱产业是农业，工业和教育都不发达。因此，在校生会优先选择与农业相关的课程，而不是工业技术方面的课程。以圣普在校女生为例，选择农业、林业、渔业和兽医课程的占52.84%；选择高等教育工程、制造业和建筑业的占36.52%[1]。

由于高教经费紧张，高等教育内部经费仅够用于维护日常运营。经常性支出占总支出的90.31%。由此可见，圣普高校在学术领域和科研领域举步维艰的真实情况；也解释了圣普高等教育落后的真实原因之一就是缺乏经费。

落后的经济和门槛较低的产业结构，以及人们因受教育程度低下而产生急功近利思想，和佛得角存在的观念一样，大部分人认为从事农业、旅游业这两种行业是不需要太高学历的，多读书纯属浪费时间和金钱；对高等教育在国家经济、产业和文化发展中的作用认识不清，对高等教育带来的理念、观念更新，进而推动产业创新的作用没有体会。圣普推进先进的科技研发任重而道远，政府在高等教育方面的工作还需要加强与提高。

第八节 东帝汶高等教育

东帝汶现有大专院校17所[2]。东帝汶国立大学（Universidade Nacional Timor Lorsa'e，UNTL）位于东帝汶首都帝力。东帝汶国立大学的基础设施建立于1999年9月，遭到印度尼西亚军

---

[1] 资料来源于世界银行数据库。
[2] "东帝汶国家概况"，载 https://www.mfa.gov.cn/web/gjhdq_676201/gj_676203/yz_676205/1206_676428/1206x0_676430/，最后访问日期：2023年4月27日。

队和民兵严重破坏而停办；2000年11月重新开办，在校生25 000人。2020年东帝汶共有2147名大学毕业生，分别来自和平大学、国立大学、商学院等高校，涉及经济、人权、社会科学、公共卫生、工程技术、农业、教育、哲学等专业。此外，商学院首次开设管理学、会计及企业管理等专业硕士学位。首都帝力又有较丰富的高校资源，除东帝汶国立大学外，克里斯特大学（以下简称"ISC私立"）、帝力科技学院、东帝汶商学院校址也在帝力。

有资料显示，东帝汶最早的高等教育机构是1924年在葡萄牙殖民政府支持下，天主教团体在东帝汶索伊巴德（Soibad）成立的耶稣会学院（Jesuit College），这并不是一所严格意义上的高等教育学院，但是却为东帝汶的师资教育作出了贡献。学院专门培养教会学校基础教育阶段的教理师。这些教理师在接受4年小学教育之后，就具有在教会学校任小学教师的资格[1]。东帝汶本土贵族子女在学习了葡语及天主教教义后，就会被教会学校雇佣担任教会学校的牧师或者教师[2]。这或许是东帝汶早期高等教育的雏形。

2021年12月，圣保禄二世天主教大学揭幕，总理鲁瓦克（Taur Matan Ruak）和帝力总教区席尔瓦总主教共同揭幕；这是东帝汶第一所天主教大学；校长是平托（Pinto）神父。该校于2022年2月招生，有教育、艺术和文化、卫生、人文科学和农业技术工程四个学院，大约20个系科；每个系科规模在25人至30人。现有教师50名，并将从印度尼西亚、葡萄牙、巴西等地

---

[1] Taylor, John G, *Indonesia's Forgotten War: The Hidden History of East Timor*, Australia: Pluto, 1991, p. 79.

[2] 常甜、马早明："东帝汶基础教育治理模式嬗变的历史逻辑"，载《比较教育学报》2022年第4期。

引进更多教师[1]。

　　东帝汶不断加强与中国的高等教育交流互动，取得了一定成效。2011年7月20日下午，教育部时任副部长郝平会见了来访的东帝汶时任国民议会卫生、教育与文化委员会主席维尔吉利奥·迪亚士·马萨尔一行。郝平表示愿与东帝汶在基础教育、高等教育等领域开展更多合作。马萨尔主席提出愿意借鉴和学习中国在师资培养等方面的成功经验。其间，教育部相关司局介绍了中国在高等教育、师范教育和基础教育领域的发展情况[2]。2016年1月21日，中国驻东帝汶时任大使刘洪洋会见东帝汶国立大学校长马丁斯，就加强两国教育领域合作交换了意见。刘洪洋大使表示将进一步加强双方文化交流与合作[3]。2022年6月4日，当地时间6月3日，中国国务委员兼外交部部长王毅在帝力同东帝汶外交部部长阿达尔吉萨举行会谈。双方愿深化发展战略对接，深化基础设施、能源产能、扶贫、教育卫生等重点领域互利合作，助力东帝汶自主发展，提升人民福祉。会谈后，双方出席了经济技术、数字电视、医疗卫生等合作文件签字仪式，并为东帝汶商学院孔子课堂、中国—东帝汶友谊足球场揭幕[4]。

---

〔1〕"东帝汶为第一所天主教大学揭幕"，载https://china.ucanews.com/2021/12/15/%E6%9D%B1%E5%B8%9D%E6%B1%B6%E7%82%BA%E7%AC%AC%E4%B8%80%E6%89%80%E5%A4%A9%E4%B8%BB%E6%95%99%E5%A4%A7%E5%AD%B8%E6%8F%AD%E5%B9%95/，最后访问日期：2023年4月27日。

〔2〕"郝平会见东帝汶国民议会卫生、教育与文化委员会主席"，载http://www.gov.cn/gzdt/2011-07/20/content_1910404.htm，最后访问日期：2023年4月27日。

〔3〕"驻东帝汶大使刘洪洋会见东帝汶国立大学校长马丁斯"，载https://www.163.com/news/article/BDUJTJHP00014SEH.html，最后访问日期：2023年4月27日。

〔4〕"王毅同东帝汶外长阿达尔吉萨举行会谈"，载http://www.cnhubei.com/content/2022-06/04/content_14809869.html，最后访问日期：2023年4月27日。

很长一段时期，东帝汶没有从业资格证证书制度，学生只能凭文凭进入劳动力市场。2006年国家学术评估和认证委员会成立，负责确定高等教育机构及课程的学术认证和评估标准。2008年根据该委员会的一项评估，有20个研究所提交了14个必要文件，其中只有5个符合标准；7个仅能符合最低的认证要求。

第四章
葡语国家其他教育

葡语国家遍布世界四大洲，教育体系各异，在基础教育和高等教育以外，其他教育种类划分各异。现将学前教育（幼儿教育）、成人教育（职业教育及在职培训）等种类在本章予以介绍。由于种类不同，遵循各国具体实际情况进行介绍，结构和篇幅不追求统一。

学前教育也称（婴）幼儿教育，是一门综合性很强的学科。主要是在孩子接受小学基础教育前，利用各种方法、实物，有系统、有计划地对孩童进行科学培养刺激，使儿童身心获得健康协调发展。根据《葡萄牙教育法》和《葡萄牙学前教育框架法》，学前教育指3岁至5岁儿童的教育，是国民教育体系的组成部分，是基础教育的第一阶段，也是终身教育的第一阶段；但学前教育不属于义务教育，是非强制性的[1]。在我国，学前教育划归教育部基础教育司主管。

职业教育是指让受教育者获得某种职业或生产劳动所需要的职业知识、技能和职业道德的教育，包括初等职业教育、中等职业教育、高等职业教育（专科层次职业教育、本科层次职业教育、研究生层次职业教育）。职业教育与普通教育是两种不同教育的类型，具有同等重要地位。

---

[1] 余强："葡萄牙现行学前教育政策述评"，载《外国教育研究》2010年第6期。

第四章　葡语国家其他教育

第一节　葡萄牙其他教育

一、葡萄牙学前教育

在葡萄牙君主制被推翻之后的第二年，1911年官方学前教育制度正式建立，面向4岁至7岁的儿童[1]。之后，学前教育发展可谓一波三折。到了20世纪80年代，政府依靠民间力量发展学前教育的政策限制了公立学前教育的发展，导致公立学前教育问题突出，教学质量参差不齐，工资待遇低下，教师队伍流失严重。1994年，葡萄牙多家大学研究所先后向政府提交关于学前教育现状的调查报告，纷纷指出，公立学前教育机构严重不足；全国29.4%的3岁至6岁幼儿由母亲照看，37%由家庭其他成员照看。1995年10月，新政府上台后，立即起草了《葡萄牙学前教育框架法》（Framework Law for Pre-School Education），并制定了在全国建立幼儿园网的计划；1996年，政府又制定和实施了《葡萄牙学前教育扩大和发展计划》（Preschool Education Expansion and Development Plan）；1997年，《葡萄牙学前教育框架法》正式颁布[2]。上述政府文件和法律奠定了葡萄牙现行学前教育政策的基本框架。

《葡萄牙学前教育框架法》的新政策将之前的三类幼儿园整合为全国统一的学前教育系统；由教育部和社会保险与劳动部

---

[1] Ministry of Education, "Early Childhood Education and Care Policy in Portugal-Background Report [EB/OL]", http://www.oecd.org/detaoecd/48/51/2476551.pdf, 2009-09-06.

[2] Formosinho, J. and Formosinho, J., "System of Early Education/Care and Professionalization in Portugal", http://www.ifp.bayern.de/imperia/md/content/stmas/ifp/commissioned_report_portugal.pdf, 2009-09-06.

(the Ministry of Social Security and Labor)联合制定政策；教育部负责财政拨款并制定学前教育规范，这些规范包括开学和上放学时间、机构设置、办学方向、教学评价和督导等。社会保险与劳动部为低收入家庭的儿童提供入学补助、免费膳食等帮助。

《葡萄牙学前教育框架法》出台之前，葡萄牙学前教育机构并无一个统一统筹部门，主要是三个相对独立的幼儿园系统：一是私立幼儿园系统，属于慈善性保育性质，归社会事务部（Ministry of Social Affairs）负责；二是由教育部领导的公立幼儿园系统；三是由宗教团体或营利公司主办的非慈善性私立幼儿园，这类幼儿园也受教育部领导。

三类学校办学初衷不同，因此各具特色。慈善性幼儿园主要为父母不在家或无能力照看孩子的低收入家庭服务，入学有条件要求；具有学期时间长，一般只在夏天关闭1个月，每周开放5天；每天在校时间长，每天开放10个小时到12个小时；主要分布在工业区和大城市，规模比较大；服务内容多等特点。公立幼儿园系统属于政府兴办的公立教育，教育部制定入学条件；具有依据孩子的年龄入学；在学位不够的情况下，年龄大者优先入园；学期短，每天在园时间短（暑假45天，圣诞节和复活节放假2周；每周入园5天，每天在园5小时；不提供膳食，服务内容少；主要分布在农村，规模小等特点。非慈善性私立幼儿园具有每天开放5小时以上；提供膳食并提供外语、音乐、舞蹈、体育等课外活动；主要设立在城市等特点[1]。

《葡萄牙学前教育框架法》整合后，所有幼儿园，无论是公立的还是私立的，都具有了教育职能和保育职能；两种职能在时间上

---

〔1〕 Formosinho, J. and Formosinho, J., "System of Early Education/Care and Pro-Professionalization in Portugal", http://www.ifp.bayern.de/imperia/md/content/stmas/ifp/commissioned_ report_ portugal. pdf, 2009-09-06.

划分开来。幼儿园履行教育职能的时间每天不低于5小时；每天上午9时前和下午3时半以后，幼儿园主要履行保育职能[1]。

经过整改，到2006年至2007学年，公立幼儿园已经成为葡萄牙学前教育的主力军。公立幼儿园就读生占全国在园幼儿总数的52%；慈善性私立幼儿园在园生占31%，居第二位；其他私立幼儿园在园生占17%[2]。在各方面齐抓共管的努力下，葡萄牙学前教育在园率大幅提升。1994年，葡萄牙学前儿童在园率为45%，1997年达59%；2005年已达79%[3]；在1994年至2005年间里，在园率提高约34%。联合国教科文组织统计局2008年的数据显示，2006年葡萄牙学前阶段幼儿净在园率为78%，高于美国（56%）、英国（67%）、瑞士（74%）[4]。

（一）葡萄牙现行学前教育政策的主要内容

学前教育不属于义务教育。根据《葡萄牙教育法》和《葡萄牙学前教育框架法》，学前教育指3岁至5岁儿童的教育，它是国民教育体系的组成部分，是基础教育的第一阶段，但不属于义务教育，不具有强制性。尽管如此，葡萄牙积极致力于学前教育的普及，制定基本原则，负责组织机构、教育思想和教育方法等内容；并通过评价和督导机制来保证这些原则的实施[5]。

---

[1] 余强："葡萄牙现行学前教育政策述评"，载《外国教育研究》2010年第6期。

[2] Formosinho, J. and Formosinho, J., "System of Early Education/Care and Professionalization in Portugal", http://www.ifp.bayern.de/imperia/md/content/stmas/ifp/commissioned_report_portugal.pdf, 2009-09-06.

[3] UNICEF, "Education Statistics: Portugal", http://www.childinfo.org/files/IND_Portual.pdf, 2009-09-06.

[4] UNESCO Institute for Statistics, "Global Education Digest", http://www.uis.unesco.org/template/pdf/ged/2008/GED 2008_EN.pdf, 2009-09-08.

[5] Formosinho, J. and Formosinho, J., "System of Early Education/Care and Professionalization in Portugal", http://www.ifp.bayern.de/imperia/md/content/stmas/ifp/commissioned_report_portugal.pdf, 2009-09-06.

(二) 经费分担制度

1995年以来,葡萄牙政府一改以往的政策,大幅提高学前教育的预算。1999年政府学前教育预算与1995年相比,增加了143%。根据《葡萄牙学前教育框架法》,所有公立幼儿园的一切费用由政府全额承担[1];从2000年至2001学年起,政府全额承担非营利性私立幼儿园每天5小时的教育费用;但政府不承担营利性私立幼儿园的教育费用;就读营利性私立幼儿园的幼儿家长,可以向政府申请部分补助。政府承担私立幼儿园部分保育费用,不足部分由学生家长支付。社会保险与劳动部负责补助幼儿园履行其保育职能的费用。为了让更多适龄幼儿入园,提高在园率,政府对低收入家庭实行入园打折优惠及多种减税优惠[2]。1999年,葡萄牙政府承担了公立幼儿园总开支的100%、非营利性私立幼儿园总开支的62%、营利性私立幼儿园总开支的5%;相应的家庭承担比例分别是0%、38%和95%[3]。经过政府的不断努力,葡萄牙学前儿童在园率从1994年的45%,上升为1997年的59%;到2005年更达79%左右[4]。

葡萄牙现代学前教育的历史始于19世纪末。1882年前后,在福禄贝尔诞辰100周年纪念活动的影响下,葡萄牙成立了第一批幼儿园。20世纪初,一些慈善组织与共和运动相呼应,又

---

[1] Ministry of Education, "Early Childhood Education and Care Policy in Portugal-Background Report", http://www.oecd.org/detaoecd/48/51/2476551.pdf, 2009-09-06.

[2] Formosinho, J. and Formosinho, J., "System of Early Education/Care and Professionalization in Portugal", http://www.ifp.bayern.de/imperia/md/content/stmas/ifp commissioned_ report_ portugal.pdf, 2009-09-06.

[3] Ministry of Education, "Early Childhood Education and Care Policy in Portugal-Background Report", http://www.oecd.org/detaoecd/48/51/2476551.pdf, 2009-09-06.

[4] UNICEF, "Education Statistics: Portugal", http://www.childinfo.org/files/IND_ Portual.pdf, 2009-09-06.

第四章 葡语国家其他教育

新成立了一批主要面向贫困家庭儿童的幼儿园[1]。目前，葡萄牙幼儿园以营利性私立幼儿园为主，有少量为贫困家庭儿童设立的非营利性教会幼儿园和政府公立幼儿园，照顾人均收入低于国家规定标准的家庭的孩子入学并提供免费就读服务。

1911 年，葡萄牙官方学前教育制度正式创建；1919 年，葡萄牙教育部进行教育改革运动，学前教育被划归到公立初等教育之中[2]。但是，受初等学校（小学）教室不够的条件所限，此时的学前教育被教育部定位为 6 岁至 7 岁儿童进入小学学习前的一个阶段，而不是惯常理解的 0 至 6 岁或 4 岁至 6 岁儿童的学前教育。因此，当时受葡萄牙学前教育政策惠及的人数并不多，1926 年年初，适龄幼儿接受学前教育的比例还不足 1%[3]。

1926 年 5 月，军事政变上台的专制政府顾不上教育问题，在此后近 50 年的时间里，其非但不重视学前教育，还把学前教育当作家庭的私事。1937 年，政府直接废止学前教育是公立教育这一制度。直到 20 世纪 50 年代，一些天主教教会在政府的松动下重新建立学前教育机构，一些私立幼儿园和幼儿师范学校迅速发展。1974 年，学前教育随着独裁政权的结束重新回归国民教育体系，受教育部直接管理。受当时幼儿园数量和规模限制，适龄幼儿在园率仅占 10% 左右[4]。

---

[1] OECD, "OECD Country Note: Early Childhood Education and Care Policy in Portugal", http://www.oecd.org/detaoecd/52/30/2534928.pdf, 2009-09-06.

[2] Ministry of Education, "Early Childhood Education and Care Policy in Portugal-Background Report", http://www.oecd.org/detaoecd/48/51/2476551.pdf, 2009-09-06.

[3] OECD, "OECD Country Note: Early Childhood Education and Care Policy in Portugal", http://www.oecd.org/detaoecd/52/30/2534928.pdf, 2009-09-06.

[4] Ministry of Education, "Education and Training in Portugal", *Ministry of Education*, 2007.

1974年，康乃馨革命使社会和经济步入正轨，普及教育、提高质量成为热门话题；由于政府推进工业化和城市化，充足的就业岗位吸引了大批青壮年父母走向社会工作岗位，幼儿的保育和教育成为青壮年家长就业的一大羁绊，也使很多教育机构看到了市场前景和商机；许多学前教育机构在葡萄牙全国各地相继成立。1978年，教育部第一批公立幼儿园成立；1978年至1979年期间，政府开始在农村地区大力兴建公立幼儿园网。1980年后，政府提高了幼师从业资格要求；新建了培养幼师、小学和初中教师的教育学院。

总之，葡萄牙学前教育的发展过程是曲折的，在君主制和专制政府统治时期，进展不大。民主革命后，取得了不小成就，尤其是在20世纪70年代末。

1994年全国教育顾问委员会发表的《学前教育白皮书》指出，学前教育存在的问题主要有：政出多门，缺乏协调，学前教育由多个部门主管；重保育，轻教育，很多幼儿园由于师资力量和水平原因，主要提供看孩子而不是教孩子的服务；公私立幼儿园教师待遇差别过大；幼儿园教育不注重与小学阶段教育的对接。

2007年，葡萄牙在博洛尼亚进程推进下，再次提高了幼师的入职要求，新入职幼师必须拥有硕士学位。幼师学位要求的提高并没有延长高等教育阶段的总年限；根据博洛尼亚进程，欧洲学士学位学制为3年，硕士学位学制为1年，学士硕士总计在校学习期还是4年。

据《葡萄牙共和国日报》，葡萄牙政府网站上公布了有关葡萄牙学前教育入学年龄更改的法令。该法令要求从2016年至2017学年开始，学前教育入学年龄将从5岁降至4岁；并追踪儿童入园能否融入集体生活、跟上教学节奏。这种追踪是为政府将学前教育入学年龄放宽至3岁做准备[1]。这样做主要有两方面考虑：一是让孩子们更早地融入集体生活，培养健全的心智；二是让父母更好地平衡工作与家庭生活的时间。

二、葡萄牙职业教育

职业教育是葡萄牙正规教育的一种模式。葡萄牙的职业技术教育起始于20世纪80年代末，以职业为导向。经过技术培训，开拓了青年的就业之路。职业教育改变了葡萄牙的教育体制和生产体制，使就业前景发生重大变化；职业教育有着较高的质量和严格的制度，有公开透明的标准。葡萄牙北部工业城市的职业技术学校居多，约占全国职业学校的40%；另外，分布较多的地方是首都里斯本，约占25%[2]。相对于葡萄牙职业技术教育，葡萄牙高等职业教育起步较早，1837年葡萄牙工业化进程对高级技术工人产生巨大需求，里斯本和波尔图建立了技术学院。但直到1950年，葡萄牙启动"地中海地区项目"力图提升地中海地区的劳动力水平时，具有现代意义的高等职业教育体系才真正形成。到了1970年，在世界银行的帮助下，葡萄牙为促进经济发展，大力发展高等职业教育。一方面，兴建国立高等职业院校；另一方面，将原有的管理职业学校升格为高等院校。在政府的支持和市场需求呼唤下，私立高等职业教育也蓬勃发展。[3]1989年至1994年，新建的职业学校数量不断增加；尽管在1995年至1998年之间新增学校数量有所下降，但

---

[1] "葡萄牙学前教育年龄2016年将改至4岁"，载https://www.sohu.com/a/21980559_132398，最后访问日期：2023年4月27日。

[2] "葡萄牙的职业技术教育"，载《新疆教育》2002年第9期。

[3] 王移山："试析葡萄牙的高等职业教育"，载《潍坊高等职业教育》2011年第1期。

学校每年招生数量一直上升。正如前教育部部长吉列尔梅·德奥利维拉所讲，众所周知，最近几年，葡萄牙青年选择职业学校的人数呈几何级增长。据统计，在2000年至2001学年，报考中等职业学校的人数达29 974人。1991年颁布建立起职业教育和培训框架的第401号政府令，并确定由葡萄牙教育部和社会保险与劳动部共同负责实施；1995年以来政府又增加职业教育投资，完善培训制度，提高教育培训质量。

葡萄牙职业教育有高等职业教育、中等职业教育和初等职业教育三个层次。其中，初等职业教育学校数量最多。截至1997年，葡萄牙高等职业教育机构有46家、中等职业教育机构有165家（1993年和1995年曾达168家），公立初等职业教育机构有57家。从校生人数来看，高等职业教育在读人数大于中等职业教育。高等职业教育在读人数为115 669人，中等职业教育在读人数为29 974人，初等职业教育在读人数为1393人。高等职业教育机构一般称为综合技术学院，相当于我国的大专，学制为3年，授予大专学位；中等职业教育毕业生相当于中学12年级（相当于我国的高中）毕业，获得中等职业教育文凭和欧盟三级职业技术证书，可以直接进入劳动力市场就业。初等职业教育学制一般为3年，相当于我国的初中毕业[1]。

在博洛尼亚进程实施前，高等职业教育与高等教育不同，是一个独立的体系。学制为2年至3年，授予大专学位；且有指定的专业，如会计、护理、康复、学前教育只在高等职业教育里开设。博洛尼亚进程实施后，高等职业教育的理工学院升格为本科，学制不变，授学士学位。目前与普通高等教育不同的是，高等职业教育（理工学院）只有本科，不可以颁授硕士、

---

[1] 驻葡萄牙使馆文化处教育组："关于葡萄牙的职业技术教育"，载《世界教育信息》2002年第4期。

博士学位。高等职业教育机构的入学条件与大学一样，需要完成12年的基础教育。

职业教育发展使葡萄牙教育体制和生产体制随之改变，教育体制越来越需要增添新的技术教育内容；生产体制对技术人才的技术水平和入门门槛有了更严格的要求。总体而言，职业教育对学校、家庭和社会三方都产生了积极的作用，具有存在的必要性，其长期存在成为社会各方的共识。技术教育体制随着葡萄牙经济社会的发展而兴起，是与之相适应的教育培训就业制度。这种制度为受训青年提供了就业机会，使他们寻找到了就业之路。职业教育之所以受欢迎，在于它不同于普通教育着重学术和理论，而是让受教育者切实拓宽了就业机会，提升了个人的个性发展和竞争力，提高了劳动者的报酬水平，因此更加普遍地受到社会欢迎。

在中等职业教育中，职业技术学校发挥着主要作用。一方面，有专门的中等职业学校进行全日制职业技术教育；另一方面，大部分中等职业教育开设在普通中学里，很多普通中学从初中（7年级）开始就增加了很多职业技术方面的内容，并且门类众多，给学生更多选择；职业技术课程增强了中学授课环境的活力，培养了学生职业和技能方面的实践能力，使学生拥有了一个较好的学习和实习环境，并与社会企业需求紧密结合。

葡萄牙职业教育具有以下特点：

第一，教师聘任实行全职与特聘教师双轨制。特聘教师主要是业界人士，分为特聘助理、特聘助理教授、特聘副教授、特聘教授四级。政府规定，特聘教师与全职教师享受同等待遇。

第二，注重普通中等教育与职业教育的课程衔接。在葡萄牙的中学里，普通课程（文化课）仅有4门；而职业技术方面的课程有17门之多；从初中（7年级）起开设设计技术课程。教师指导学生利用电脑进行设计制作，培养学生智力创新和团队合作精神。

第三，实行小班教学，注重教学质量。由于职业教育生源质量普遍低于普通高校，学校采取许多措施来提高教学质量。例如，进行25人的小班教学，每次时长90分钟；注重课堂互动和小组团队合作，加强实际训练。

第四，职业教育与终身教育相结合。由于职业教育的特殊属性，葡萄牙将其与在岗终生教育相结合。在完成职业教育走向工作岗位后，政府在2006年要求劳动者每年要接受35小时的职业教育；将职业教育、在岗培训和终身教育有机结合，在不同环节对接。既有脱产学位教育，又有短期证书；既有全日制教育，也有在岗技术培训；既有青年就业培训，又有成人继续教育。葡萄牙政府还计划在年满18岁的青年中开展职业和基本学业培训活动，无论是否有工作，都要接受一段时间的培训。

葡萄牙工业化进程催生了本国的职业教育发展，职业教育学校的产生反过来改变了国家就业环境和居民素质；改变了原有的教育体制，解决了基础教育、中等教育和继续教育中的固有问题。

职业教育同样被要求有较高的质量和严格的规章制度，有公开明确的标准和高度的透明性。职业学校在葡萄牙北部工业发达地区设立较多，约占全国的40%，首都里斯本地区约占其总数的25%。

职业学校开设的专业和课程一般适应地方就业和经济发展的需要，其教育计划可随着就业市场情况的变化而变化，灵活性较大，往往采用符合市场需要的新技术、新信息，吸引了很多青年去报考。一些职业学校提供了较好的学习环境，能充分体现出它的专业特色和培养学生的个性目标;在教学过程中,有很强的实践性,经常举办各种学科的实习活动。对于学生职业资格和能力的考核,以及学生个性化的计划等,都由一个主要是工会和企业的代表组成的评审委员会来进行评估和认定[1]。

第二节 巴西其他教育

一、巴西学前教育

1988年,《巴西宪法》第208条首次承认幼儿教育,指出巴西学前教育指0至6岁婴幼儿的教育,分两组:0到3岁的孩子上托儿所;4岁到6岁的孩子上幼儿园。1990年,联邦法律第8069/90号儿童和青少年法令明确规定日托中心和学前班有为6岁以下儿童提供照料的义务[2]。2006年第11.274号法令将初等教育的起始年龄降至6岁,同年根据《巴西宪法第53条修正案》将学前教育的入学年龄降至0到5岁。2009年11月《巴西宪法第59条修正案》将4岁至5岁儿童纳入义务教育范畴。

2001年第10.172号法颁布了国民教育计划(Plano Nacional de Educação, PNE),认为早期儿童教育的普及和质量提高是克服后续教育阶段各种挑战的关键之一[3]。因此,巴西政府为了提高学前教育入学率,鼓励私立学前教育机构兴办。幼儿园和幼儿设施在商业协会和地方教育秘书处注册,并获得卫生部门

---

〔1〕 驻葡萄牙使馆文化处教育组:"关于葡萄牙的职业技术教育",载《世界教育信息》2002年第4期。

〔2〕 CAMPOS, Maria Malta, ROSEMBERG, Fúlvia, FERREIRA, Isabel M, Creches e pré-escolas no Brasil. 2. Ed. São Paulo: Cortez, 1995.

〔3〕 [日]山口安娜真美:"巴西的幼儿教育状况",载https://www.blog.crn.or.jp//lab/01/44.html,最后访问日期:2023年3月1日。

经营许可证即可开办。2019年开办幼儿园的最低启动资金约为23万雷亚尔。[1]

经过政府的不断努力,2012年不同年龄幼儿入学率如表22所示:

表22 巴西适龄儿童入园率(2012年)

3岁	37%
4岁	61%
5岁	83%

表23 巴西学前教育平均入学率与最低最高收入组对照[2]

对象年龄	年份	全巴西	最低收入组	最高收入组
0至3岁儿童入学率	2001年	10.5%	6.6%	25.7%
	2008年	18.1%	10.7%	37%
4岁至6岁儿童入学率	2001年	65.5%	56.5%	88.8%
	2008年	79.7%	72.7%	93.8%

2011年学前教育财政经费支出占GDP的0.45%;2012年学前教育师生比例为1:17。

公立幼儿园由市教育局管理,《巴西宪法》规定为所有0至3岁儿童和4岁至5岁儿童提供免费幼儿园教育。由于政府财政

---

[1] [日]山口安娜真美:"巴西的幼儿教育状况",载https://www.blog.crn.or.jp//lab/01/44.html,最后访问日期:2023年3月1日。

[2] [日]山口安娜真美:"巴西的幼儿教育状况",载https://www.blog.crn.or.jp//lab/01/44.html,最后访问日期:2023年3月1日。

能力有限，2000 年以来民办学前教育机构数量逐年增加，作用也越来越显著。

巴西私立学前教育机构的兴办弥补了公立学前教育机构数量不足无法满足学生入园的需求。2011 年圣保罗市教育局数据显示，190 000 名 0 至 3 岁的在园儿童中，约有 40 000 名就读于私立幼儿园；即使如此，仍有 127 000 名儿童未能入园，在排队等待入园[1]。巴西对幼儿教育的重视是对过去二十年教育反思的结果，幼儿教育是基础教育的开端，为了更好地发展幼儿教育，必须加强对师资的培训[2]。

第 12.796 号法令将第 6 条修改为"父母或监护人有义务让 4 岁以上的儿童接受基础教育"。然而，强制入学不足以保证幼儿教育的平等，因为这在巴西会表现出某些方面的机会不平等，例如，年龄；种族与肤色；所处的位置是城市还是农村；家庭收入状况以及父母或监护人的经济条件，尤其是母亲受教育情况[3]。此外，在托儿所的日托中心（0 至 3 岁），入托难以保证，提供的学生园额数量仍然不足。

二、巴西职业教育

巴西职业教育经历了四个阶段。第一阶段：萌芽时期。20 世纪初至 20 世纪 40 年代。巴西职业技术教育起步较晚，20 世

---

[1] Censo Escolar 2010 & 2011. Inep, 2011 & 2012.

[2] BARRETO, Angela M. Rabelo F. Pelodireito à EducaçãoInfantil, Brasília, n. 46, dezembro. 2008.

[3] Castelli, Carolina Machado; Cóssio, Maria de Fátima; Delgado, Ana Cristina Coll (31 de outubro de 2015). Ampliação da obrigatoriedade escolar: problematizaçõesemrelação à educaçãoinfantil. Universidade de Brasília, "RevistaLinhasCríticas", 21 (45): 405~424. ISSN 1981-0431. doi: 10.26512/lc.v21i45.4570. Consultadoem 11 de agosto de 2022.

纪初才创办了一些工程学院和医学院等专业机构如圣保罗的布坦坦研究所和里约热内卢的奥斯瓦尔多·克鲁斯研究所[1]。尽管起步较迟，但巴西最早的职业教育机构是以高等教育为起点的机构，比巴西普通高等教育还要早。当时巴西工业和技术水平低，经济落后，青年人获取技能主要靠师傅带徒弟的方式。在深刻的天主教影响下，巴西知识界重理论轻实践，重人文轻技术，工程学科和技术学校出现时并不受人们重视。第二阶段是20世纪40年代，随着工业化初始和国家重组，巴西非正规校外职业技术教育兴起。第三阶段从20世纪60年代末开始，巴西职业技术培训逐步走向制度化、专业化，到了80年代正规和非正规职业技术教育发展达到了巅峰。第四阶段从20世纪90年代开始，是巴西职业技术教育的调整时期。正规职业技术教育的发展重点放在高等教育领域校外非正规职业培训上，并逐渐发展成为一个"体制外的"终身学习体系[2]。

除葡萄牙外，巴西是葡语国家中最早创建职业技术教育体系的国家。1942年，工商业界机构成立了工业联合会管辖的国家工业技能培训服务中心（SENAI），这是巴西也是拉美最早的职业教育中心。中心在培训工业技术工人的同时，还编写教材培训教师。到2000年，中心有约500家培训机构为20多个工业部门服务，年培训人数达200多万人。国家商业培训中心于1946年成立。现有598个独立教育中心、75家教学企业和25个流动学习机构。1959年，政府颁布了《巴西职业教育法》，规定按照行业建立校外职业教育体系，同时将职业技术教育纳入

---

[1] Kirsten Bound Brazil, *The Natural Knowledge Economy Demos*, London UK, 2008, p. 21.

[2] 20世纪80年代末，军政府倒台后，巴西正规职业技术教育经历了"失去的10年"。职业教育由中学生的必修课改为选修课，发展受到某种程度的抑制。

正规教育体系。1942所普通中学转为联邦技术学校，[1]但这类情况非常有限，校外非正规职业培训仍占主导地位。职业技术培训体系不断拓展，1976年，国家农业培训中心、巴西企业中心和国家交通培训中心等陆续建立。这形成了由雇主控制的校外非正规职业教育和培训的S系统[2]。正是在这一时期，巴西正规职业技术教育的发展大有起色。1971年，政府颁布了第5.692号法令《巴西初中等教育改革法》，规定14岁以上的中学生必须接受一定的工作技能职业教育，除了基础课，所有课程都须具有技术教育特征。由于重视职业技术教育，职业技术学校数量增加，公立中等教育中的职业技术教育成为国家优先发展对象。1970年，巴西职业技术学校在校生占全国中学在校生总数的17%；1978年，职业技术学校和实行职业化改革的学校在校生占中学在校生总数的59.2%[3]。1968年，《巴西大学改革法》对正规高等教育进行改革，将学科设置向应用和技术教育靠拢，要求在正规大学创办电子、经济管理、统计学、航天技术、信息学、技术社会学、创新经济学和科学技术人类学等跨学科和新兴学科，并设立专业化正规职业教育专科大学和专科院系为经济发展提供高级专业技术人才。1970年至1980年，中等职业学校学生在中学生总数中的比重不断增长，并由4%增至18%[4]。

---

[1] Irene Zaparolli Quality Control of Vocationalhigher Education and Trainingin Brazil, The Relationship among Universities Ministry of Education Professional Representative Institutions and Labour Market Semina Ciencias Sociaise Humanas Londrina 25 Sept 2004, pp. 75~88.

[2] 在葡萄牙语缩写中这些培训局的第一个外文字母均为"S"，故称为S系统。

[3] 曾昭耀、石瑞元、焦震衡主编：《战后拉丁美洲教育研究》，江西教育出版社1994年版，第116页。

[4] George Psacharopoulos, "Earnings and Educationin Brazil: Evidence from the 1980 Census", the International Bank for Reconstruction and Development/the World Bank Jun, 1987.

尽管政府做出了各种努力，公立职业技术教育仍然难以与成熟的非正规职业技术教育比肩。

20世纪60年代至80年代，军政府执政，由于他们不懂经济，启用了大批技术专家参与国家治理，进入"官僚威权主义"和"科技威权主义"联合执政时期。多数专家受美国经济学家舒尔茨的人力资本理论的影响，认为职业技术教育对科技和经济的发展具有直接的决定性作用。恰逢巴西大中企业采用福特式大规模标准化生产，中等技术人才岗位出现大量缺口。加之巴西政府从社会管理层面认为职业技术教育能够让学生远离政治和人文，减少社会不安定因素，所以鼓励职业技术教育，抑制和减少大学发展。进入20世纪90年代，职业技术教育逐步发展成一个"体制外的"终身学习体系。一是高新科技深入发展和全球化，使技术变革加快，人们不得不时时更新和适应新技术和新知识；终身学习对个人发展变得越来越重要。二是高新科技的发展使其在经济中的作用日益明显和重要。中等技术人才已无法满足经济和技术快速增长的要求，就业者和用人单位都希望发展职业技术教育，以提高薪酬和技能。三是传统基础学科的高等教育机构毕业生供给过剩，且难以满足新产业的用人需求，只有通过发展高等职业教育对传统高等教育制度进行改革，才能满足社会企业对高等教育人才的需求。四是校外职业培训提供灵活的短期性培训课程，使远程教育或夜校等多样化职业技术教育和培训模式无处不在，使终身学习成为现实。

长期以来，巴西政府特别重视青年群体的职业技术教育与培训。联邦和州一级都设了公立中等技术培训和职业学校；巴西基础教育、中等教育及高等教育三个阶段均设有职业技术教育课程，特别是中等教育阶段[1]。巴西高中生入学时可以选择学习普通课程，也可以选择同时学习普通职业技术课程。职业技术教育作为巴西法律规定的一种教育模式，目的在于帮助年轻人和学生为进入就业市场做好准备。职业技术教育涵盖专业资格、技术资格、技术毕业和毕业后课程，还提供不同科学和技术维度的整合教育。专业技术教育始于1909年的工匠学徒学校（EscolasdeAprendizesArtífices）。在瓦加斯政府执政期间的1942年，政府对工业教育进行了监管。

除了公立职业教育机构，巴西还有多个私立职业教育培训组织，它们与私立技术学校和私立高校合作开展培训并获取盈利、政府补贴、基金会资助等多种渠道的经费。这种运作方式，既形成了私立职业技能开发网络，又解决了职业教育的实习问题。在此方面，国家工业技能培训服务中心（SENAI）具有代表性，该中心成立于1942年，由巴西国家工业联盟出资并统一管理，与政府开展合作，专门为工业界培训技术工人。该中心向社会提供有针对性、有实用价值的培训课程。从创立到现在，该中心累计培训了超过7000万名巴西本土学员，并与40多个国家的机构建立了合作伙伴关系。到2020年底，该中心在巴西有超过1000家分支机构，可提供28个学位课程共计1800门课。为了满足2023年巴西各行业1050万名合格技术工人的需要，新冠疫情期间，该中心加大培训力度，增开了新的培训课程。2020年，该中心16岁至23岁学员占学员总数的39.3%，24岁至31岁学员占26.1%。目前，该中心已跻身行业世界排名前五，拉美第一。该中心提供技术培训课程，学生高中毕业经注册方可入学，学制一般为18个月，入学后接受800个小时到1200小时的技术培

---

[1] "巴西职业教育受年轻人欢迎"，载 http://tv.people.com.cn/n/2013/08/07/c364580-22482231.html，最后访问日期：2023年5月3日。

训课程，完成后可获得相关技术课程证书。还有一种低等级的专业资格课程，适合16岁以上的群体，学员可以通过160个小时的现场或远程学习，获得专业资格证书。该中心还提供本科和研究生课程，本科学制为3年；研究生课程在360学时以上。

1978年，联邦技术教育中心（Cefets）成立。经历了近二十年的职业教育寒冬后，《巴西教育指导方针和基础法》（LDB）于1996年发布，职业教育再度得到认可，经过12年的发展，职业技术教育从中等教育迈向了高等教育；2008年，在Cefets技术学校和联邦农业技术学校的基础上创建了联邦科学和技术学院。这是一个职业技术教育历史上的里程碑。巴西最近进行了中等教育改革，创建了国家技术教育和就业计划（Pronatec），重点培训学生的技术和专业技能。在职业技术教育立法方面，2020年5月，国家教育委员会（CNE）通过了新的《巴西国家职业技术教育通用课程大纲》。

三、巴西在职培训

自1980年以来，巴西现代化工业的发展对培训的需求增长很快，然而无论是普通教育系统还是职业培训机构，对这种增长的需求都未做出积极反应，这是因为巴西占主导地位的由几个主要的大培训机构提供的培训，已没有再发展的余地。国家工业技能培训服务中心（SENAI）既负责正规职业培训，也承担在职职业培训。1990年，为了加强在职职业教育，提高在岗工人的技术水平，巴西雇主联合会组织提出了"联合筹资协议"的办法。最初，国家工业技能培训服务中心（SENAI）的财政开支是工业企业所缴税收的1%，由国家社会保障研究所征收。企业可以选择不交这笔税款，自己建立培训机构为职工提供职业培训，但必须事先签署协议。"联合筹资协议"是职业培训机构与企业间对"应付薪金收费制"的私人契约，目的在于消除以前在职培训费用难以落在实处的弊端。雇主通过与培训机构建立直接联系，将企业应付薪金所进行纳税部分（40%~60%）交给培训机构，培训机构为企业提供在职职业培训。这是一种对工人的新型激励方式。企业为培训机构筹资通过两种形式：第一种是"豁免协议"（EXA）。企业利用"附加派捐"的豁免权，将薪金应纳税部分的一定百分比指定交给 SENAI，用于在岗培训，政府对企业此部分的征税进行减免；此项资金用于企业培训和 SENAI 的日常支出。此举在于引导外国运输业、能源业、自来水供应等公司开办自己的培训学校。第二种是"技术和资金合作协议"（TFC）。企业只向培训机构支付应付薪金所征费用的 90%，固定保留 10%。对于没有自己职业培训学校的小型企业而言，这种方式下则是将更多资金用于在职培训和短期培训，以满足其在职培训需要。根据这一协议规定，SENAI 为企业提供培训项目和技术帮助，并为培训学校提供补助金。企业与培训机构每年的培训项目达成一致，并且要提交培训情况报告，接受 SENAI 的监督。SENIA 提供在岗职业培训的优点有：①资金专款专用，协议目标清晰，资金到位快，易于执行；②不脱岗，工作和收入不受影响，课程针对性强，容易接受；③真正解决了低收入家庭和底层工人的技术培训问题；④通过扩大企业在职培训，减轻了正规职业培训机构的压力。

　　职业技术培训是巴西促进青年就业的一项有力措施。许多服务业从业人员都受过公立或私立职业技术学校的培训。在国家工业技能培训服务中心接受一年半的技工教育培训，学习电器维修等 3 门课程后从事物业部门的水电工，其收入比保洁、保安等高很多。

　　与巴西学校职业教育相比，校外职业教育机构特色更加明显。在巴西开厂的中资机构开展员工培训时，选择的合作对象就是巴西国家工业技能培训服务中心。巴西的校外劳动力技能培训系统归各行业协会管辖，目前共有国家工业技能培训服务中心、国家商业培训中心、国家农业培训中心等九个组织。其中历史最悠久的是家国家工业技能培训服务中心，其也是目前世界上资历最老、成绩最突出的国家培训系统，至少使520万人受益。直到1998年国家合作社学徒服务机构成立后，巴西在职技能培训系统趋于完善。为了适应社会需要，国家工业技能培训服务中心一直致力于自身改革，包括加大科研力度；培养专家队伍；建立教学中心；与美国、德国、加拿大、日本等国研究机构合作等。在所有改革中最醒目的是实行融资多元化和设立创新机构扶持中小企业。

第三节　东帝汶其他教育

一、东帝汶学前教育

随着东帝汶总统选举的结果出炉，若泽·拉莫斯·奥尔塔再次出任东帝汶总统。其在整个执政期间取得诸多成就，如国家基础设施网络的建设和社会各领域均取得重大进步。除了上述成就，若泽·拉莫斯·奥尔塔也对国家战略性领域，如农业和食品生产、食品安全和营养、健康、饮用水和卫生设施，学前教育和技术-职业培训以及创造就业等方面面临的挑战予以高度关注。随后，东帝汶教育、青年和体育部部长马亚表示，东帝汶政府计划在2023年将学前教育推广至全国。

尽管近年来受教育的机会有了很大改善，但东帝汶的教育部门仍然不堪重负，学生学习成绩差、复读率高和辍学率高等问题突出。目前，东帝汶75%的儿童没有接受学前教育，56%

的 5 岁以下儿童存在学习和健康条件不良问题。而随着公立和私立学校数量的增加，东帝汶小学入学率显著提高，2020 年的净入学率为 82%，而 2005 年为 64%。但 2017 年早期阅读评估覆盖 128 所学校的 6 326 名学生发现，16% 的 1 年级学生无法识别任何一个字母，76% 的阅读成绩为零。官方指定儿童 6 岁开始上学。虽然 25% 的儿童留级，但 29% 在 5 岁开始读 1 年级的儿童留级，留级率高于 23 % 从 6 岁开始上学的孩子。对于年幼的孩子来说，这是缺乏早期学习机会的信号[1]。因此，若泽·拉莫斯·奥尔塔近年来积极呼吁政府将学前教育作为发展教育的优先事项。学前教育受益于东帝汶政府和合作伙伴重新提供的机构支持。

为克服学前教育发展较慢这一问题，东帝汶政府正式提出《国家教育战略计划 2011-2030》（NESP），并将学前教育确定为教育的优先事项。学前教育的愿景是为所有 3 岁至 5 岁的儿童提供就近接受优质学前教育的机会。该计划的目标是，到 2015 年，3 岁至 5 岁儿童的学前教育净入学率达到 50%，2030 年达到 100%。为切实提高学前教育的发展，实现幼儿教育发展的愿景，《国家教育战略计划 2011-2030》（NESP）制定了以下五大战略抓手：①扩大优质学前教育的普及；②增加学前教育工作者的培训和持续专业发展；③支持学前教育课程开发；④发展家庭和社区伙伴关系；⑤制定基于标准的监测和评估系统。之所以制定这五个战略，主要是由于现实存在一系列问题，并且政府也认识到幼儿教育涉及多部门和多方面，只有确保儿童具备必要的知识、技能和服务，才能使他们充分发挥潜力。

---

[1] UNICEF (2023). Country-led evaluation of preschool education in Timor-leste.

总的来看，学前教育是接受更高等级教育奠定基础的一个重要的发展阶段，东帝汶政府加强学前教育阶段的建设主要是加快本国优质学前教育系统及机构建设，通过解决该教育阶段的供应和需求关系矛盾，以此来奠定本国幼龄儿童由学前教育学习阶段进入基础教育学习阶段的学习基础。

二、东帝汶职业技术教育

东帝汶的教育经历了四个不同的时期：1975年之前的葡萄牙殖民统治时期、印度尼西亚占领时期（1975年至1999年）、联合国东帝汶过渡行政当局时期（1999年至2002年）以及自2002年5月以来东帝汶独立政府执政时期。随着社会需求的发展，东帝汶政府愈加关注职业技术教育训练（TVET）。目前，东帝汶有两层职业技术教育训练（TVET）。教育部设有中等职业技术教育（STVE）学校，"非正规"部门提供非正式行业和生活技能培训。教育部负责在整个东帝汶开办19所技术中学，其中一些是事工学校，一些是教会学校，农业学院则隶属于农业部。这些学校与普通中学平行，招收16岁至19岁的学生，名义上提供4级证书的行业培训。私营部门由职业培训和就业国务秘书处（SEFOPE）监管，国家劳动力发展研究所（INDMO）通过培训组织注册程序研究和框架为培训系统提供监管、质量保证[1]。

三、东帝汶中等职业技术教育学校

统计数据显示，东帝汶目前有32所私立和公立中等职业技

---

[1] UNESCO. (2023). Dynamic TVET Country Profiles. Available at：https://unevoc.unesco.org/home/Dynamic+TVET+Country+Profiles/country=TLS（Accessed：19 June 2023）.

术教育学校其中最大的两个城市帝力和包考拥有最多的中学，专门从事中等职业技术教育的教育机构数量差异不大，包考有5所学校，首都帝力有7所。目前东帝汶的中等教育分为普通中等教育（GSE）和中等职业技术教育（STVE）[1]。普通中等教育旨在让学生为继续接受高等教育做好准备，而中等职业技术教育旨在让学生早日进入劳动力市场，具备与专业实践相关的技术技能，同时仍能让学生获得高等教育。

两种教育模式之间的差异在《国家教育战略计划2011－2030》出台后更为凸显，并提出未来学生分布平衡的目标。目前，东帝汶政府完成了2016年设定的相应目标，共有7 416名学生在中等职业技术教育学校注册，占中等教育学生总数的14%。值得注意的是，2012年，这一比例仅为12%，绝大部分学生处于普通中等教育阶段。接受中等职业技术教育的学生的数量仍然远低于接受普通中等教育的学生的数量。预计未来会增加中等职业技术教育学校的数量，其中包括大约12所普通中等教育学校转为中等职业技术教育学校，从而增加现有学校的容量和创建新的教育机构。在教师队伍建设上，2016年东帝汶国家中等职业技术教育局认为当前人员配备水平足以满足学生和班级的数量。然而，为了改善学习过程的结果，需要在技术更先进的条件下对专业培训进行现代化改造。为了建立和加强中等职业技术教育与劳动力市场之间的联系，东帝汶政府逐步引导中等职业技术教育学校在课程设置、学校培训手册的创建、工作环境中的培训、专业技能评估等方面采取了措施。私营部门有职业培训和就业国务秘书处（SEFOPE）监管的教育机构和

---

[1] Timor-Leste Government (2016). Expansion of Secondary Technical-Vocational Education in Timor-Leste. Available at: http://timor-leste.gov.tl/? p=16206&lang=en (Accessed: 19 June 2023).

工商会（CCI），创建学校合作社和举办学校博览会的计划也在进行中。

四、东帝汶非正式职业技术教育与培训

尽管目前，东帝汶政府持续努力使职业技术教育与培训正规化，但仍有相当一部分边缘化人口和大量年轻人处于失业状态，且处于正规教育体系之外。而非正规职业培训在解决这些问题方面继续发挥着宝贵和独特的作用。东帝汶政府在提供技能、小企业和创业培训以及重要的社会和社区发展计划方面，仍然高度依赖以社区为基础的系统。

此外，一些国际和地方组织一直在通过在岸和远程学习模式提供非正规教育。例如，Science of Life Systems（索尔斯基金会），一个自筹资金的社会企业，致力于16岁至25岁年轻人的就业能力和继续教育培育；它提供关于英语、计算机知识、个性发展等的为期2年的全日制课程（所有年龄段都有兼读制课程），包括在覆盖所有地区的47个中心提供寄宿设施；InfoTimor（帝汶资讯），一个非营利性社会企业，与帝力理工学院、澳大利亚Infoxchange和东帝汶政府（GoTL）合作，专注于以信息和通信技术为导向的技能开发，旨在增加年轻人的教育和就业机会。Empreza Diakis（迪亚基斯组织），一个东帝汶非政府组织，通过推广当地产品、支持弱势妇女以及与公共/私营组织和商业伙伴合作，参与创业能力建设并协助创新企业。

此外，国家再教育局（DNER）还实施了针对文盲群体的基本识字和技能发展计划，以通过替代性非正规教育实现高中同等学力。这是通过各个地区的"社区学习中心"完成的，旨在为人们提供当地所需的技能。这些中心由地方委员会管理，接

受教育部的资助。[1]

总的来说，考虑到东帝汶面临的经济和社会挑战，特别是东帝汶本国国民的技术资格水平，以及该国在多个专业领域的需求，中等职业技术教育将适应更苛刻的劳动力市场并为工人提供更令人满意的报酬和条件。

第四节 非洲葡语国家其他教育

一、安哥拉其他教育

（一）安哥拉学前教育

安哥拉学前教育的发展始于1977年，主要原因为安哥拉当局认为学前教育对于弥补不利于早期学习的家庭环境很重要。2012年12月31日的安哥拉第13/2001号教育法令对教育制度进行了改革，建立了包括学前教育、基础教育等培养体系在内的新教育模式。目前安哥拉的初等教育由三个层次组成：第一个层次理论上是强制性的，持续4年。第二个层次和第三个层次各持续2年。安哥拉自独立以来一直饱受内战之苦，内战前，安哥拉承接初等教育培养的学校严重短缺，约60%的学校设施已被毁坏或年久失修，大多数学生每天只能接受3个小时的教学。而大多数学校也只在省会城市建立，因为农村地区受到激烈战斗的打击尤其严重，即使是在首都罗安达，学校也无法满足需求，这一时期学龄前儿童据估计有250万人，而仅仅只有不到2万人接受过学前教育。随着2002年安哥拉内战结束，以及国际油价上涨，安哥拉政府得以从石油税收和钻石开采利润

---

[1] UNESCO. (2023). Dynamic TVET Country Profiles. Available at: https://unevoc.unesco.org/home/Dynamic+TVET+Country+Profiles/country=TLS (Accessed: 19 June 2023).

中征收巨额财政资金。政府预算的增加加上武装冲突的结束，为扩大和改善安哥拉的教育系统提供了新的机会。安哥拉教育部要求实施"古巴制度"（古巴教学方法）并于2009年3月开始在罗安达、本格拉、万博和比耶等省开展，随后扩展到全国其他地区。该方法曾于该年2月在罗安达首次实施，作为一个实验项目，要求来自古巴的10名教师在2009年的头几个月前往非洲国家。安哥拉领导人希望在2014年或之前消除普遍的文盲，至少是在这一年将其减少到最低限度，[1]但近来安哥拉的教育才开始逐步恢复正常。

（二）安哥拉职业教育

随着工业化国家元素的出现，安哥拉职业培训得到了政府的大力支持。与普通教育培训总体责任在于教育部（MOE）不同，安哥拉职业技术教育主要是由公共行政、劳动和社会保障部（MAPTSS）负责非正规技术职业培训（TVT）课程，以确保职业培训与劳动力市场之间建立更牢固的联系。此外，还有一些其非正规技术职业培训课程由其他部委和不受公共行政、劳动和社会保障部负责的私营公司组织。内战期间，与所有其他教育领域一样，非正规教育缺乏资金支持和充足的师资、材料和设施，但由于联合国儿童基金会以及国家和国际非政府组织（NGO）提供的人道主义援助，非正规技术职业培训得以继续开展。随着安哥拉社会经济的发展，非正规教育的市场需求也不断提高，公共行政、劳动和社会保障部下的国家就业和职业培训研究所（INEFOP）作为受保护实体和执行者。国家就业和职业培训研究所在安哥拉全国所有省份都设有分支机构，共有450个技术和职业培训中心

---

[1] Hatzky, C., "Cuba's Educational Mission in Africa: The Example of Angola", *The Capacity to Share: A Study of Cuba's International Cooperation in Educational Development*, 141~159 (2012).

(包括私营实体)。其中,包括29个职业培训中心(CFP)、13个就业和职业培训综合中心(CIEFP)、35个流动培训中心、59个艺术和行业培训馆(PAOF)和280个私人培训中心。[1]这些职业培训中心为年轻人和成年人、就业和失业者提供培训和资格,以促进该部分群体融入积极的生活并改善他们工作的条件。特别是综合就业和职业培训中心加强了职业培训和就业安置之间的紧密联系,并为政府培育劳动力市场的努力做出了巨大贡献。

(三)安哥拉扫盲教育发展

内战结束后,安哥拉教育部与联合国教科文组织共同制定了国家扫盲和学校恢复战略,旨在重建安哥拉遭到破坏的教育体系,动员各种地方、国家和国际非政府组织、非营利组织和志愿者组织在全国范围内普及扫盲教育。

尽管内战已经结束超过20年,但安哥拉的教育系统仍然面临着巨大挑战。安哥拉对7岁至11岁的儿童实行4年免费义务小学教育,但政府估计约有200万儿童没有上学。在战争期间教室被完全拆除且尚未重建的地区,课程通常在室外举行,并且经常因恶劣天气而不得不取消。即使有教室,也往往人满为患,供不应求,书本和铅笔陈旧或不足,课桌椅也不足。政府一直努力缓解这些问题。2016年至2017年间,安哥拉开设了200所新学校,联合国儿童基金会、因陀罗关怀(Inda Cares)和非洲发展(Develop Africa)在内的众多人道主义组织也努力收集捐赠的学校用品并将其运送到安哥拉。

此外,27年的战斗对安哥拉的专业人员状况造成了影响。

---

〔1〕 World Bank.(2010). Business Report of Angol. Available at: https://documents.worldbank.org/en/publication/documents-reports/documentdetail/421321468204583702/doing-business-2010-angola-comparing-regulation-in-183-economies(Accessed: 19 June 2023).

安哥拉政府雇佣了大约 17 000 名教师。其中，估计有 40% 的人不符合其职位的资格要求。今天，不到 0.7% 的安哥拉人上过大学；缺乏高等教育使教师短缺问题长期存在。此外，安哥拉政府估计还需要 200 000 名教师，才能让所有儿童进入教室规模适当的学校，财政以及受过教育的专业人员的缺乏阻碍了政府雇佣这些需要的教师。[1]

总的来说，自内战结束以来，安哥拉在改善教育体系和实现全民初等教育方面取得了长足进步。但对于这个撒哈拉以南的非洲国家来说，挑战仍然存在，基础设施、学校用品和受过教育的专业人员的缺乏继续影响着安哥拉学生的教育。然而，安哥拉政府和联合国儿童基金会等国际组织都致力于改善安哥拉的教育和识字率，这为继续取得进展以及继续提高识字率和各个教育阶段的入学率带来了希望。

二、莫桑比克其他教育

无论是殖民统治还是内战创伤，都给莫桑比克的教育蒙上了阴影，特别是学前教育。殖民统治、战乱和贫困致使学前教育至今仍不能作为义务教育在莫桑比克普及。2021 年，莫桑比克人口达 3120 万人，农村人口占总人口的 66.6%。共有 400 万农户，其中 99% 从事家庭农业。[2] 目前，莫桑比克家庭甚至没有解决温饱维生等基本需求，在饮水、食物卫生和供应方面都存在困难。多数莫桑比克家庭孩子的学前教育仍旧是传统的、

---

[1] Project, B. (2019) Improving education and literacy in Angola in the aftermath of Civil War, The Borgen Project. Available at: https://borgenproject.org/education-and-literacy-in-angola/ (Accessed: 19 June 2023).

[2] "莫桑比克国家概况"，载 https://www.mfa.gov.cn/web/gjhdq_676201/gj_676203/fz_677316/1206_678236/1206x0_678238/，最后访问日期：2023 年 3 月 1 日。

放任式的；到幼儿园接受学前教育仍是一种奢望，绝大多数家庭难以有多余的钱财为孩子缴纳学前教育的费用。政府目前也没有能力将学前教育纳入基础教育范畴实施强制性义务教育，无法提供足够的师资和园舍。[1]

尽管困难重重，莫桑比克政府还是想尽办法发展学前教育。不久前，政府组织了一次幼儿园设计竞赛。竞赛要求设计者实事求是，因地制宜，结合当地现有的设施条件，用最少的经费，与志愿者和建筑工人合作建造，不动用挖掘机等重型设备，购买实用的建筑材料，建设一个包含能够接纳残疾儿童的儿童中心在内的幼儿园，为孩子们提供一个安全、舒适、友好的学习空间和教育环境。这一项目受到各界的好评。

目前莫桑比克职业技术教育分为基础教育和中等教育两个层次。这两类职业技术教育为期都是3年，涉及商业、工业和农业等领域。初等职业技术教育的最低入学要求是7年级。中等水平的最低入学要求是普通中等教育10年级或基础（初等）职业技术教育3年级。职业技术教育不同于基础义务教育，其与求职技能相关，因而是收费教育。政府派人管理职业技能培训机构，公立职业技术学校和培训中心提供课程；由于有一定的市场需求，许多私立职业教育学校纷纷建立，其结合企业需求制定教学计划，为学生提供有针对性的专业技术培训。

以乌姆贝鲁兹农学院和博阿内农学院为例。这两所均为农学院，学历层次与我国中等农业技术培训学校相当。校址均在马普托省并共享同一个农业技术实习基地。学院兼具农业教师培训和中等农业技术人员培养两方面的功能。基地种有水稻、蔬菜、香蕉等非洲常见作物，并养有牛、鸡等禽畜。

---

〔1〕 王灏洋："浅谈幼儿园建筑设计创作探索——以莫桑比克幼儿园设计竞赛为例"，载《城市建筑》2022年第12期。

两个农学院面向全国招生。乌姆贝鲁兹农学院规模较小，有 220 名学生，其中正规生 200 名，受训在职教师 20 名。学校共有 20 名行政人员和 25 名教师。与乌姆贝鲁兹农学院相比，博阿内农学院规模稍大，1988 年 8 月正式开学，共有 12 个班，26 名教师，300 名在校生。学制为 4 年，含最后半年实习时间，实行住宿制。课程设置以农业技术与基本知识相结合，开设农业/葡语、牲畜/数学和物理、农业机械/生物和化学、农业/历史、牲畜/农业经济学、作物生产/生物等课程；由于受到芬兰政府参与的"莫桑比克北欧农业项目"援助，学校有电视、电脑、录像机、复印机等较先进教学设备；建有化学、物理和机械实验室。建校 12 年共培养中等技术人员 710 名。2000 年前后，为了更好地适应国家经济建设需要，增加农业、工业和商业知识教育，实现课程多元化，并进行了课程改革，在场地、师资、教材等方面广开门路，以解决资金短缺问题。[1]2011 年，基础和中级职业技术学校在校就读生较 2010 年增加 1100 人。[2]

莫桑比克还加强了与中国的职业教育交流合作。2017 年 5 月，济南职业学院对 30 名莫桑比克职业教育教师开展为期 5 个月的职业培训，培训内容涵盖机械、计算机等多个领域。[3]

三、佛得角其他教育

佛得角基本沿用了葡萄牙教育体制，分为正规教育和非正

---

[1] 李安山："莫桑比克的教育近况——中国教育部考察团访非报告之一"，载《西亚非洲》2000 年第 5 期。

[2] "莫桑比克教育情况"，载 http://www.qianzhengdaiban.com/mosangbikeqianzheng/news/28456.html，最后访问日期：2023 年 3 月 1 日。

[3] "莫桑比克职业教育教师培训在济南开班"，载 http://news.youth.cn/jsxw/201705/t20170522_9841767.htm，最后访问日期：2023 年 3 月 1 日。

规教育与培训。正规教育包括学前教育和职业教育等；非正规教育与培训包括成人扫盲和师资培训等。下文将着重介绍学前教育、职业教育、成人教育等方面。

（一）佛得角学前教育

佛得角目前共有 516 家幼儿园。[1] 截至 2016 年，官方统计学前教育适龄人口为 32 985 人。全国总入学率为 71.6%。在校生 23 633 人，其中有 14 103 人在私立幼儿园就读，占学前教育在校生总数的 59.67%；仅有 9530 人能在公立幼儿园接受学前教育。政府学前教育支出占政府教育总支出的 1.06%；占政府总支出的 0.19%，约为 93 万美元。

目前来看，佛得角学前教育主要存在以下问题：学前教育经费在教育经费和政府支出中占比低；公立幼儿园和教师不足；公立和私立幼儿园结构不合理，多数儿童在私立机构接受学前教育；对私立机构师资力量和教学水平尚未进行准确的统计，无法对私立学前教育机构做出整体评价。

（二）佛得角职业教育

佛得角沿用的是葡萄牙教育体制，职业教育属于正规教育。佛得角的职业教育从中等教育阶段就已经开始，部分学生在初中或高中阶段开始接受职业教育。2012 年至 2016 年期间，全国中等职业在校生基本趋于稳定，在 1600 人至 1800 人之间；2016 在校生人数为 1607 人。在接受职业教育男女学生比例方面，接受初等职业教育的男生人数占总人数的 3.33%，女生人数占总人数的 2.28%。在高中阶段的职业教育方面，男生人数占高中男生总人数的 8.8%，女生人数占高中女生总人数的 5.29%。

---

[1] "佛得角国家概况"，载 https://www.mfa.gov.cn/web/gjhdq_676201/gj_676203/fz_677316/1206_677608/1206x0_677610/，最后访问日期：2023 年 3 月 1 日。

2012年至2016年，接受高中阶段职业教育的学生一直维持在适龄人口的40%~45%之间，2016年占42.56%。也就是说，每年有4成左右的高中适龄人口选择接受职业教育。

(三) 佛得角成人教育（扫盲和在职培训）

佛得角政府重视成人教育，将其作为政府正规教育的补充，设立了各类培训中心；除了扫盲教育，还建立了在职培训中心，并取得了一定成绩。通过扫盲教育，佛得角成人（15岁以上）识字率从1990年的63.8%上升到2003年的75.7%；到2021年，全国成人识字率达91%；15岁到24岁青年识字率从1990年的81.5%上升到2003年的89.1%；到2021年，青年女性识字率达98.7%，青年男性识字率达97.6%。[1]

在扫盲教育的同时，佛得角政府推进了成人在职教育培训，通过在职培训中心的教育，提高在职工人的文化水平，使其更好地掌握与自身工作相关的职业技能。佛得角政府设立国家就业和职业培训委员会专门负责就业和职业培训工作。根据佛得角第15/1994号法令，上述委员会的技术、行政和后勤支持工作由就业和专业培训学会提供。[2]这就从法律层面上解决了职业培训教育的保障问题。在法律保障下，在职培训中心提供佛得角政府和社会发展所需行业的职业培训，对已在工作岗位的各类人员进行提升职业和技术水平的再教育活动。这种形式的培训，既被看作提高技术和工作效率的有效途径，也被认为是在不影响家庭收入情况下的个人职位提升的重要方式。在职培训因为政府

---

[1] "佛得角国家概况"，载 https://www.mfa.gov.cn/web/gjhdq_676201/gj_676203/fz_677316/1206_677608/1206x0_677610/，最后访问日期：2023年3月1日。

[2] "第51/1994号法令丨就业和专业培训学院的创建"，载 https://www.ilo.org/dyn/natlex/natlex4.listResults?p_lang=en&p_country=CPV&p_count=189&p_classification=09&p_classcount=10，最后访问日期：2023年3月1日。

投入少,培训费用低;不影响企业生产、不耽误家庭收入;目的性和针对性强,见效快,为政府社会和民众一致认可。

对此可以根据学校教师在职培训情况看一下实际效果。通过小学教育、中学教育以及高等教育教师在岗培训对比,看其实际效果。

据有关统计,2017年在岗小学教师接受过在职培训的人数占在职小学教师总人数的92.75%。这说明佛得角政府还是给予了很大的帮助与扶持,使绝大多数小学教师都接受了培训。

根据(初)中学教师在岗培训现有数据,2015年,受过培训的女教师占所有中学女教师总人数的90.63%;接受过培训的男教师占所有中学男教师总人数的71.72%。由此可见,女教师通过在岗培训提高自己业务能力的愿望超过男性,也说明本行业女教师数量居多,竞争压力高于男教师。从总体上看,佛得角男性就业机会高于女性,就业压力低于女性。

关于高中教师在岗培训方面的情况是,近几年的现有数据表示,高中女教师接受过高等教育的比例达到100%。这一数据表明,佛得角重视中学师资水平的提高,通过正规教育和师资培训,实现了在岗女教师全部接受过高等教育的目标,突出了在岗师资培训的力量和效果。

与小学到高中的教师相比,学前教育师资在岗培训方面有其特殊性。数据显示,2017年接受过在岗培训的女教师占比为30.40%;此前过去的十年间,受训率从7%左右曾提升到48%左右,虽然提升幅度很大,但受训率不稳定;2014年开始出现大幅下滑,跌幅接近20%。学前教育女教师接受在岗培训的比例明显低于中小学,受训意愿低的原因,据分析,一是学前教育教师入职门槛低,对学历不重视;二是教师待遇相对较低,就业竞争不激烈;三是学前教育重保育,轻教学,认为幼儿教育容易升任。另外,男性一般不愿意到幼儿园从事教学,这也从某种程度上减轻了女教师的就业竞争压力,降低了其接受在岗培训的意愿。佛得角政府在教师岗位培训上下了大功夫,取得了显著收效。尤其是初等和中等教育方面,受训教师人数最多,效果最好。

四、几内亚比绍其他教育

(一) 几内亚比绍学前教育

几内亚比绍为3岁至6岁的儿童提供为期3年的学前教育,设置简单有趣的学前课程。然而,几内亚比绍的大多数儿童没有机会上学前班。对于几内亚比绍的许多儿童来说,获得优质教育仍然是一大挑战。几内亚比绍学前教育的主要障碍表现在,身体障碍、低入学率、性别不平等和贫困,以及除城市地区以外接受教育机会较少。此外,教师罢工、童工、早婚、教材资金不足和学校设施不足等也对几内亚比绍学前教育的发展有着巨大的阻碍。尽管人口快速增长给几内亚比绍的教育系统带来了巨大挑战,但自2000年以来,几内亚比绍的入学率仍取得了显著进步。

然而,近年来,几内亚比绍的教育展现出停滞不前的状态。以2010年至2014年为例,几内亚比绍小学入学率从67%下降到62.4%,2014年至2015年的净入学率显示,34%的6岁至11岁儿童没有入学。[1]对此,联合国儿童基金会旨在通过伙伴关系和修复教室来提高几内亚比绍的教育质量,尤其是学前教育。联合国儿童基金会通过培训负责1700多所学校的180名督

---

[1] Alexander, L. (2021) Challenges in education in Guinea-Bissau, The Borgen Project. Available at: https://borgenproject.org/education-in-guinea-bissau/ (Accessed: 19 June 2023).

学来监督学校。监控器侧重于记录教师出勤以及课堂过程。为了制定国家质量标准和早期学习发展标准等标准,联合国儿童基金会还与几内亚比绍国民教育部(MEN)展开了合作。联合国儿童基金会发起"6/6"运动,鼓励儿童从6岁开始入学,并保证整个初等教育时期的出席率。

2022年,为继续改善受教育机会,联合国儿童基金会利用其召集权向几内亚比绍国民教育部(MEN)提供领导和技术援助。联合国儿童基金会继续与几内亚比绍政府合作,以履行宣言中概述的承诺,并鼓励其签署在峰会上通过的关键全球承诺,以改变教育。通过联合国儿童基金会与几内亚比绍国民教育部(MEN)的持续合作,546所公立和私立学前班的19 339名儿童(10 034名女孩)受益于改善的入学机会和质量。总的来说,在过去的二十年里,几内亚比绍在扩大受教育机会方面取得了显著进展。

(二)几内亚比绍职业技术教育

几内亚比绍第一所技术学校创建于1959年,并一直运作到1980年。在几内亚比绍,职业技术教育通常情况下被认为是适合农民和低收入家庭学生的二流教育,而高中教育则是所谓的文明教育。康乃馨革命爆发后,几内亚比绍独立技术教育的含金量继续贬值。以1974年参加技术和专业教育的学生人数为例,该年选择职业技术教育的学生占几内亚比绍高中学生总数的19%,然而到1975年这一比例则下降到11.1%。[1]1980年,在几内亚比绍国家教育和文化委员会(CEENC)的指导下,职业培训技术学院(ITFP)以及Vitorino Costa(维托里诺·科斯塔)职业培训中心两个职业技术教育(VET)机构得以创建。职业

---

[1] Furtado, Alexandre (2005). Administração e Gestão da Educação na Guiné-Bissau: Incoerências e Descontinuidades. PhD. Thesis. Un. Aveiro.

培训技术学院后来更名为国家专业培训研究所（INAFOR），其职能包括培训、规划、协调和培训行动评估，以及政府在专业培训政策方面的建议和协助。它是受公法管辖的集体机构，具有法人资格、行政、财务和财产自主权，负责通过培训中心实施政府关于技术和职业教育与培训的政策。然而，直到今天，该研究所还是一个没有实现其创建目标的机构。

自 2015 年《几内亚比绍组织法》颁布以来，几内亚比绍职业教育与培训机构的具体管理交由以下两个部委管辖：公共服务、行政改革和劳工部（MFPRAT）负责专业培训，教育、高等教育、文化、青年和体育部（MEESCJS））确保技术和专业教育。职业技术教育由公共和私立机构（例如民间社会组织和宗教组织）以及社区学校提供。且职业技术教育的培训模式有以下两种情况：为完成义务教育（需完成基础教育第 6 年）的年轻人提供短期 1 年或 1 年以内的专业培训；或技术和专业教育，主要是针对完成基础教育第 9 年的年轻人，通常情况下培训时间需要持续 3 年。在职业技术教育机构的数量上，私立职业技术教育机构在几内亚比绍职业技术教育中占据主导地位，其数量远远超过公立职业技术教育机构。且大部分职业技术教育机构集中在首都比绍。生源城乡背景和性别之间也存在严重的不平衡。女性几乎完全专注于基于性别的工作，例如烹饪、缝纫、水果加工等的培训机会。在师资方面，无论是在公立职业技术教育机构还是私立职业技术教育机构，从事职业培训工作的老师都有永久或临时合同。他们可以在中心全职或兼职工作。2014 年至 2015 年，拥有永久合同的培训师约占所有培训师的 46%，公务员约占 43%，且大多是男性。此外，几内亚比绍职业技术教育得不到足够的支持和资助。2013 年，几内亚比绍教育系统获得了国家预算的 11%，但职业技术教育仅获得了全国教育预算的2.5%，即国家预算的0.0275%。[1]学费的标准则取决于职业技术教育机构的水平与能力，而不是劳动力市场的需求。无论是公立职业技术教育机构还是私立职业技术教育机构都需要学生支付相应的学费。虽然开办公立职业技术教育机构是国家的责任，但是学生支付学费的主要目的则是确保其正常运作。在私立职业技术教育机构中，学生则需要支付更高的费用。

总的来说，几内亚比绍的职业技术教育系统历史悠久，培训部门存在结构性、复杂性和系统性问题，并且已经持续了数年。其职业技术教育的发展陷入了一个根本性瓶颈，即年轻人对职业技术教育的歧视。几内亚比绍职业技术教育的发展对实现经济现代化、减贫、减少不平等贡献并不突出。虽然几内亚比绍表面上失业率很低，但就业市场主要集中于非正规的农村和城市地区，生产力仅仅处于维持人口生计的水平，而职业技术教育并没有扭转这种局面，也没有创造人力资本来拉动经济，因此几内亚比绍需要继续反思发展职业技术教育的愿景和使命。

五、圣多美和普林西比其他教育

（一）圣多美和普林西比学前教育

20世纪90年代，圣多美和普林西比（以下简称"圣普"）实行多党制，执政的民主统一党承诺为民众提供自由、统一的教育。新的教育体系为5岁的学前儿童提供了接受学前教育的机会，学龄前儿童一度人满为患，挤爆学校，使学前教育不堪

---

[1] República da Guiné-Bissau (2018). Relance de l'enseignement et la formation professionnelle et technique pour l'emploi (RESET) en Guinée-Bissau. Available：https://www.gtai.de/resource/blob/40844/c29ee3307d4c10b6290b09b004c49264/pro201811075005-data.pd.

重负。[1]这是一个痛苦的过程，经过圣普政府的不断努力，情况有了很大改善。

2014年圣普政府学前教育支出约为160万美元，其中极大部分用于公立学前教育机构的经常性支出，约占90%以上。即使如此，160万美元这一数字对于圣普政府来说，已经是付出了很大努力。160万美元占圣普GDP的0.44%，也是政府总支出的1.47%，在政府教育支出中占11.97%。2014年圣普用于小学教育的支出是730万美元，学前教育支出的160万美元与之还有一定的差距，但已经有了明显进步。2016年，圣普全国的学前教育净入学率提升到51.44%；适龄儿童入学总人数为17938人；入读学前教育的人口总数为9227人。其中，在私立幼儿园就读的有672人，占适龄儿童总数的7%；在公立幼儿园就读的有8555人，占学前教育在校生总人数的93%。虽说圣普学前教育取得了进步，但由于其起点低，经济基础薄弱，发展还比较落后。据了解，圣普学前教育存在着一些问题，主要表现为：政府用于学前教育的经费不够充足；幼儿园管理重维持，轻发展；教学内容重保育，轻教育；师资水平有待进一步提升；学前教育结构与体制有待完善；公立与私立学前教育机构在读生数量和教学质量存在差距。

（二）圣多美和普林西比职业教育

1951年，殖民者在圣普建立了一所技术学校（The Ecoma de Artes），这所学校不仅是圣普职业教育的鼻祖，也是圣普高等教育的雏形。学校由电工、机械工、木匠、金属工和打字员讲课；培养圣普当地人学会一些手艺并以此为殖民当局的产业

---

[1] 李广一主编：《列国志：赤道几内亚、几内亚比绍、圣多美和普林西比、佛得角》，社会科学文献出版社2010年版。

发展服务；培训技术人才。这奠定了圣普职业教育的运行模式，成为圣普职业教育未来发展的基础。

目前圣普的职业教育与初高中阶段的基础教育并存，部分学生在小学毕业或初中毕业后选择接受职业教育，希望能更快进入职业岗位，这种选择既是一种解决家庭经济困难的捷径，也是放弃了接受更高教育的机会。2016年圣普接受中等职业教育的人数为583人，而2015年和2017年的人数都在1500左右。

2016年圣普全国职业教育在校生人数占中等教育在校生总人数的5.4%；到高中教育阶段，这个数字进一步上升，圣普高中阶段适龄青年职业学校在校男生占所有高中在校男生的15.01%；职业教育在校女生占所有高中在校女生的15.7%，这与过去5年的统计数据相比，有大幅度提升。中学阶段的青年，是应选择接受职业教育，还是接受普通高中教育，社会上存在着争议；在社会发展阶段，青年人是选择职业教育以尽快就业，还是接受更高教育以提升整体素质，现实争议也不断；旅游发展对人才的需求与培养更多社会长远发展需要的高层次人才之间的争议也一直存在。

(三) 圣多美和普林西比在职培训

在职培训一般是终身教育的一种途径，是对具有一定文化程度并且已在工作岗位从事有酬劳动的在职人员进行具有终身和提升性质的教育活动。这种提升性的终身教育在发达国家和发展中国家中的目标不尽一致。在圣普进行职业培训的一个主要原因是其经济基础薄弱，居民受教育程度较低，政府通过在职培训的方式提升在岗工人的文化程度和技术水平，从而适应经济和技术的不断发展需要。这种安排，使在岗人员能够掌握更高级的相关职业技能，也可以扭转圣普在岗工人受教育程度较低的局面。在职培训受到政府、企业和家庭的欢迎。其中的原因包括这种培训形式政府投入少，不影响企业生产，培训具有针对性且见效快，不影响个人工作，不影响家庭收入，有利于个人职位晋升。

教师在职培训既是提高教师水平的有效途径，又是在职培训的重要组成部分。因此，可以圣普教师在岗培训为例观察在职培训的效果，受训比例作为参考指标。

第一，小学教师在岗培训情况。目前的数据显示，圣普小学教师接受过在岗培训的人数占小学全部教师总人数的22.12%；与前几年有关数据相比，接受在岗培训人数比例不断降低。这反映出近年来圣普大力发展教育，新建学校增多，新入职教师比例增大，新入职教师还未被安排在岗培训。

第二，初中教师在职培训情况。圣普初中教师一般来说受教育程度高于小学教师。在在职培训方面，接受过在职培训的女教师占全部女教师的18.05%；男教师接受过在职培训的人数略多于女教师，为男教师总数的21.2%。在中小学教师队伍中，绝大多数教师没有接受过岗前培训，也没有接受在职培训。可见，圣普政府对于小学和初中教育这两个基础教育环节的师资素质和水平培养还显不足。

第三，高中教师在职培训情况。笔者目前只找到了高中女教师受高等教育的比例，为94.12%；男教师的比例数字暂缺。数据显示，高中女教师基本上都接受过高等教育，这说明圣普在高中教育师资培训力度方面比较给力。

第四，学前教育在职培训情况。2014年接受过学前在职培训的女教师占全部学前女教师总数的19.93%；2015年，接受过学前在职培训的女教师占全部学前女教师总数的28.52%，该数字比前一年有很大提升。

研究发现，在职培训收到了一定效果，但远未达到预期目标。学前教育教师接受在岗培训比例高于基础教育和初中教育阶段的教师;高中教师的受教育程度普遍较高。

本章小结

非洲葡语国家对于职业教育和在职教育还是相当重视的,但是由于国家经济发展水平和国内主要支柱产业较为单一,还是有一部分的适龄学生选择了职业教育,希望能够尽快掌握一门生存技能以便尽早进入工作岗位,有一份收入维持生活。

佛得角和圣普两个岛国对于教师的职业教育也比较看重,但是主要集中于高中阶段的教师职业教育,前置学历中教师接受过在职教育的比例相对较少。

总体来看,非洲葡语国家虽然希望将职业教育、学前教育做好,但是受困于经济条件的限制,政府没办法拿出大笔经费来发展学前教育与职业教育,只能够维持正常开支,教育经费在这两个层面花费的占比也比较低。相比之下,葡萄牙的职业教育体系相对完善,有一个系统的职业教育培养模式,非洲大部分国家学习了葡萄牙的职业教育体系,但是由于历史原因和国力差距,其还需要一定的时间进行发展和完善。

第五章
葡语国家私立教育

第一节 葡语国家私立教育概述

私立教育又称民办教育，是指政府投资的公立教育以外的民营教育形式，私立教育通常不以政府资助为运营经费主要来源。私立教育有非牟利与营利性私立教育之分；在教育层次上，私立教育遍布学前教育、基础教育、中学教育和高等教育；在教学类型上，私立教育有正规教育和非正规教育，普通教育和技术培训之分。私立教育是公立教育的重要补充，是国家教育体系的重要组成部分，多数国家的私立教育都具有不可忽视的地位。由于葡语国家分布在欧、亚、非和拉美四大洲，国情和政策不尽一致，私立教育的历史、发展、占比等情况也千差万别。

在多数国家，私立学校一般由教育部门审批核准。私立教育机构既有非牟利私立教育机构，也有营利性私立教育机构。政府不仅为公立教育机构划拨经费，也会对非牟利私立教育机构给予一定资助。因此，越来越多的营利性私立教育机构也开始声称自己是非牟利机构，以争取政府部门的资助。多数私立初级普通教育机构实行全日制、寄宿制；私立大学依赖市场生存。

尽管政府会对非牟利的私立学校予以补贴，但私立学校的经费来源并不主要依靠政府，因此私立学校在经营和学费方面，经费来源广、自主性强,更加独立,引入了商业性、经营性、竞争性与独立性;具有一定的产业性质。

由于非洲葡语国家分布广泛,加上非洲的历史遗留问题,私立高等教育的类型复杂,尚未有统一的划分。以私立高等教育为例,根据不同的标准,学者们给出了不同的分类。丹尼尔·C. 列维依据办学目的将非洲私立高等教育分为商业性或营利性(Commercial/For-Profit)、宗教性(Religious)和非宗教性(Non-religious);[1]还有学者依据举办教育的主体来定义,认为私立学校是独立于政府直接行政管理的学校;也有人依据私立教育机构的层次和经费来源对非洲私立高等教育进行分类。[2]有人根据教育目标和动机将私立高等教育分为精英和半精英型、宗教和文化型、非精英和需求办学型。联合国教科文组织将私立教育机构定义为"由非政府组织(教会、工会或企业)控制和管理的教育机构,不论其是否接受公共机构的资金支持"。经济合作与发展组织(OECD)也根据教育机构由公立部门还是私立部门控制来区分公立教育机构和私立教育机构。

政府对私立基础教育的管理,采取了公私立大纲一致;对营利性与非牟利机构进行分类管理的措施。非洲私立高等教育具有一些共性特征,如,私立高校的发展期与转型期并存;宗教团体发起和承办的私立高等教育机构占一定比例;私立高等教育机构总体规模偏小[3];重实用和培训教育,研究力量较

---

[1] Daniel C L., "A Recent Echo: African Private Higher Education in an International Per-spective", *Journal of Higher Education in Africa*, (2007) 5: 197~220.

[2] N. V. Varghese, "Private Sector as a Partner in Higher Education Development in Africa", UNESCO, 2009.

[3] 甘杰:"谨慎的乐观———非洲私立高等教育的动因、类型与特点",载《世界教育信息》2018 年第 12 期。

弱；开设科目数量有限，工商科实力较强；以就业为办学目标。

根据私立教育的占比，可以将其划分为主导型，即私立教育占绝对多数；均衡型，公私立教育旗鼓相当；补充型，以公立教育为主体，私立教育只占一小部分。非洲葡语国家经历了私立教育占主导，到公立教育发展，再到私立教育兴起的发展过程。20世纪70年代前，私立中小学教育被认为是保守的，阻碍了教育的机会均等。70年代末，世界范围的经济衰退造成教育经费短缺，政府负担沉重；私立教育反对者转而容忍并鼓励私立中小学建立，认为私立教育引入了竞争和多样化，提供了自主选择的机会，是权利的体现。公立中小学的暴力、犯罪率居高不下，使学生家长转而选择私立学校。在基础教育层面，私立教育是整个基础教育的重要组成部分，但是在不同的国家和地区，私立教育在基础教育中的占比也存在明显差异，其中，社会发展水平、经济发展水平、社会福利水平、国家对教育的政策等因素都会对私立教育在基础教育中所占比重产生影响。

私立高等教育有一定的发展契机。根据研究，葡语国家私立教育发展主要源于下述因素：一是政策因素。政府因财政能力和世界银行压力以及市场对高校的需求，放宽了对私立高校的限制，甚至配合出台了兴建私立高校的相关政策[1]。二是高等教育需求的增长。工业发展需要劳动者拥有更高的技术水平；人们在企业高薪岗位诱导下将学历证书视为获得更高劳动报酬的有效途径，导致现有公立大学无法满足日益激增的学生需求，刺激了私立高校的发展。进入20世纪90年代，非洲葡语国家进行了结构调整，这一举措促进了私有化，为私立教育提供了发

---

[1] 张志慧："非洲私立高等教育发展图景：优势、问题与突破"，载《中国人民大学教育学刊》2021年第4期。

展契机；高等教育需求激增。[1]私立学校进一步壮大。[2]

世界各国基础教育阶段私立学校学生占比差距较大。根据联合国教科文组织的统计，从小学阶段来看，2020年世界私立小学教育平均占比为18.9%（指在校生占比，下同）。[3]

非洲国家独立后，优先发展教育，在校人数增长迅速，成效明显。以高等教育为例，20世纪60年代以前，非洲有7所公立大学，没有一所私立大学。[4]1960年至1983年间，非洲高校在校人数从2.1万人增加到43.7万人。[5]20世纪80年代，非洲葡语国家同多数其他非洲国家一样经历了经济停滞、政局动荡、贫困、债务、高生育率和频繁的自然灾害，经济状况开始出现严重的下滑，其经济实力不足以支撑公立高等教育的发展。[6]

教会学校是世界上出现比较早的私立学校，早期的教会学校一般是非营利性学校。这类学校最初在欧美和亚非等地较为普及，如美国耶鲁大学便属于此类学校。目前，教会学校出现了两点新趋势：一是亚非地区开始兴起混合型教会学校；二是教会学校的宗教特性和宗教力量逐渐削弱。

社会需求办学型高校的数量近年来在私立高校中增速最快。社会发展和就业岗位对高等教育人才产生了巨大需求，宽松的

---

[1] 郑崧："结构调整与非洲教育"，载《比较教育研究》2009年第11期。

[2] Daniel C L, "A Recent Echo: African Private Higher Education in an International Per-spective", *Journal of Higher Education in Africa*, 2007 (5): 197~220.

[3] 李建忠：《战后非洲教育研究》，江西教育出版社1996年版，第3~5、7页。

[4] Mwebi B, Simatwa E M W, "Expansion of Private Universities in Kenya and Its Implication on Quality and Completion Rate: An Analytical Study", *International Research Journals*, 4 (2013): 352~366.

[5] 李建忠：《战后非洲教育研究》，江西教育出版社1996年版，第3~5、7页。

[6] 李建忠：《战后非洲教育研究》，江西教育出版社1996年版，第3~5、7页。

办学政策和法律环境为私立高校发展提供了有利条件。一些国家的私立高校总数超过了公立高校，居于高等教育的主导地位，发展迅速，成为高等教育的重要力量。非洲葡语国家这类高校多为职业技术学院或职业技术学校，此类职业技术学校类似于低水平的公立学校，但因教学质量低、管理混乱和收费高等受到社会各种非议。

葡语国家对于私立教育的概念划分基本与世界大多数国家相同。在葡语国家中，葡萄牙与巴西的私立教育发展程度较好，所以本章以葡萄牙与巴西作为私立教育研究的主要对象。

目前关于公立与私立教育有不同定义，也存在争论。具体来说，公立与私立教育机构的主要区别在于以下方面。

第一，机构运营资金来源不同。公立教育由政府投入经费；私立教育资金自筹，主要来源是学生缴纳的学费和社会赞助费等。

第二，自主程度不同。由于公立教育机构由政府划拨经费，学校许多行政运转要根据政府教育部门的指示进行，而私立教育机构有较大的自主权。

第三，教学质量各具特色。私立与公立教育机构由于层次和所在国家不同，各具特色。公立与私立教育机构教学质量在葡萄牙差别不明显；在巴西有很大差别，在非洲葡语国家也有很大差别。教学质量与国家的基本国情和公立与私立教育发展史有重要联系。

以巴西为例，私立基础教育发展史较长，经验丰富。早期的巴西，没有公立教育机构，所有基础教育（小学、初中、高中）机构均为私立，私立学校数百年的经验积累，导致出现了现阶段巴西基础教育私立强、公立弱的局面，私立基础教育教学质量远超公立基础教育。而巴西私立高等教育的发展史较短，师资、经验和经费都不如公立高校，所以，私立高校教学质量就不如公立高等教育机构。与基础教育相反，巴西私立高等教育私立弱、公立强，大量接受了良好教育的富家子弟更容易进入免费的公立大学，致使贫家子弟在升学竞争中落败，无缘公立大学。而没有大学文凭意味着找不到收入好、有保障的工作。因此，升学成了大量考生以及企事业用人的现实需求，在公立大学供给不足的情况下，私立大学看准时机得以发展。在巴西，追求高素质教育和拥有高收入的家庭一般选择收费高昂、教学良好的私立基础教育；到了升入大学的考学阶段，用自己坚实的教育基础竞争公立大学免费、优质的教育资源。这是一个值得研究的现象。

非洲葡语国家政府近年来开始重视教育，投资兴建学校，由于战后重建、人口年龄结构、经济等原因，非洲葡语国家基础教育发展相比而言好于高等教育；私立高等教育机构发展好于基础教育。

第二节　葡萄牙私立教育

葡萄牙私立教育涵盖托儿所、学前教育、基础教育、高等教育。葡萄牙每年教育总投资排名世界前列，2023年教育投资占GDP的4%。作为欧洲国家，葡萄牙私立教育发展水平也较高。

私立学校一般采用葡语英语双语教学，或者是法语/德语、葡语双语教学。大多招收国际学生。小学与初中的教学形式基本相同；私立高中与公立高中课程设置相似，一般配有IB/A-level课程，学生完成IB/A-level课程后可以凭此成绩申请欧美国家的大学，欧美高校认可其成绩。该成绩也可以直接用于参加葡萄牙当地的高考升学。私立和国际学校师资力量和教学设施等方面都比较先进，采取小班教学，更关注互动教学，师资团队国际化，学生拥有国际化成长环境和视野。

葡萄牙私立学前教育可以细分为托儿所和幼儿园。托儿所作为葡萄牙学前教育的组成部分，接受4个月至3岁的儿童入学。除了社会保障机构管理的一些公共托儿所外，大多数是私立托儿所。这些私立托儿所的重点服务对象是低收入家庭。托儿所的功能主要是保育性的，不注重知识教育。葡萄牙私立幼儿园为3岁至6岁的学童服务。该阶段教育兼具保育和教育功能。入园收费为每月300欧元至400欧元；部分幼儿园收费价格可能更高。私立幼儿园之所以受欢迎是因为学生在校时间为早晨7点至晚上8点；比公立幼儿园长2小时至3小时；并配备接送专车。这对于双职工家庭而言无疑是比较好的选择。

葡萄牙私立基础教育主要指1年级至9年级的私立小学。葡萄牙小学（Escola Primária 或 Escola Básica）涵盖学前教育结束到达到接受中学教育年龄段之间1年级至9年级的基础教育。目前，葡萄牙大部分小学生在公立小学就读。葡萄牙共有私立小学1100余所，其中的非牟利教会学校水平高、管理严格，深受部分家长欢迎。

葡萄牙私立小学有不同的类型，各具特色。教会学校最早出现于中世纪欧洲，是天主教或基督教新教教会设立和控制的学校。早期的教会学校多数是非牟利学校。葡萄牙因具有很强的天主教背景，许多私立小学都是天主教教会学校。天主教教会学校也最受葡萄牙家庭欢迎。早期高文化、高水平的人员多数是教会神职人员，因此教会学校教育水平高于公立学校，教会学校有比公立学校更加严格的纪律，更丰富的课外活动。政府教育管理部门允许教会学校举行课前祈祷，开设强制性的宗教课。尽管私立小学属于基础教育和义务教育；但教会小学不是免费教育，学费每年不少于4000欧元。

华德福于1919年在德国创立第一所学校。这是为他香烟厂的工人子弟兴办的一所学校。学校以工厂的名字Waldorf Astoria命名，德语是FreieWaldorf Schule（中文是华德福学校）。由于学校实行以人为本，注重学生身体和心灵整体健康和谐发展的全人教育体系，主张按照人的意识发展规律，针对意识的成长阶段来设置教学内容，恰如其分地发展，办学很成功，被认为是未来教育的典范。华德福学校通过认可学生的努力促进和鼓励学生自我发现，并在校开展创意媒体促使学生追求自己的兴趣和学习。此类学校大多数位于里斯本周边地区。

国际学校通常指为在驻地国生活的外国侨民提供母语教育的学校，这类学校通常也会招收部分本国学生。国际学校是私立教育的一种形式。葡萄牙作为老牌资本主义国家，是许多国际学校办学的首选地之一；这里有为英国、美国、法国和德国等侨民提供母语教育的国际小学。这些学校的儿童遵循特定国家的课程设置，在与国际接轨方面有较顺畅的对接；因此，许多外籍家庭更愿意让他们的孩子就读国际学校。

国际学校因设置的年级不同收费也有所差别，每年学费在9000欧元到15 000欧元之间。费用不包括注册费和学校午餐或实地考察所产生的额外费用。有关研究数据显示，葡萄牙国际学校的收费在整个欧洲国际学校中是最低的。

葡萄牙目前拥有私立中学（escolasprivadas或escolasSpecialares）（10年级至12年级）381所，多数私立学校的环境一流。葡萄牙中学毕业的标准是，学生在学校满分20分的全部科目中至少要获得10分；分数是教师根据学生每学期的课堂参与及考试成绩给出的；其中还包括11年级末两门，12年级末一门共计三门必修考试。这个成绩不仅是中学毕业的要求，也是申请葡萄牙大学的基本条件。由于私立中学在教学质量方面赶不上公立学校，没有形成良好的口碑，因此，私立中学并不像私立小学那样受家长欢迎。葡萄牙适龄在校生在私立中学在校生中只占 19.7%。

葡萄牙私立中学可以分为以下几种：教会中学、国际文凭、国际学校、私立营利性中学。

葡萄牙的教会中学多数是天主教学校。这些早期成立的教会中学主要是为传教和平民教育服务的非牟利机构，学校运营管理和教师质量由教会负责，教会中学一般比较传统，校内管理严格，学生课外活动更丰富广泛，在每年组织的年度考试中表现更好，并且允许学生在校期间学习宗教科目。上述特点成为学生家长选择教会中学的主要因素。一些家长选择教会中学也出于某些考虑，如有些教会中学用英语授课，学生能够获得国际文凭，方便学生升学留学。教会中学不属于免费教育，每年学费在 2500 欧元到 10 000 欧元之间。随着更加专业化的中学教育机构涌现，教会学校的优势变得不那么明显，因此教会中学受欢迎程度不像教会小学那样高。

国际学校目前在国际上广受欢迎。国际学校指根据外国侨民的母国教育制度向其子女提供母语教育的学校。国际学校提供包含高中以下文化程度的教育。葡萄牙国际学校和多数国家的国际学校一样，主要为在葡萄牙居住的外籍人士子女提供母语教育，师资强、环境好、收费较高。由于国际学校多数使用英语教学，教学质量稳定，成绩证书认可度高，近年来，越来越多的本国学生开始报读国际学校。葡萄牙国际学校有英式、法式、美式三种教育体系；在课程设置方面一般会根据不同学生的需求，开设有针对性的内容；有为毕业后回母国升学就业开设的母国课程，以母国教学大纲为蓝本的母语教学；有针对欧盟高校和就业的高中学校，这类学校围绕欧盟大学的入学标准以及欧盟就业的技术标准，提供有针对性的课程设置。国际学校还会开设国际课程，以英语为教学语言，采用英美教学方式，培养目标是让毕业生进入世界名校。这些学校大多提供国际文凭（IB），以及特定国家的资格高校入学资格或语言水平证书，如 SAT（美国学校）或 GCSE 和 A-Levels（英国学校）。葡萄牙的国际学校与其他欧洲国家的国际学校相比，所收取的学费更少，年级越高学费越贵，各学校每年收费从 100 00 欧元到 20 000 欧元不等。课程方面除了有数学、英语、葡萄牙语、物理化学等科目，还会根据自己的体系举办体操、游泳、骑马、足球等团体体育活动。国际学校提供了一个多元文化的环境，为学生培养了更多的国际技能和能力，使他们能够更多地接触不同的文化，并学习多种语言，这使得越来越多的学生报读国际学校。葡萄牙国际学校也适应社会需求不断发展。现在里斯本、波尔图等多个城市都有国际学校，如里斯本的圣朱利安、米卢奇、圣多米尼克国际学校，波尔图的路西国家学校、波尔图英国学校等。

1986 年起葡萄牙开放国际文凭课程（IBDP）。IB（International Baccalaureate ©）是一个非营利性的教育基金会，成立于 1968 年，总部设在日内瓦。IB 文凭课程是一个学制为 2 年（全日制），主要针对 16 岁至 19 岁（高中阶段）年轻人开展的教育计划。目前葡萄牙有 12 所私立和国际学校提供 IB 文凭课程。该计划由一些国际教育家开发，提供国际认可的高校入学资格，目前已得到全球数千所大学的认可。课程由国际文凭组织管理，以英语、法语或西班牙语之一在 140 多个国家或地区的学校中授课。IBDP 要求学生完成六门科目的评估。其中三门为核心科目；每个科目一组，对学生进行内部和外部评估。课程外部评估包括2个至3个定时笔试；内部评估根据课程主题要求，或口头报告或实际操作或书面报告。课程由任课老师评分，然后结合指定的外部主持人对成绩进行验证或修改。

对比公立学校与私立学校的优劣势，可以看出，一般而言，私立学校办学经费自筹，对政府经费的依赖度低，自主性强，自由度较高。首先，在设施和师资方面，私立学校教学设施设备多数依靠自行配备；公立学校教学设施由市政厅配备，城市和富裕地区设施齐全，而在贫困区学校配备较差。另外，为避免教育不公平，每个公立学校的部分老师由葡萄牙教育部随机分配，水平良莠不齐；私立学校教师由各个学校根据能力和要求，从社会中自行聘用，因而教师教学水平相对略高，对学生更加耐心负责。

其次，在授课以及课外活动方面，公立学校几乎全用葡萄牙语授课，提供部分英语课程；统一时间开设第二外语课程，部分热门第二外语课程报名难；提供的课外兴趣班数量有限，当然这些兴趣班收费比校外要低很多。私立学校一般用英语授课，开设有法语、西语等多语种课程，第二外语开设时间早，课外活动内容较为丰富；教学难度比公立学校稍高，第二外语课程和课外活动报名较容易；虽然收费，但收费比校外社会培训机构低。

再次，关于收取学费方面。公立学校对于家庭经济条件较差的学生是较好的选择，在基础教育阶段，葡萄牙实行15年义务教育，特别是对1年级至4年级的学生实行免费义务教育，不收取任何费用；5年级之后到高中，也是免费义务教育，不收取学费，但会根据课程缴付材料费。私立学校由于运营主要依靠自己的财务来源，政府支持部分很少，所以需要学生交纳一定的学费；除学费之外，还需要学生缴纳相关教材费、活动费等。

最后，在招生范围方面，公立学校为保证教育公平，一般按照学区划片招生，让学生就近入学，因此比较适合出生于葡萄牙或者是7年级（初中阶段）之前的学生。私立学校在招生范围方面没有区域限制；无论居住在哪一片区，只要符合年龄等学校招生要求，有就读意向即可申请，通过入学面试便可以入学。

表24 葡萄牙公私立学校优势对比

公立学校	私立/国际学校
免学费	双语教学，具有小语种优势
学校数量多，基本遍布葡萄牙	小班教学，给予孩子更多关注
教学目标统一，教育资源均等	国际化、多元化教学环境
每个公民都有权利申请	国际化教师团队
政府提供学校运营经费保障	活动丰富、互动性强
	学费相当于英美等国国际学校的1/2 或 1/3
	对接欧美式教育 IB/A-level 课程

具体来看，葡萄牙著名的国际学校有以下几个：

（1）里斯本德国学校（Deutsche SchuleLissabon），成立于1848年，是葡萄牙最著名的私立学校之一，也是德国在国外建立的第二所学校。学校由里斯本和埃斯托里尔的幼儿园和小学，以及里斯本特黑拉斯的中学三部分组成。目前有1000多名在校学生和145名教职员工；8栋教学楼；1个图书馆，藏书约12 000册；2个IT教室、1个礼堂及1个游泳池。学生在这里至少可以学习四种语言。

（2）圣朱利安学校（St Julian's），成立于1932年，是葡萄牙最大的英国国际学校，堪称葡萄牙精英私立学校的代表。该校提供从学前教育到高中教育（3岁至16岁）学生的全部课程；学校经新英格兰教育委员会（NAESC）和国际教育协会（CIS）认可，对17岁至18岁的在校毕业生颁发被全球多数大学认可的国际高中毕业证书（IB证书）。除了国际课程外，6岁至15岁的在校学生可以参加葡萄牙国家课程以及国际学生联合课程。该校是在葡外国侨民家庭入读的重点学校。

（3）里斯本卡鲁奇美国国际学校（CAISL），建立于1956年，受美国国务院资助，提供从幼儿园（3周岁）到12年级的美式课程。超过50%的教师来自美国，用英语授课，实行国际评分标准；学校设立学生职业和未来规划的专职部门帮助学生申请出国留学及帮助就业。高中部所有学生都能获得美国高中文凭，并有机会参加11年级和12年级的国际文凭课程；许多毕业生通过国际文凭就读于世界各地的大学。除专业课程外，学校还提供多种多样的艺术和体育项目。

另外，对葡萄牙的私立大学也作一下简要介绍：

（1）波尔图卡恩大学，位于葡萄牙第二大城市波尔图，创建于1986年，是葡萄牙著名的私立综合大学。学校师资力量雄厚，教学科研水平高，为学习成绩优秀、经济条件欠缺的学生提供奖学金和助学金。现有近百个经济学、管理学、理工类本科、硕士、博士学位课程。

（2）摩德纳大学，创建于1986年，是一所著名的私立综合性大学，在葡萄牙享有很高的声誉。在葡萄牙里斯本、波尔图、贝亚和塞图巴四个城市设有分校。

（3）葡萄牙卢斯埃达大学，建立于1986年，学校本部在里斯本，在波尔图和维拉-诺瓦建有分校，学校发展迅速，近年还在安哥拉的罗安达、卡宾达和本格拉设了分校。大学现有近 12 000 名学生、800 多名老师，开设的课程主要有：会计、应用数学、建筑学、工商管理、通信传媒、电子计算机、工程学、计算机科学、经济学、欧洲研究、历史遗产管理、历史、人力资源、工业设计、国际关系、法律、政治、心理学和旅游等；分校可提供 46 个学士学位、18 个硕士学位和 6 个博士学位的学位课程。

葡萄牙具有完备的教育体系，从学前教育到高等教育公私立教育并行，不同阶段各具特色，学生和家长可根据自身条件和需求选择学校。随着政策放宽，市场需求多样化，葡萄牙私立教育机构快速发展，至今已经基本成熟，私立教育特别是国际学校注重与国际教育接轨，不但为在葡萄牙生活的外籍人士子女提供了更多的学习选项，也越来越得到更多本地家庭的认可。

葡萄牙私立大学的行政运营具有一定独立性，但在课程设置方面，和公立院校一样，必须经过葡萄牙教育部审批和承认，获批课程授予的学位与公立大学学位具有同等效力，全欧通用。但是相比之下，公立院校由于政策和资金优势，教育质量和学费标准相对于私立高校具有较大竞争力。一些排名靠前的私立大学，因为用英语授课，排名相当高，越来越具有竞争力。

与葡萄牙公立教育相比，市场化营利性私立教育机构各阶段收费都比公立教育机构高，公立教育机构在基础教育阶段是免费的；但葡萄牙私立教育机构各阶段都不免费。不过，葡萄牙私立教育收费比其他欧美国家便宜。葡萄牙基础教育阶段的私立学校大多数是天主教教会学校和国际学校，这一是基于葡萄牙宗教信仰历史，二是基于国际化与教育市场需求。

在高等教育阶段，葡萄牙私立大学课程设置受教育部审核批准，学位证书与公立大学具有同等效力，因此，根据博洛尼亚进程，其证书受到全欧盟的承认。

第三节　巴西私立教育

与世界大多数国家私立教育发展不同，巴西私立教育始于1500年葡萄牙航海家发现巴西。巴西的早期教育全部是天主教教会创办的私立教会学校。19世纪前，巴西教育的主导权先是在教会手中，后是在葡萄牙王室手中。直到1759年，巴西殖民管治当局才经葡萄牙王室同意取得了开办教育的权力，建立公立学校。

在葡萄牙航海家发现巴西后的1500年至1759年200多年间，教会学校非常发达，垄断巴西整个教育行业。此后，巴西当局在葡萄牙王室允诺下开办公立学校；巴西获得独立后，由于种种原因，私立学校一直居于主导地位。直到20世纪60年代，巴西政府开始重视发展基础教育，公立学校不断新建，不同教育阶段的公、私立学校占比发生了较大变化。

私立学校在基础教育阶段历史悠久，基础深厚，一些私立学校目前仍然是教学水平高、教育质量好的学校，非常受社会欢迎，巴西经济实力较强的家庭会优先选择将子女送到私立学校。中等教育阶段的私立高中也像基础教育阶段的私立学校一样受欢迎，原因在于私立高中在师资水平、教学质量方面极具竞争力，优势明显。学生家长认为，公立高中的教学质量水平远低于私立高中；在公立大学激烈的入学竞争中，公立高中的毕业生几乎没有优势。巴西政府为了缓解公立高中升学压力，

2012年颁布新法令，提出比例系统，要求各大公立高校将25%的新生名额给公立高中。大部分公立大学新生报名数远超实际招生数，高水平的考生绝大多数来自私立高中。如果留足够名额给公立高中毕业生，不仅违反按成绩择优录取程序，违背教育公平的原则，在实际操作中也难以有效执行。

而在高等教育阶段，与基础教育和中学教育形成鲜明对比的是，当前巴西公立大学的师资水平、教学质量要远远高于私立大学，成为家长和学生竞逐的热门；但由于政府经济能力、师资、设施和建设周期等多种原因，公立大学数量有限，不能满足社会各层级对升学的需求，这就为私立大学提供了发展机遇，与公立大学相比，私立大学的质量难以与之相比，但数量占绝对优势。

一、关于巴西私立教育的法律与政策

巴西没有为私立教育专门立法，但《巴西国民教育法》中有关于私立教育的条款。无论是公立还是私立学校都需要遵守《巴西国民教育法》这一教育相关法律。根据《巴西宪法》，任何人都有创办私立学校的自由，所以，外国机构或个人在巴西创办学校没有法律限制。但法律明确规定，巴西学校的校长必须由巴西人担任；私人不得创办警察、军事性质的学校；巴西政府对私立学校没有财政资助，也没有税收优惠。

巴西设立私立学校的基本条件如下：根据教育部有关规定，需要符合《巴西国民教育法》关于私立学校的责任和义务方面的规定；同时符合全国教育理事会关于设立私立学校的规定；在申请时要提供详尽的教学计划；提供学校运行计划和相关规章、制度；提供固定教学场所证明文件；提供师资及各方面人员配备情况表；提供学校财务保障计划，说明资金来源。

关于不同层级私立学校审批的权限，审批单位不同，层级越高，审批责任单位级别也越高，审批手续越严。私立幼儿园由市级教育行政部门和教育理事会负责审批；小学和初中由市、州两级教育行政部门和教育理事会负责审批；高中由州教育行政部门和教育理事会负责审批；大学由联邦教育部和全国教育理事会负责审批。

关于私立学校的办学许可证，巴西政府对私立学校的审批和管理实行办学许可证制度。办学许可证有效期为 5 年，期满后需重新考核。

巴西私立基础教育包括幼儿教育、初等教育和中等教育三个阶段。幼儿教育针对 3 岁至 5 岁的儿童；小学 5 年，初中 4 年（6 岁至 14 岁），就读公立学校是免费义务教育，就读私立学校需要缴费；高中 3 年（15 岁至 18 岁）；私立职业高中学制为 2 年至 4 年不等；可以半工半读。

1988 年《巴西宪法》第 208 条首次规定了普及幼儿教育是国家的义务。巴西从 2000 年之后开始实行正式的幼儿教育改革；2001 年第 10.172 号《巴西国家教育计划法》（Plano Nacional de Educação-PNE）提出普及幼儿教育并提高质量，解决高留级率和退学率，以及缩小教育差距等。1988 年《巴西宪法》规定幼儿教育以 0 至 6 岁的婴幼儿为教育对象，分为 0 至 3 岁的托儿所（保育所）和 4 岁至 6 岁的具有学前教育功能的幼儿园两个组成部分。2006 第 11.274 号法律规定初等教育入学年龄降为 6 岁，幼儿教育根据 2006 年的《巴西第 53 号宪法修正案》，缩短为 0 至 5 岁；到了 2009 年 11 月，《巴西第 59 号宪法修正案》将 4 岁和 5 岁儿童纳入义务教育阶段。

巴西公立托儿所及幼儿园的运营由市教育局负责。根据《巴西宪法》，学前教育是免费的。因此，托儿所向 0 至 3 岁入托儿童提供免费保育，幼儿园向 4 岁至 5 岁的在园儿童提供免费教育。2000 年以后，私立的学前教育机构（托儿所和幼儿园）数量不断增加，作用越来越重要。

表 25　巴西公私立学前教育机构占比

学前教育机构	2000 年	2005 年	2007 年	2011 年
公立	73.3%	71.6%	76%	72%
私立	5.5%	7.1%	19.4%	28%

数据来源：Avaliação do Plano Nacional de Educação 2001-2008: Políticas, Programas e Ações do Governo Federal. Brasília, Inep, 2009; Censo Escolar da EducaçãoBásica 2011, Brasília, Inep, 2012.

公立学前教育机构数量不足，无法满足所有适龄幼儿入托、入园的要求，私立学前教育机构便应运而生，缓解了幼儿入园紧张问题。在 2011 在圣保罗市 19 万名 0 至 3 岁的适龄入托婴幼儿中，有 4 万名进入私立托儿所；但仍然有 12 万 7 千名幼儿在排队等待进入公立托儿所。[1]

公立托儿所大部分是全日制入托（7 点至 17 点）；幼儿园实行 2 部制（7 点至 13 点、13 点至 19 点）或 3 部制（7 点至 11 点、11 点至 15 点、15 点至 7 点）入园。而私立学前教育机构入托、入园时间相对灵活，家长可以根据自己的情况选择进入时间。有的托儿所全年无休，0 到 6 岁儿童的入托、入园时间可以选择 4 小时、6 小时和 12 小时，入园时间从早晨 7 点到晚上 7 点。幼儿园阶段课程内容也多样化。

巴西有知名度的私立学校多数实行从幼儿到高中教育一贯

---

〔1〕 Censo Escolar 2010 &2011. Inep, 2011 & 2012.

制，高中毕业生要参加全国学习能力测试（ENEM）。在2010年ENEM结果排名前100的学校中，公立学校仅占10%。前面介绍过，公立大学由于教育质量和师资力量等原因，成为优秀高中毕业生的入学热选。一组数据表明，巴西顶级名校州立圣保罗大学（USP）75%的学生来自私立学校。[1]在2009年经济合作与发展组织（OECD）举办的国际学生能力评估计划（PISA）考试中，私立学校PISA平均分为519分；公立学校的平均分为398分，相差121分。圣保罗州克莱几奥·倍尔提赛（Colégio Vértice）是一所从幼儿教育（3岁）到高中的一贯制私立学校，该校近90%的毕业生都能进入第一志愿的大学。尽管每月学费不菲，但家长报名非常踊跃，由于名额有限，幼儿入园取决于报名先后，所以一些希望孩子入学的家长在知道自己怀孕时就开始为孩子报名。[2]

尽管公立学前教育机构提供免费教育，但由于公立学前教育机构不足，教育水平低，会给孩子未来发展带来不利影响，因此，中上阶层家庭一般会让自己的孩子接受私立学前教育。低收入阶层的家庭只能无奈地面对这样的残酷现实。

巴西私立基础教育机构的水平远高于公立基础教育机构，选择私立学校很大程度上决定了学生的成长道路和未来。基础教育针对6岁至14岁的少年，包括小学5年和初中4年。在2009年经济合作与发展组织（OECD）举办的国际学生能力评估计划PISA考试中，私立学校以平均分519分的成绩远超公立学校398分的平均分，分数相差121分。"国际学生评估项目"研究报告还有一组数据值得关注。在参与排名的64个国家中，如果将公立与私立基础教育混合排名，巴西名列第55位；如果

---

[1] Conselho da USP discutirá adoção de cotas no vestibular da Fuvest nesta 3.
[2] Com mensalidade de R$ 2,7 mil, 'campeão' no Enem tem fila de espera.

只单独排名私立基础教育机构，巴西名列第 18 位；对比可见巴西私立基础教育机构的实力和基础。

二、巴西中等教育

巴西普通教育（基础教育）的第二阶段是中等教育，即高中阶段，对象为 15 岁至 18 岁的青少年。巴西中等教育有不同种类的机构，包括高中、职业学院、师范学院等；普通高中学制为 3 年，职业高中学制为 2 年至 4 年。职业高中另文专述，此处主要介绍私立高中。巴西的私立高中和基础教育机构一样，师资水平和教学质量优于公立学校；因此，尽管读私立学校需要支付价格不菲的学费，中高以上收入家庭会优先选择私立高中；而对于许多中下阶层家庭，私立学校昂贵的收费令其望而却步；中下阶层家庭的孩子只能转而求其次，就读免费的公立学校。基础教育阶段公立学校薄弱的基础和较低的教育水平，与高等教育阶段公立大学高水平的师资和高质量的教育形成了鲜明的对比，这种教育结构的实力差，为公立与私立大学升学竞争大比拼埋下了伏笔，也是教育不公带来的社会问题的一种反映。教育公平本来是解决贫困的一种途径；但在这种公私立教育不同阶段的互换中，贫困家庭在快乐教育和免费教育下，换来的只是私立大学更加沉重的经济负担和水平乏善可陈的教育质量。这使得富家子弟水平越来越高，贫穷家庭孩子受教育机会和经济差距与富裕家庭越拉越大。

三、巴西知名私立高中

以琳学院（ColégioElim）是巴西圣保罗州教育局批准的一所拥有葡英中韩多语言教学环境的正规私立学校，有巴西州教育局承认的巴西学籍；配套设施齐全，师资和配套专业人员齐备（教师、护士、心理医师、营养师、保安等）；葡语教材采用巴西教育界公认的 Objetivo 优质葡语教材，英文教材采用国际教育界公认的 Cambridge（剑桥英语）优质英语教材，中文教材采用我国人民教育出版社出版的 1 年级至 5 年级教材。

位于圣保罗的埃塔帕（Etapa）高中和班德兰特（Bandeirantes）高中是两所最好的私立高中，不设期末考试，主要依据平时成绩，因此考试频率很高，对学习质量和升学率要求很高。

综合来看，巴西学前教育和基础教育阶段的公立托儿所、幼儿园和中小学实行免费教育，初中和小学（6 岁至 14 岁）还属于强制义务教育，学生不交任何费用。本阶段的私立学校费用昂贵，收费项目多，除学费外，学生还要交书本费、交通费、服装费、伙食费、住宿费、杂费以及教学设备使用费等多种费用。各学校自主制定收费标准。私立幼儿园和中小学平均每月费用大约为 250 美元；一些热门私立学校每月收费达 500 美元至 660 美元。

四、巴西私立高等教育

1500 年至 1822 年，早期的巴西高等教育由天主教会控制，发展缓慢。据记载，关于巴西高校的最早记录是 1592 年。当时巴西耶稣会曾要求创办一所大学，后因故未能如愿。1759 年，殖民政府驱逐耶稣会，仅存的"高等教育机构"——神学院同时被取消，世俗教育兴起，但仍未建成一所大学。1789 年，巴西希望依照葡萄牙科英布拉大学模式建立巴西大学，因为宗主国葡萄牙认为殖民地所需的各类人才完全可以也应该在葡萄牙本土的科英布拉大学培养，没有在巴西办高等教育机构的必要，巴西办大学的计划再次落空，巴西出生的葡萄牙公民需回国接受高等教育。因此，巴西的高等院校要比其他拉丁美洲国家晚建近370年。[1]

直到1834年，独立后的巴西政府颁布《巴西教育补充法》，规定高等教育由政府管理，允许举办私立高校。私立高等教育得到法律保护。1891年为加强高等教育，将政府负责高等教育纳入宪法；1909年和1912年，政府一直试图开办公立大学，但努力始终未果。1920年，巴西首家大学里约热内卢大学（现称里约热内卢联邦大学）在3所传统的专业学院（法学院、医学院和工程学院）基础上联合建成。

1934年，圣保罗大学成功创建，并成为新型大学的典范，在公立大学相继成立的同时，私立高校紧跟其后，加快了创建步伐。1940年，天主教耶稣会（主管教育与行政事务）和一家民间协会（负责筹措资金）共同努力筹建的巴西第一所私立高校——里约热内卢天主教大学宣告成立并得到政府认可，1941年开学，1946年正式挂牌，1947年获得了梵蒂冈罗马教廷的正式授权书，拉开了巴西创建私立高校的序幕。不久之后，在巴西其他大城市，如圣保罗、累西腓、阿雷格里港、贝洛奥里藏特相继开办了天主教大学。

巴西现行高等教育的体制始于1968年《巴西大学改革法》，分为基础教育和高等教育两级。高等教育又分为本科和研究生两个层次；高校管理分为联邦、州、市三级管理。私立大学不分级；公立大学分为联邦、州立、市立大学三类；大学由联邦教育部和全国教育理事会负责审批。巴西私立高等教育起步晚于公立高等教育，分为营利性与非营利性私立大学两种。在巴西高等教育质量和结构上，私立高校的教学质量无法与公立高校相比，呈现出金字塔式结构，即少数顶级公立高校在塔尖；

---

[1]"巴西高等学校种类与学制"，载 https://www.bgbtis.com/wap/kcbg/82.html，最后访问日期：2021年10月21日。

中层是非营利高校；中下层是大量的营利性私立高校，这些营利性私立高校主要以本科教育为主，很少从事研究生教育。

在联邦体制下，巴西的高等教育统一由联邦政府主管；为适应教育发展的需要，巴西政府还注重培养高等教育的师资人才。截至1996年，巴西大学教师人数已超过14.8万人。1994年至1998年，私立大学的在校生人数从97万人增加到130万人；增幅达34%。不断新增的私立大学成为巴西高等教育迅速发展的主要原因。目前就读私立大学的学生人数占巴西在校大学生总数的61%以上。

一个值得关注的倾向是，受新冠疫情、经济衰退和失业等因素影响，2020年和2021年，巴西私立大学的辍学率创历史最高水平。根据巴西高等教育维护者工会（Semesp）统计数据，2020年378万名私立大学在校生退学，辍学率达37.2%；2021年约342万名私立大学在校生退学，辍学率达36.6%。研究发现，其退学辍学的主要原因在于，大多数辍学者是在职读书，新冠疫情使他们失去了工作，也失去了支付学费的能力；一些贫困家庭的学生，日常生活窘迫，甚至没有线上远程上课的电子设备。

一边是私立大学在校大学生对学费的不堪重负，另一边是私立大学经费来源缺乏，难以抵御因疫情和经济低迷、通货膨胀带来的经费压力，有学校表示，如果不提高学费学校将无法维持正常运转。在2022年，据有关部门调查，巴西53%的私立学校将上调至少7%至10%的学费；7.6%的私立学校将调升10%至11%的学费；9.1%的私立学校将提高12%以上的学费。

五、巴西私立学校辅助机构

巴西私立高等教育机构在高等教育机构中占88%，除了私立大学，还包括营利与非营利学校辅助机构，如巴西教育领先公司 VASTA（回复平台有限公司）、教育科技创新公司 ARCE（阿科平台有限公司）和巴西教育科技公司 Afya（阿菲亚公司）等。

Afya 是巴西领先的医学教育集团，为医学生提供学习准备，毕业计划和 CME，以及终身医学学习。该公司旗下的本科和研究生院覆盖巴西 12 个州、23 个营运校区，在提供课堂教育的同时还为学生提供在线学习。截至 2021 年 12 月 31 日，Afya 运营着一个由 46 个本科和研究生医学院组成的网络；其中包括 30 个本科运营单位和 5 个获批单位；以及一个由 2731 个医学院席位，包括 2481 个运营席位和 278 个批准席位组成的网络。除了开设医学、护理健康科学及其他本科学位课程，Afya 还开设了土木工程、工业工程、教育学等研究生课程。

2017 年 12 月 31 日，Afya 有在校生 10 164 名；2018 年 3 月 31 日，在校生为 9323 名；2018 年 12 月 31 日，在校生为 19 720 名；2019 年 3 月 31 日，在学生为 23 857 名；增长十分迅猛。

ARCE（Arco Platform Limited）是一家于 2018 年在纳斯达克上市的教育科技创新公司，主要为私立学校提供完整的教学方案。目前，该公司为巴西 1140 家私立中小学的 40.5 万名学生提供服务。

Afya 2019 年本科和研究生课程的每月学费占收入的 98%；2018 年访问 Medcel 数字平台的收入大约占 14.4%；2017 年全年净收入为 2.16 亿雷亚尔，2018 年全年净收入为 3.339 亿雷亚尔；2018 年前三个月的净收入为 6130 万雷亚尔，2019 年前三个月的净收入为 1.446 亿雷亚尔，增幅显著。

VASTA（Vasta Platform Limited）是一家科技教育公司，总部位于巴西圣保罗，创立于 1991 年，有全职雇员 1956 人，为端到端教育提供数字解决方案，以满足私立学校在 K-12 教育领域的需求，实现包括学生、家长、教育者、管理人员和私立学校业主在内的所有利益。

VASTA 通过 PaaS 操作模型帮助公司建立高质量的教育系统和终身学习解决方案，通过与合作学校签订长期合同，将多品牌和技术支持的高质量核心和补充教育解决方案与数字和印刷内容相结合。公司正在扩展 Digital Platform 数字平台，该平台通过整合伙伴学校的管理生态系统，提供高质量的教育服务。

巴西的私立教育服务仍在发展中。根据其国内投资管理公司 Bahema（巴赫马教育公司）的统计，2015 年至 2020 年，平均每年有 18% 的学生从公立学校转入私立学校。Bahema 还指出基础教育领域存在诸多发展机遇，2010 年至 2018 年，平均每年有 75% 的高校学生进入私立学校。

巴西私立高校数量分布反映了巴西各地区的经济发展水平，经济发达地区的私立高校数量较多，经济欠发达的落后地区的私立高校数量较少。

由于巴西私立高校的收费高昂，多数学生为减轻经济负担，入学时会优先选择收费较低的人文学科，只有极少数学生会选择自然科学学科。学生的这种选择造成私立学校课程设置重文轻理，学科设置分布不均。

第四节　东帝汶私立教育

由于东帝汶的历史原因，教育行业不发达，经济条件限制了民众接受高质量教育[1]。低收入家庭的孩子只能上免费的公立学校。公立学校需要遵循许多政府规定，教学采用 70 人的大

---

[1] P. Justino, M. Leone, and P. Salardi, "Education and Conflict Recovery: The Case of Timor Leste", *IDS Working Papers*, 2011, 381 (1).

班教学；教材和教学方法落后。

私立学校指由私人或私立机构投资，经当地政府和教育部门批准，侧重于解决教育公平问题的学校[1]。私立学校很少接受政府公共资金资助，预算独立，因此运营相对宽松，管理相对自由，引入了国际化的理念，课程开发受限制较小；能够以较高薪水聘请到高水平教师，教育质量普遍较高，具有一定优势，私立学校与公立学校形成鲜明对比。

东帝汶 Colegio Paulo VI（保禄六世）私立学校建于1976年，由于战乱，学校到1999年时规模依旧很小，只有私人补习课程。2002年东帝汶独立后，该校在帝力市的私立学校中建起了 Colegio Paulo VI 学校，设有21个教室，有1500名学生；教材使用葡萄牙语的教科书，各班都配备有电脑和技术设备，采用国际化和现代化的教学和学习方式。学生的父母选择 Colegio Paulo VI 学校的原因是这所学校比公立学校的教育好[2]。

有学者对东帝汶公私立高中的教学设施进行了初步对比，发现公立学校设施简陋，没有多媒体设备，教师办公条件差，校园没有安装闭路电视，教室桌椅简陋；而与之形成对比的是，私立学校有多媒体教学，教师办公条件良好，安装有闭路电视，提供舒适新净的桌椅教室。软件方面，以英语教师为例，公立高中的英语教师以非英语专业学士居多，很少需要参加英语课程培训，只有在必需时才邀请替代英语教师来校授课；而私立

---

[1] C. A. Simon and N. P. Lovrich, "Private school enrollment and public school performance: Assessing the effects of competition upon public school student achievement in Washington State", Policy Stud. J., 1996, 24 (4): 666~675.

[2] A. Nurhayati, "An Error Analysis of Translation from Tetum to English At First Grade Secondary School Colégio Paulo Vi Dili-Timor Leste in Academic Year 2017", IJRDO-Journal Educ. Res., 2017, 2 (8).

学校的英语教师中英语专业学士较多，需要经常参与英语课程研讨，鼓励在职教师多代课，聘请合格的兼职教师。公私立学校学生在英语学习和能力方面也有不同表现。公立学校学生在每学期为期 5 个月的学习过程中，偶尔会有每月测试，较少参加英语课外活动，也较少组织英语活动，对英语的学习缺少主动性，依赖教师布置的作业任务；私立学校学生在每学期的学习过程中，会接受每月测试，有机会参加更多的英语活动，也参与组织英语活动，自主性强，有独立完成学业任务的能力。相比之下，私立学校的教学措施显著提高了教学质量。

UNPAZ 是东帝汶一所年轻的私立大学，成立于 2004 年，有 13 000 名在校学生。校长是卢卡斯·达科斯塔，副校长是多明戈斯·凯雷西-本迪托·贝雷·毛·戈麦斯，行政财务部部长是塞缪尔·塔洛·贝雷·苏亚雷斯，国际事务部部长是米格尔·卢卡斯·莱·科斯塔。该大学立志于为东帝汶培养优秀人才，特别是熟悉中国文化的学生，因此也聘用了多名曾留学中国的专家与学者在校教授中文。

第五节　非洲葡语国家私立教育

非洲葡语国家分布较散，既有陆地国家，又有海岛国家，国情和教育各具特色。非洲私立教育，尤其是私立高等教育的发展历程可以分为缓慢起步阶段、发展阶段和繁荣阶段三个时期。多数非洲国家私立高等教育机构起步相对较晚，主要在 20 世纪 90 年代兴建，呈现营利性高校发展势头猛，弥补了公立高校数量不足，培养了满足社会发展需要的高层次人才的特点。同时也存在资金不稳、师资队伍不强、教育质量不高、教育设施设备不足等问题。

根据世界银行2016年数据，安哥拉私立中学在校生占中学在校生总数的21.47%；私立小学在校生占小学在校生总数的14.12%。安哥拉共有60所高等教育机构，其中三分之二是私立高校[1]。可以说，安哥拉私立大学在安哥拉高等教育中撑起了半壁江山。经政府认可的私立大学，学历文凭与公立高校文凭具有同等法律地位，可见私立大学弥补了安哥拉的高校不足。比较具有代表特色的私立大学有：成立于2000年的安哥拉私立大学（Universida de Privada de Angola）和安哥拉中央大学（UTANGA），它们都是容纳3名至5000名学生的小型高校；成立于2000年的安哥拉让·皮亚杰大学（Universida de Jean Piaget de Angola）和成立于2004年的安哥拉独立大学（Universida de Independente de Angola），它们都是规模在近万人的私立大学；成立于2007年的安哥拉卫理公会大学（UniversidadeMetodista de Angola），它是一所超过万名在校生的大型高校。

2021年，安哥拉通达瓦拉国际学校落成。这是一所涵盖学前教育、普通教育、中学教育、大学预科和职业教育的国际学校，也是安哥拉第一所由中国人投资的全日制私立国际学校。学校位于罗安达大区赞古Ⅱ区，占地面积为5000平方米，建筑面积为6000平方米；有25个教室，可在两部制教学条件下容纳2000学生；设有体育场、实验室、游泳池、图书馆等设备设施[2]。

据安通社2020年8月16日援引安哥拉私立高等教育协会消息，受新冠疫情停课影响，安哥拉私立教育机构无力支付教师

---

[1] "安哥拉国家概况"，载 https://www.mfa.gov.cn/web/gjhdq_676201/gj_676203/fz_677316/1206_677390/1206x0_677392/，最后访问日期：2023年5月5日。

[2] "安哥拉第一所由中国人投资兴建的全日制国际学校落成"，载 http://www.plpidb.com/indSharedata_detail.action?id=1092，最后访问日期：2023年5月5日。

薪酬及相关费用，8月份被迫暂停与14.1万名教职员工的就业合同，其中包括12.7万份普通教育（中小学）合同和1.4万份高校教师与行政员工合同。早在2020年4月，安哥拉行政部门就决定，在执行"紧急状态"期间，私立教育机构降低收费，只收取60%的学费；公立收取25%的学费。到了7月，政府决定公私立学校全部停止收取学费，等待进一步指令。8月，私立学校缺乏经费来源，难以为继，暂停了与上述人员的合同[1]。

与安哥拉私立教育类似，世界银行统计莫桑比克2017年私立中学在校生占中学生在校总数的13.33%；2020私立小学在校生占小学生总数的1.97%。佛得角2019年私立中学在校生占中学生总数的7.58%；私立小学在校生占小学生总数的1.59%。圣多美和普林西比2017年私立中学在校生占中学在校生总数的4.72%；私立小学在校生占小学生总数的1.38%。几内亚比绍的统计数据只到2000年，不具备参考价值，因此未录入。

莫桑比克近年来因为教育市场的发展，兴建了多所私立高校，但收费高昂，一般家庭难以负担。佛得角至今为止只有一所私立高等教育机构。

从非洲整体的私立高等教育机构来看，非洲大陆还存在各种对私立高等教育机构的负面评价。提到殖民地私立高等教育，"新"很少意味着"全新"。这一观念受教会传教事业的影响。在肯尼亚和南非，教会大学在独立前与教堂或殖民国家的本土机构保持着联系[2]。独立后，大都市的教会大学开始成为公立大学的附属机构，然后逐渐发展成为新独立国家的公立大学。20世纪中叶，南非私立机构变成了公立学校，开始向黑人提供

---

[1] 在安哥拉，新冠疫情迫使私立教育部门逾14万人失业。

[2] Mabizela, M., *Towards a Contextual Analysis of Structural Patterns of Private-Public Higher Education in South Africa*, Bellville: University of the Western Cape, 2001.

职业高等教育[1]。学者们很难给出当代非洲私立高等教育机构的精确数字。首先，什么是"私立高等教育"在国际上尚未达成一个统一的标准。非洲国家分散、小型私立高等教育机构的普遍存在，私立高等教育机构的快速开张和突然关闭，以及多种形式的公私合作关系中对入学人数的重复计算，都会影响统计的准确性[2]。许多私立高等教育机构存在于非大学领域中，可以说并不是真正的高等教育。高等教育与低水平教育之间的模糊边界困扰着高等教育的统计，特别是涉及私立高等教育机构的统计。

私立高等教育数据的其他常见问题也十分突出。一些未注册但正在运行的私立高等教育机构是否应被计算在内，存在分歧。一些政府机构、部委和研究记录存在明显的缺陷，很少能收集到私立高等教育的全面数据。此外，近期增长数据与充足可靠数据之间的逻辑反比关系也给非洲带来特殊的问题，因为非洲是私立高等教育机构增长最晚的地区[3]。

前述情况表明，由于经济和社会发展不均衡，加之非洲大陆多年政局不稳定，教育体系混乱等原因，非洲私立教育发展缓慢，尽管近年来各国政府重视教育，但没有明显发展；私立教育缺乏资金，非洲葡语国家私立教育发展情况普遍较差。

非洲私立高等教育机构的主要资金来源是学费、赞助组织的补贴和捐赠[4]。私立高等教育机构没有政府资助，自筹资金

---

[1] Philip G. Altbach, *Private Higher Education: A Global Revolution*, Boston: Sense Publishers, 2005, pp. 75~84.

[2] Daniel C L, "A Recent Echo: African Private Higher Education in an International Per-spective", *Journal of Higher Education in Africa*, 2007 (5): 197~220.

[3] Daniel C L, "A Recent Echo: African Private Higher Education in an International Per-spective", *Journal of Higher Education in Africa*, 2007 (5): 197~220.

[4] Mahsood S, Chenicheri S N, *A Global Perspective on Private Higher Education*, Cam-bridge: Chandos Publishing, 2016, pp. 163~168.

和学生的学费是其主要经费来源,私立高校投入的资金面临不确定性,如过高的房租租赁成本、缺乏足够的机构发展基金以及缺乏学生奖助学金和贷款计划。随着材料和建筑成本的不断上涨,私立高等教育机构与财务相关的风险越来越严重[1]。过度依赖学费的问题也日益突出,容易危及私立高校发展战略和运营目标以及行业运营和增长[2]。

一般而言,非洲私立高校教育质量低下,对高等教育质量构成了威胁。私立大学为了维持运营把盈利作为主要目标,忽视了教育质量。在校生人数增长过快导致人数过多,师生比严重超标也是拉低教育质量的重要原因。私立大学因报名考生骤增而试图超计划招收更多的考生,而被超计划招生数量压垮,师资、课室、教学质量都不能得到保障。一些私立大学的教育并没有培养出学生的创新能力和分析解决问题的技能,学生过于依赖教师,而不是利用大学的资源主动探索知识[3]。

私立大学缺少学术人员,教师流失现象十分普遍。工资水平低、培训机会有限、升职不规范和福利待遇差导致了高离职率。经验丰富且合格的学术人员十分短缺。私立大学更喜欢雇佣兼职教师,因而全职学术人员的数量非常少。教育设施和设备不足是大多数私立大学的现实和挑战。高校基础设施和设备需要大量资金投入,这对于私立大学而言,无疑是一个巨大挑战。设施不足已经成为私立大学的共同问题。部分私立大学没

---

[1] Mahsood S, Chenicheri S N, *A Global Perspective on Private Higher Education*, Cam-bridge: Chandos Publishing, 2016, pp. 262~263.

[2] Mahsood S, Chenicheri S N, *A Global Perspective on Private Higher Education*, Cam-bridge: Chandos Publishing, 2016, pp. 267.

[3] Mwebi B, Simatwa E M W, "Expansion of private Universities in Kenya and Its Implication on Quality and Completion Rate: An Analytical Study", *International Research Journals*, 2013, 4 (4): 352~366.

有足够的教育设施，如图书馆、实验室和互联网、讲堂、剧院等。

但是，近来私立高校的进步是值得肯定的，无论是教学质量、研究工作还是创新性都是有目共睹的。随着许多私立高校逐渐实现多样化和差异化发展，人们对私立高校的刻板印象正慢慢改变。

通过梳理葡萄牙和巴西有关资料，可以发现，私立非牟利教育机构有逐渐增多趋势。由于私立教育机构经费来源单一，存在运营困难，为了合理避税，减轻负担，一些营利性教育机构会申请变更为非牟利机构。并且，国际学校实行国际化的主流教学模式。随着全球化、国际化以及网络化，更多的家长愿意将自己的孩子送到国际学校接受教育。作为私立教育机构的重要组成部分，国际学校提供满足多样化需求的教育，具备广阔的发展前景，受到学生和家长的普遍认可。

私立教育虽然运营的压力大，但自主性强，适应市场快，具有一定的竞争优势。私立基础教育作为收费的高价教育，对于一般收入和低收入者家庭来说，仍然是遥远的梦想；快乐教育与精英教育依然在进行着无言的博弈。

本章小结

葡语国家的私立教育存在着较大差异。葡萄牙私立教育从基础教育到高等教育相对平稳、均衡；巴西私立基础教育与私立高等教育出现了明显的反转；而亚非葡语国家的私立教育则呈现出发展迟缓、效果不十分明显的情况。在"一带一路"倡议下，中国援助了安哥拉、莫桑比克、佛得角等国多所学校，一些国家也开设了孔子学院、职业技术学院等。

第六章
葡语国家教育发展特点及展望

前文介绍了葡语国家在基础教育、高等教育和其他教育三大方面的历史沿革与发展情况，可以看出，不同国家的教育发展水平与教育特点存在巨大差异。而不同国家的发展速度、经济体量、政治稳定的整体外部环境等，也是造成教育水平、发展状况差异化的主要诱因。本章节主要就葡语国家目前教育存在的问题及特点进行总结，并得出相应的分析结论。葡语国家分布在欧、亚、拉美和非洲，国家历史不同、政治稳定性、治理理念、发展速度、经济体量各异，各国之间巨大的外部环境差异，也反映在教育发展水平与教育特点上。尽管如此，我们还是可以看出一些共性的特点。

葡语国家的"正统"教育有着深刻的天主教文化烙印。葡萄牙是以天主教为主要宗教文化的国家，深厚的天主教文化不仅影响着该国的教育，也为葡萄牙海上扩张埋下了伏笔。1494年的《托尔德西拉斯条约》使葡萄牙以"保教"名义名正言顺地开始了海上殖民扩张。传教士可以乘坐葡萄牙船只登上葡萄牙发现的殖民地开展传教活动；这些传教活动多数与兴办教育相伴；传教士通过教会的力量开展办学活动，逐步挤占了当地本土文化教育，使具有天主教色彩的教会学校成为"正统"或"主流"教育模式；这种带有教会色彩的教育模式给各葡语国家教育带来了深深的烙印。

第六章　葡语国家教育发展特点及展望

葡萄牙作为实行重商主义的国家，在海外殖民时期重点控制中心城市，葡语教育的影响主要在殖民地的大城市，城乡教育分布不均；在葡语国家中，除宗主国葡萄牙外，只有巴西将葡语作为生活语言，其他葡语国家虽说将葡语作为官方语言，但普及程度并不够广泛。

葡语国家各异的国情为本不普及的葡语教育增添了难度。许多葡语国家是多民族、多语言的国家；在管治能力低下、管理范围有限、并未真正实现全面有效殖民统治的情况下，葡语教育普及也难以真正实现。

早期葡萄牙殖民统治的教育，主要目的一是为本地殖民者的后裔提供教育，二是为培植亲殖民统治的当地权贵，使他们建立殖民政权的认同，以维护殖民统治。因此，殖民统治主要是小众范围的，只有少数人才有获得教育的机会。因此，多数葡语国家早期教育并不发达，教育发展起步比较晚，特别是高等教育。

一些在康乃馨革命后独立的国家，由于内外部各种力量的博弈，经历了难以想象的持久战乱，使本国教育长期饱受创伤，后果十分严重。

下面试图对主要葡语国家目前教育存在的问题及特点进行分析。

第一节　葡萄牙教育发展特点

一、葡萄牙教育的特点

第一，重视学前教育和师资要求。学前教育在葡萄牙不属于义务教育，但政府非常重视学前教育的质量。无论是教育取向的幼儿园，还是保育取向的托儿所，在课程质量的改革上，对教师资格的要求都逐渐提高，要求统一参考教育部 1997 年颁布的《学前教育课程指南》开展教育活动。根据 1997 年的第 119 号法律[1]，从事学前教育的教师需要接受高等教育并获得学士学位。

第二，基础教育具有人性化、阶段性、层级分明的特点。从小学开始，根据年龄特点进行多样化的教学，营造不同年龄段的教学环境，以丰富和多样化的教学方式吸引学生，提高学生学习兴趣；政府还提供丰厚的福利补贴以普及基础教育。

第三，通过发展高等教育促进国家走向现代化。葡萄牙重视高等教育在现代化过程中的作用，通过公立和私立高校，提高国家整体的受教育水平，促进国家科技水平向现代化迈进。高等教育在培养社会发展需要的专业人才、开展科学研究、转化科技成果方面承担着重任，在知识经济时代，经济发展和现代化进程的决定性因素与技术密不可分。

第四，高等职业教育"双轨制"的师资队伍独具特点。葡萄牙职业教育师资既可以来自高校，也可以来自企业等实战部门。这最大限度地实现了院校书本教育和社会实操技能的有机衔接，通过理论与实际相结合，达到了学以致用。同时，实操课程的很多环节需要通过团队合作才能够完成，这种操作既培养了学生的独立性，又培养了学生的集体合作精神。

二、葡萄牙教育发展中存在的问题

第一，低生育率导致小学生源数量下降。低生育带来的生源减少在小学阶段比较突出，一些乡村学校甚至出现了只有 3 名至 4 名在校生的情况。这种情况产生的主要原因一是 2008 年以来全球经济危机严重影响了葡萄牙的经济发展，欧债危机使

---

[1] Article 119 (1) of the Constitution of the Portuguese Republic.

葡萄牙成为受损严重的国家之一，出现了国家债务危机，主权信用下调，失业率急剧上升，许多年轻夫妇由于没有足够的经济条件选择放弃生育或者只生一个孩子，导致生育率下降；二是高辍学率。据统计[1]，2016年许多孩子小学考试不及格，辍学率很高。大约8.9%的小学2年级学生不及格；17%的小学6年级学生不及格[2]。辍学的年轻人一半以上已经工作。

第二，职业教育师资配备的稳定性不够。这导致教学质量不稳定，教学方法和教学环境不理想，并因此带来生源数量和水平不稳定等次生问题以及经费来源不稳定问题，影响了职业学校的发展。

第三，高等职业教育主要面临两个问题：一是没有建立以市场为导向的职业教育体制，仍然坚持以学校为主导，对市场和企业需求反应不灵敏，开设专业滞后，不能满足企业需求，因此导致企业主动参与度不高。二是缺乏灵活的校企合作办学机制。职业教育通过校企合作道路才能越走越宽。笔者尚未了解到葡萄牙校企合作办学机制的内容，认为德国在此方面的机制值得借鉴。

第二节 巴西教育发展特点

一、巴西教育的问题与原因分析

教育不平等是巴西教育面临的首要问题。巴西教育不平等主要表现在不同阶层、不同族裔、不同性别和城乡差异等方面。高收入阶层家庭的孩子不仅可以在基础教育阶段用金钱换取高

---

[1] PORTUGAL REPORT March 2017.
[2] PORTUGAL-Educational Policy Outlook, OECD, 2020.

品质的私立教育，还可以在高等教育阶段通过考试"拼成绩"，跻身高质量的公立大学，占尽人生教育先机；而低收入阶层家庭的孩子则只能在基础教育阶段接受水平较差的公立小学"放任式"教育，而到了升大学阶段，多数人在"拼成绩"中败下阵来，只能就读收费与教学质量不匹配的私立大学。白人受教育，尤其是受高等教育的比例高于黑人和混血种人；白人小孩的教育普及率是93.2%，而黑人小孩的教育普及率则为90.2%[1]。在巴西最富有的25%的家庭中，受教育孩子的比例达到94.9%，而巴西最贫困家庭孩子的受教育比例仅为80.7%。肤色差异以及收入差异引起的教育普及程度差异在教育改革发展中并没有得到改善[2]。男性接受基础教育的人口比例高于女性；巴西南北各个不同地区的基础教育差距甚远；城市和农村之间也存在巨大差异；这成为巴西教育良性发展的巨大障碍。

其次，文盲率居高不下。巴西基础教育体制从20世纪中叶开始施行，公立教育到20世纪70年代末80年代初开始逐步成长，但文盲率依然居高不下。在参与国际学生评量计划（PISA）评比的65个国家排名中，巴西名列第53位[3]。尽管政府的社会计划鼓励家长将98%的6岁至12岁儿童送到学校念书，但仍有731 000名儿童未能入学[4]。巴西地理统计局（IBGE）调查指出，2009年15岁至64岁的功能性文盲比例为28%；5年级学生仍有34%存在阅读障碍；20%住在大城市并完成初级教育

---

[1] Marteleto, Letícia J., and Molly Dondero, "Racial inequality in education in Brazil: A twins fixed-effects approach", *Demography* 53, 4 (2016): 1185~1205.

[2] Marteleto, Letícia J., and Molly Dondero, "Racial inequality in education in Brazil: A twins fixed-effects approach", *Demography* 53, 4 (2016): 1185~1205.

[3] Brazil, OECD, 2018年。

[4] Brazil, OECD, 2018年。

的青少年，不能灵活运用阅读与书写技能[1]。

再次，初等教育辍学率高。辍学留级现象在教育系统长期存在，高留级率和高辍学率都反映了教育质量问题；一些国家和地区为了降低辍学率甚至取消了留级制度。2018年巴西国家教育研究所（INEP）对国家教育计划目标落实成效进行的调查显示，巴西仍有195万名4岁至17岁的失学少儿[2]。随着就读年级的升高就学人数递减的"教育金字塔"现象依然存在。教育界有关人士认为高辍学率背后的因素是复杂多样的，贫困学生家庭经济条件难以负担学业费用是首要原因；此外，学习成绩评价标准不够合理等也是导致学生辍学率高的重要原因。

留级和辍学导致基础教育资源浪费现象严重，中等教育升学率低。由于基础教育阶段留级率居高不下，造成留级重读生人数众多，既打击了学生学习的信心，也严重挤占了正常的教育资源，并造成恶性循环。久而久之，严重阻碍着巴西基础教育的健康发展。据经济合作与发展组织相关报告，巴西高中入学率和达标率最低。统计数据显示，15岁至19岁的在学青年只有69%；20岁至24岁的在学青年只占29%，低于经济合作与发展组织85%和42%的平均水平[3]。除了留级造成的高失学率外，另一个解释是，统计时间正处于巴西生育高峰造成的超龄学生入学期。生育高峰出生的孩子由于学校、师资、校舍等资源不足，延误了入学时间，比平时学生晚1年至2年入学，如果初中毕业升入高中超过正常入学年龄2岁，即被认为是超龄，既导致学生失学，又造成统计偏差。巴西小学约有14%的学生被认为是超龄毕业生；这一比例在经济合作与发展组织国家中

---

[1] Youth and adult literacy in Brazil: learning from practice.

[2] Out-of-School Children in Brazil, UNICEF.

[3] Brazil, OECD, 2018年。

仅为2%。初中毕业生超龄学生约15%，也高于经济合作与发展组织国家4%的平均水平[1]。巴西25岁至64岁的成年人中有一半以上未高中毕业，这一数量是经济合作与发展组织平均水平的两倍。在拉丁美洲国家中，这一比例低于哥斯达黎加（60%）和墨西哥（62%）；但高于阿根廷（39%），智利（35%）和哥伦比亚（46%）。可喜的是，在25岁至34岁的巴西年轻一代中，高中及以上学历的比例从2007年的47%上升到2015年的64%；虽说仍低于经济合作与发展组织国家85%的平均水平，但增幅已高出大部分经济合作与发展组织和伙伴国家[2]。

然后，高校数量少、教育水平偏低，重文轻理、偏科严重。巴西高校整体上不能满足适龄青年的入学要求。作为一个以天主教为主要宗教的国家，巴西教育受天主教文化影响，重视人文学科的研究与发展，对于科技、工程、数学重视不够。

高校数量少的直接结果就是青年人接受高等教育的比例较低，尽管巴西接受高等教育人数比例一直在增加，但仍是经济合作与发展组织和伙伴国家中占比最低的国家之一。2015年，巴西24岁至34岁接受过高等教育的年轻人仅占17%；与2007年占比10%相比，有了显著上升，但仍低于经济合作与发展组织国家27%的平均水平[3]。

受天主教历史底蕴和葡萄牙重商主义传统影响，巴西高等教育的强项在文科方面；理工科学科建设时间短，学科力量偏薄弱。巴西高校最受经济合作与发展组织和伙伴国家考生欢迎的专业是商业、行政、法律和教育。近年来许多国家特别重视

---

[1] Brazil, OECD, 2018年。

[2] Brazil, OECD, 2018年。

[3] 见 https://www.oecd.org/education/policy-outlook/country-profile-Brazil-2021-INT-EN.pdf.

科学、技术、工程和数学（STEM）领域的高等教育，这反映出知识经济和科技生产力的重要性。相比较而言，巴西高校理工科设置偏晚，在大学中占比不高。2015年，高校STEM领域毕业生人数仅占当年毕业生总数的17%，低于经济合作与发展组织国家24%的平均水平。

最后，政府的教育投入在GDP中占比高，但学生人均收益数额低。2015年，巴西GDP的5.5%用于教育投入，这笔支出既包含5%左右的教育机构投入（如公立学校的运营成本），也包括约占GDP0.5%的家庭和个人受教育支出（如公益助学贷款、助学金和奖学金等），高于经济合作与发展组织国家教育投入4.5%的平均水平。从2005年至2011年，巴西教育直接投入增加了近70%；到2015年基本保持稳定[1]。巴西教育投入在GDP中的占比是经济合作与发展组织和伙伴国家中最高的，这说明巴西近年来对教育的重视已经落实到了具体行动上；但由于巴西人均GDP相对较低，具体分配到每名受益者手中的实际收益数额，依然是最低的。

巴西政府每年用于非公立大学、大专和中、小学的投入约3800美元，不到经济合作与发展组织国家平均水平的一半。为6岁至15岁的学生人均累计投入约47 300美元；这一数额高于墨西哥，低于智利[2]。

此外，教师工资待遇低，不同地区待遇差别大。巴西对学前教育到高中的教师的最低工资从法律层面予以保护。2017年教师最低工资为14 000美元，远低于经济合作与发展组织国家

---

[1] 见https：//www.oecd.org/education/policy-outlook/country-profile-Brazil-2021-INT-EN.pdf.

[2] 见https：//www.oecd.org/education/education-at-a-glance/EAG2019_CN_BRA.pdf.

30 000美元的平均水平[1]；也低于周边国家如智利（约24 000美元）、哥斯达黎加（约24 900美元）和墨西哥（学前和小学教育约24 000美元，高中约49 300美元）。

加上奖金和津贴，巴西教师的实际收入虽然高于法定最低工资，但在经济合作与发展组织和伙伴国家中依然是最低的之一。在25岁至64岁的巴西教师中，学前教育平均工资为22 000美元，高中的平均工资为24 100美元。与经济合作与发展组织国家36 900美元和45 900美元的平均工资相比，巴西教师的收入仍有一定差距。

巴西是南美洲面积最大的国家，地区发展不均衡，不同地区教师的工资水平差异很大。帕拉州（Pará）高中教师的实际平均收入在巴西所有地区教师收入中是最高的，收入最低的是马托格罗索州（Mato Grosso），与帕拉州教师收入相差5.6倍。

二、巴西政府完善和发展教育的对策

巴西政府为了完善和发展教育，不懈努力，采取了一系列政策和措施。主要有：

第一，提高教育普及率。巴西国家教育计划（2014年至2024年）制定了十年发展计划的20个发展目标。为提高教育普及率，提出到2024年学前教育普及率达到50%；至少50%的公立学校能够提供从学前教育到高中教育阶段的全日制教育[2]。在2015年《巴西扫盲公约》（Pacto Nacional pela Alfabetização na Idade Certa 2015）中，政府承诺确保所有儿童能够在8岁时达到

---

[1] 见https://www.oecd.org/education/education-at-a-glance/EAG2019_CN_BRA.pdf.

[2] 见National education plan in Brazil (2014-2024), https://periodicos.uninove.br/dialogia/article/download/22169/9832.

第六章 葡语国家教育发展特点及展望

小学3年级的识字水平。政府通过上述政策法律和措施普及教育，扫除文盲，体现了对普及教育的重视。

第二，制定措施，改善幼儿教育。随着政府公共开支增加，经济效益下降，巴西与大多数国家一样，财政面临入不敷出的重大挑战。为了保证幼儿教育，巴西政府一方面增加幼教投资，一方面采取立法手段予以保障。

为了让更多幼儿有接受教育的机会，2009年《巴西第59号宪法修正案》将学前教育纳入义务教育范畴，原来的9年义务教育变为14年（4岁至17岁）义务教育。2011年开始了第二阶段的国家公共早期教育学校网络设备重组计划，力图通过基础设施和设备改善落实幼儿教育与照顾政策（ECEC）[1]。2012年，Brazil Carinhoso（巴西的关照/关爱计划）为48个月以下儿童增加公立日托中心和相关公共场所。2013年4月，政府又将幼儿教育与照顾政策以第12796号法律形式颁布，对4岁儿童入学提出强制性要求。自2016年起，巴西所有州和市都需遵守此政策[2]。

第三，不断提高中等教育质量。巴西于2009年实施了创新中学教育计划（Programa Ensino MédioInovado, Pro EMI），重新设计了高中教育课程；2013年颁行了《加强中等教育国家公约》（Pacto Nacional pelo Fortalecimento do Ensino Médio），期待以此提高中等教育质量。通过强化培训和任职资格以及提供更好的报酬等措施提高教师素质。近年来，政府还引入评估和评

---

[1] 见 https://www.oecd.org/education/education-at-a-glance/EAG2019_CN_BRA.pdf.

[2] Raikes, Abbie, Jem Heinzel-Nelson Alvarenga Lima, and Beatriz Abuchaim, "Early Childhood Education in Brazil: Child Rights to ECE in Context of Great Disparities", *Children*, 10.6 (2023): 919.

价机制，以促进教育水平的提高。

第四，通过职业教育帮助青年就业。巴西公立和私立机构都提供职业教育与培训，帮助巴西青年就业。随着就业门槛的提高，越来越多的私立机构，如 SENAI（国家工业培训服务）和 SENAC（国家商业培训服务）进入培训市场。许多高中的课程融合了普通和职业科目；允许职业培训课程纳入高等教育范畴。虽有大约8%的普通高中生参加过职业教育课程，但这一数量低于经济合作与发展组织国家46%的平均水平[1]。高等职业教育的入学条件是高中毕业，完成3年的课程后可以获得专业学位。另一种职业培训是学徒计划，面向14岁至24岁在读或中学毕业生。学生通过课堂培训和实践培训获得政府规定的最低工资，每天工作最多6小时；如果是已经初中毕业的学生，可增加每日的工作时长。

2011年，为巩固国家职业教育，巴西推行了国家职业教育和就业计划（Programa Nacional de Acessoao Ensino TécnicoeEmprego，PRONATEC），增加在校高中生和工人职业教育与培训，并提供培训补助金（Bolsa Formação Pronatec）。据统计，800多万巴西人参加了2011年至2014年初期和继续教育技术课程（FIC）[2]。

第五，建立高教质量保障机制。高等教育市场的升温，促使私立高等教育的规模迅速扩张，给质量本不算高的巴西高等教育带来进一步的困境。自20世纪30年代开始，巴西政府就陆续通过建立健全专门机构形成质量保障机制。如，20世纪30年代建立全国教育委员会（CNE），并运行至1995年；1996年开

---

[1] 见 https://www.oecd.org/education/education-at-a-glance/EAG2019_CN_BRA.pdf.

[2] 见 https://www.oecd.org/education/education-at-a-glance/EAG2019_CN_BRA.pdf.

始实施全国课程评估（ENC）；2004年实行全国高等教育评估制度（SINAES）[1]。通过高等教育监管和监督秘书处（秘书处监管部门，SERES，根据第7480/2011号法令）监管公立和私立高等教育机构的教学质量，对公立高校的职位空缺实施统一选拔制度（Sistema de SeleçãoUnificada，SISU）[2]。教育部研究生教育协调署（CAPES）专门负责为在校研究生提供支持，为博士研究生和学者的海外研究提供奖学金。

2004年起巴西政府推出与私立大学合作的"全民大学计划"（University-for-All Program，ProUni），资助低收入家庭的学生就读，减轻其家庭负担，缩小教育不均的差距。

第六，推进国际交流。2011年12月，时任总统迪尔玛·鲁塞弗（Dilma Rousseff）签署"科学无国界计划"，选拔10万名优秀学生赴名牌大学留学进修，鼓励学生走出去拓宽视野。

第七，加强和落实教师培训政策。2009年，巴西政府制定的"全国中小学教师培训政策"（National Teacher Training Policy for Primary and Secondary Education）出台后，各地依此推行了一系列中小学教师培训改革措施，加大了教师培训力度，为提高教师水平起到了一定作用。2009年，圣保罗州为优秀教师启动"晋升项目"（The Promotion Program），建立教师职业阶梯工资，提高教师待遇。

此外，政府还制定了一些教育政策。如，2006年，制定了面向贫困家庭子女的教育激励政策（Bolsa Familia），通过有条件的现金补贴和监督措施，鼓励孩子入学。这项措施使贫困家

---

[1] 见https://www.oecd.org/education/education-at-a-glance/EAG2019_CN_BRA.pdf.

[2] Sampaio, Helena, et al., "Higher education challenges in Brazil", *Scholarship of Teaching and Learning in the South*, 1 (2017): 39~59.

庭子女的辍学率有所下降。为改善农村地区的教育局面，完善农村教师培训，补充教培材料，改善基础设施，2010年出台了国家农村教育计划（Pracma Nacional de Educação do Campo, Pronacampo，第86/2013号部长命令，第7352/2010号法令）；为激励贫困孩子特别是农村孩子上学，通过技术和资金财政补贴为农村地区学校提供膳食计划（PNAE）和用于农村地区学生交通的学校交通支持计划（PNATE）[1]。

巴西教育的主要问题集中在基础教育阶段，主要是由于人口和社会经济发展不平衡导致学校、师资力量分布不均，不同区域教育水平差距较大。巴西基础教育质量问题除了教育资金不足，还有行政管理体制观念和方法存在短板，教学单位管理不善，以及教师素质良莠不齐。巴西政府重视高等教育并支持学生出国留学；公立高等教育财政支出是基础教育的四倍；私立高等教育水平尚待提高。政府出台的一系列教育政策正逐步推进巴西的教育改革，使巴西教育水平逐渐上升。

第三节 安哥拉教育发展特点

安哥拉教育起步晚，特别是高等教育起步更晚。教育资源分布不均，公立与私立教育水平悬殊。内战结束后，经济基础薄弱，百废待兴，用于教育的资源受限，尽管政府十分重视教育，但财力有限；当安哥拉发现石油后，教育的情况得到一定改善。对安哥拉教育所存在的问题的分析如下：

第一，政府教育投入不足。长达27年的内战结束后，安哥拉满目疮痍，百业凋零，原有的教育设施几乎化为乌有；战乱

---

[1] 见https://www.oecd.org/education/education-at-a-glance/EAG2019_CN_BRA.pdf.

第六章　葡语国家教育发展特点及展望

使人们流离失所，重建中政府既没有完善的教学设施，也找不到合格的教师。除此之外，安哥拉政府教育投入不足的原因包括：战后成年劳动力严重短缺，这使本就效率低下的战后重建雪上加霜；各个政府部门都需要从政府薄弱的财政收入中获取投入；由于总体财政收入数额不大，尽管用于教育的投入占比不小，但具体数额不大，难以满足战后教育迅猛发展的需求。安哥拉战后教育发展仍然在起跑阶段，存在着量与质的矛盾。一个时期内适龄学生有学上仍是主要问题，而上好学则被政府排在第二位。安哥拉人口有3000万人，其中大约1000万人口聚集在首都罗安达。这种人口分布方式不仅给安哥拉的教育提出了挑战，也对合理使用城乡教育资源带来了挑战。教育资源分布不均，教育水平参差不齐，无法满足经济发展所需要的人力资源。人口素质得不到有效提高，经济发展缺少有素质的劳动力。加上经济不发达，就业机会少，人口快速增长，教育缺失的劳动者依然贫穷，社会问题严重。

教育投入不足还表现在财政政策方面。安哥拉拥有丰富的自然资源。近年来在石油增加收入的同时却没有增加教育的投入。通过对比，笔者发现，安哥拉的教育投入不同于一般的非洲和葡语国家。安哥拉经济模式单一，GDP偏高；世界银行数据显示，2012年安哥拉的GDP是1280亿美元，与之最接近的是匈牙利的GDP 1278亿美元。匈牙利在2012年的教育开支占GDP的4.9%，安哥拉的教育开支则占当年GDP的3.5%[1]。考虑到安哥拉教育基础的起点，安哥拉用于教育的开支显然是不足够的。

安哥拉并没有能力把更多的收入用于发展教育，由于教育

---

[1] 数据来源于联合国开发计划署：http://hdr.undp.org/en/content/expenditure-education-public-gdp#footnote。

资金的匮乏，破陋的教学设施无力改善，教材缺乏，教师得不到应有的培训。战后石油产量增长并没有扩大收入人群的规模，收入差距进一步加大，教育改善进展缓慢。

第二，安哥拉教育部门处在成长完善期。安哥拉教育发展受殖民主义影响，发展较迟。独立后的内战给本不坚实的教育基础带来进一步的创伤。长期战争使安哥拉从上至下的很多人对教育的重要性认识不足，在战后重建中对教育发展的支持力度不够。短短的数年内，城乡尤其是首都与偏远地区的教育水平差距进一步拉大；新涌现的经济行业缺乏能够满足岗位要求的技术工人等人才。教育管理职能部门也几经调整改组，缺乏长期稳定的系统发展策略。近年来这一情况得到了改善，但教育部门的职能发展仍旧任重而道远。

第三，安哥拉存在着官方语言与日常应用语言不完全一致的现象。由于葡萄牙在殖民时期只注重对重点城市和商贸集散地的有效控制，致使葡语并未在安哥拉偏远地区流行和使用；独立前后的去殖民化运动也使安哥拉人对葡语有一定的抵制。今天安哥拉存在着葡语与民族语言共存，很多人并不会葡语的情况。虽然葡语是官方语言，但在部分地区还有将近25%的人使用着方言[1]。葡语作为官方语言的普及率与文盲问题困扰着安哥拉政府。随之而来的是这些葡语还未普及地区的义务教育普及难题。

第四，安哥拉基础教育普及问题任务繁重。普及基础教育是联合国的千年发展目标之一。前面提到安哥拉小学入学率超过100%，说明小学失学复读的情况严重，学校教师和教学设施超负荷运转突出。安哥拉政府和包括联合国在内的国际组织都

---

[1] Baxter, Alan, "Portuguese as a pluricentric language", *Pluricentric languages: differing norms in different nations*, 62 (1992): 11~23.

在努力加强有关方面的建设,解决安哥拉基础教育问题,但仍有大约200万名儿童处于失学状态[1]。高流失率不仅困扰着安哥拉基础教育的普及,也严重影响毕业率和升学率,造成一些高技术行业所需的人才缺乏,阻碍安哥拉的产业健康发展。

第五,安哥拉高等教育质量有待提升。近年来安哥拉高等教育发展较为明显,但质量良莠不齐。安哥拉高等教育起步较晚,近年来发展较为迅速,但质量有待提高。问题突出表现在合格的高校师资不足。安哥拉政府估计还需要20万名教师才能满足教育发展的需要;目前在岗教师中估计有40%的人不完全具备教师资格。由于未受过职业培训和不合格的教师没有提供优质教育的能力,导致教育质量不高[2]。在安哥拉人口中,读过大学的不到0.7%,高校师资短缺问题更加突出且长期存在,不但高校缺乏受高等教育的师资,政府的教育管理部门也很难雇佣到受过高等教育的合格专业人士。优秀的教师可以培养很多优秀的学生,高等教育的首要目标应该是确保教师的教学素质和资格[3]。当高校教师本人不合格时,讨论高质量教育就毫无意义。因此,提高安哥拉高校师资力量和水平是当务之急。

受安哥拉高校数量所限,能够接受高等教育的人数很少,尽管战后新增了一些公、私立高校,但是现在每年高校入学新生和毕业生依然有限。安哥拉政府承诺增加教育经费,提高学

---

[1] Dunn, Abigail (2018), "Improving Education and Literacy in Angola in the Aftermath of Civil War", https://borgenproject.org/education-and-literacy-in-angola/.

[2] Reesor, Kristen (2017), "Four Causes of Poverty in Angola", https://borgenproject.org/causes-of-poverty-in-angola/.

[3] Dos Santos, D. Quaresma (2016), "Higher education in angola is not in safe hands", https://www.makaangola.org/2016/10/higher-education-in-angola-is-not-in-safe-hands.

生数和教师数，给高等教育机构配备完善的实验室和图书馆，并安排更多的大学生出国攻读硕士和博士学位[1]。很多优秀的学生在高昂的学费面前，不得不选择半工半读的方式，低质低效地完成高等教育；他们经常由于交不起学费而不得不休学一到数年，然后再回到校园继续读书。

第六，安哥拉职业教育逐步前进。安哥拉教育部不仅负责普及义务教育和教师培训，还肩负职业培训的职责。每一项工作对这个部门而言都充满挑战。由于战后百废待兴，农业和基础工业亟待加强，因此，农业和工业技能培训成为安哥拉职业教育的主要内容。在各行业大发展的局面下，职业培训并不能满足急剧增长的技术劳力需求。企业很难找到数量足够的合格技术型劳动力，只有1%的安哥拉劳动人口能够胜任石油行业这一国家战略命脉产业[2]。造成这种情况的原因可以归结于从事石油行业的工作需要技术和逻辑训练，安哥拉的教育设施不具备这种技能培训的条件。由于战争后遗症和人口年轻化，一些技术性的工种，如木工、管道工、电工等岗位，也很少有安哥拉本地工人能够胜任。社会动荡不仅破坏了安哥拉各行业的正常运作，也使专业技能人才断代，当企业用人之时，在当地一时之间很难找到技术好且又经验丰富的技术型劳工[3]。职业培

---

[1] ANGOP 2017. Eleições/2017：MPLA promete 300 bolsas anuais para pós-graduação, http://www.angop.ao/angola/pt_pt/noticias/politica/2017/7/33/Eleicoes-2017-MPLA-promete-300-bolsas-anuais-para-pos-graduacao, edb8fc32-9b39-4afb-b912-3bf9d505738e.html.

[2] Mailey, John R., "The anatomy of the resource curse: predatory investment in Africa's extractive industries", *National Defense Univ Fort Mcnair Dc Africa Center For Strategic Studies*, 2015.

[3] 唐晓阳："评析中国与安哥拉经济合作的新模式"，载《西亚非洲》2010年第7期。

训除学习以外，还需要实操锻炼，经验积累，与实践相结合。现在除了安哥拉教育部门继续加大职业培训的力度之外，几乎所有在安哥拉投资的企业都开展了对当地人的岗前培训，一些培训内容还是持续性的。此外，安哥拉还建立了与国外合作的职业学校，例如中信百年安哥拉职业技术学校、安哥拉中安桥国际学校等。

第七，安哥拉贫困与失学的恶性循环。安哥拉40%的人口生活在贫困线以下，有限的家庭收入很难让这些家庭的孩子坚持到毕业。每当遇到入不敷出的情况时，家长更愿意选择让孩子辍学赚钱，帮补家里开支，所以穷孩子常常不得不辍学[1]。因为缺失教育而导致的贫困循环由此开始。陷入这样一个无法摆脱的死循环：未受教育的人没有机会得到更好的工作，也无法提高自己的生活水平；他们会因此继续贫困，继续失去接受教育的机会并继续因得不到教育而无法摆脱贫困。一旦政府加大力度普及并落实义务教育，将会打破这一循环，情况会立即得到改变。

第八，分配不均和性别问题影响安哥拉教育的发展。一是安哥拉社会分配不均导致了严重的教育问题。首先，贫富差距进一步加大了教育的分布不均。由于"精英阶层"和"一般阶层"极大的差距，"精英阶层"可以享受最好的高质量教育，有机会出国留学，获得国家培养的机会。那些高质量的教育设施就围绕在"精英阶层"集中的地区附近，使原本稀缺的教育资源更难以分配到偏远地区。"精英阶层"在具备优势资源的条件下，实现"循环精英"，尽占优势。而"一般阶层"无教育资源、无竞争优势，甚至可能无法坚持完成义务教育。其次，城

---

[1] 数据来源于世界银行：https://data.worldbank.org/indicator/SP.DYN.TFRT.IN? locations=AO&name_desc=false.

乡教育资源投入的不平等。安哥拉教育资源有限，需求多，缺口大。由于教育投入有限，教育资源分配不均也表现在城乡、发达与不发达地区等地理位置上。一般而言，城市学校条件好，学位充足，受教育机会有保证；偏远地区学校少，上学路途远，条件差，学额紧，缺乏保障。1/3的人口聚集在首都，反映在教育方面，对教育资源的软硬件要求都比较高，政府对首都教育的促进，进一步鼓励了偏远地区人口向首都迁移，加剧了首都教育资源的紧张状况；同时，也反过来进一步拉大城乡教育的差距。二是，性别平等对教育的影响。安哥拉教育资源稀缺，受教育机会珍贵，引出了性别对教育的影响问题。面对稀缺的教育资源，如果一个家庭只能供一个孩子上学，考虑到孩子未来的角色，多数家庭会选择让男孩上学而放弃女孩。这一选择的直接结果就是，安哥拉适龄青年中男生中学在校率为62%，女生在校率为39.34%；安哥拉男生高校在校率为9.64%，女生在校率为7.42%[1]；安哥拉女生受教育的机会要少于男生。

第四节 莫桑比克教育发展特点

一、莫桑比克教育面临的挑战

第一，初等教育普及率有待提升。莫桑比克独立后不久就着力普及初等教育，在随后几年中，由于经济危机和内乱，初等教育普及程度大大降低。据有关统计，莫桑比克低年级小学的总入学率由1988年的59%上升至2000年的92.1%[2]。这既

---

[1] 数据来源于联合国教科文组织：http://uis.unesco.org/en/country/ao?theme=education-and-literacy.

[2] 见https://www.unicef.org/mozambique/en/education.

是普及初等教育的成果,也给莫桑比克普及初等教育带来了新的难题。数据显示,莫桑比克开设低年级小学的学校多达7072所,而开设高年级小学的学校只有522所。高年级小学的校舍和师资都严重短缺,不能满足学生正常的升班需求。因此,只有少数儿童能够完成小学教育并顺利毕业[1]。这对于普及初等教育而言,无疑是一种巨大的压力。

第二,教育质量需要提高。目前莫桑比克的学生家长普遍认为学校提供的教育质量不理想。在低年级的小学,学生与教师的平均比率为65:1[2]。大多数小学生上二部制的学校。许多学校缺乏教材和常用的基础学习材料;教育设施质量没有保证。很大比例的各级教师不能胜任自己的职责;有近1/4的初级教师未经培训就进入了岗位,大多数教师平均只接受了7年的学校教育和3年的专业培训。课程设置死板,课程结构和内容越来越不适应经济和社会的发展。莫桑比克教育部于1997年开始改革基础教育课程,作为提高教育质量的第一步。这一措施取得了一定成效,但由于基础差,起点低,提升教育质量的空间依然很大。

第三,教育改革所需经费不足。目前莫桑比克教育部预算很难继续维持扩大规模并改进质量的经费需求。而教育经费问题需要政府通盘考虑,不是教育部自己能够解决的。尽管教育部除了政府年度预算,还向外部寻求支持和资助,但这并非长久之计,从根本上解决经费问题依然面临着挑战。

二、当前莫桑比克教育改革的发展方向

为了实现教育公平,莫桑比克政府采取多方面措施,增加

---

[1] 见 https://brokenchalk.org/educational-challenges-in-mozambique/.

[2] 见 https://www.unicef.org/mozambique/en/education.

女性受教育机会。2015年，莫桑比克政府实施了一项解决教育性别不平等的战略措施，希望通过该战略的实施，消除男女受教育机会的不平等；作为配套措施，莫桑比克同年还出台了第一部打击早婚的立法。因为莫桑比克的早婚现象严重影响到女性的受教育机会。据统计，大约1/10的15岁以下女孩和一半的18.3岁以下的女孩因早婚影响接受教育[1]。早婚成为造成年轻女性辍学的主要原因之一。莫桑比克通过立法进一步解决受教育机会的性别不平等问题。

莫桑比克政府通过加大师资培训力度，提高教师水平，增加教师人数，降低师生比。莫桑比克政府开始注重教师培训和职业发展，以此提高师资水平、扩充合格教师的数量。"2012年—2016年教育战略计划"侧重于教师培训，并引入现代化网络办公技术。该计划除了开展岗前培训，还注重学校和课堂层面的在职培训和监测。实行各级培训师（公立和私立教育培训机构），管理人员（地区和省的人力资源局和学校主任等）以及学校课程的负责人员之间的协调合作。并建立了国家教师培训局（DNFP）整合培训与专业发展，鼓励各部门机构间通过合作提高教师的绩效。

莫桑比克政府在2007年开始了一项教育改革措施。教师培训由中级教师培训学院（Instituto de Formacao de Professores - IFP）承担，开展初级教师培训及其持续教育，受培训教师必须完成10年级的课程。政府希望通过理论联系实践的做法，引入一种新的教师培训范式，为他们提供基本技能[2]。政府还推进

---

[1] Unicef, Situation Analysis of Children in Mozambique 2014.

[2] Deutsche Gesellschaft für InternationaleZusammenarbeit（GIZ）GmbH.（2014）. Pro-Education Programme. Retrieved July14, 2017 from https：//www.giz.de/en/downloads/giz2014-en-pro-educatio-mozambique.pdf.

了教育部门技术计划（PTE），促进 ICT（信息和传达技术）作为教学工具。通过教师培训，使教师熟悉设备功能，具备使用能力；经过课程调整，更新教材，实现教师在课堂上使用信息技术开展课堂教学，通过技术支持进行互动教育[1]。

尽管莫桑比克政府采取一定措施来扩大教师人数，提高师资水平，但部分地区师生比依旧严重失衡。2014 年，18 个地区的师生比超过 1∶80；而莫桑比克全国平均水平为 1∶62.5[2]。虽然过去十年小学教育网络一直在向农村延伸，但南北部省份以及城乡之间仍然存在着巨大差距。

除了岗前培训和在职培训，莫桑比克政府还注意通过教育（师范）大学培养充实中学师资。近些年，其除了培养常见的专业中学师资，还培养对当地而言具有超前性的专业师资。如，开设计算机与信息数据专业学士学位课程，以满足中学开设课程的需要，弥补相关专业教师的空缺[3]。莫桑比克教育实施机构根据欧洲计算机证书标准对计算机与信息数据课程进行了改编，以满足主要目标群体的发展需要[4]。

---

[1] Republic of Mozambique. (2012). Education Strategic Plan 2012-2016. Op cit.

[2] "Study on Basic Education Sector in Africa Mozambique", https://openjicareport.jica.go.jp/pdf/12245569.pdf.

[3] National Institute for Educational Development. (no date). Mozambique Report. Retrieved July 14, 2017 from http://www.ernwaca.org/panaf/pdf/phase-1/Mozambique-PanAf_Report.pdf.

[4] Eduardo Mondlane University Informatics Centre (CIUEM). (2009). Digital Inclusion in Mozambique: A Challenge for All. Retrieved July 17, 2017 from http://www.ngopulse.org/sites/default/files/FinalMozambiqueReport10July2009-English.pdf.

第五节 几内亚比绍教育发展特点

一、几内亚比绍教育发展面临的问题

几内亚比绍师资缺乏，教师在岗培训不规范。虽然教育发展有了进步，但受到国家整体发展水平限制，几内亚比绍教师缺乏，教师培训缺乏规范，执行不力。几内亚比绍延续了葡萄牙统治时期的初等教育体系，6年的初等教育中包含4年的小学教育（Primary school）和2年的预备教育或者叫过渡期（Preparatory school）。独立早期，几内亚比绍初等教育中大约有2035名本国教师和15名外来教师；其中小学教师大约2007名。在这2007名小学教师中，只有107名教师接受过几内亚比绍设在比绍区的教师培训学校的培训并获得教师资格；约600名乡村教师只在博拉马区的学校接受过短训；剩下的约1300名教师没有接受过教师培训，因此，他们有时被称为school monitors（"学校监控器"），他们中约有255人连4年的小学教育都没有完成[1]。在那一时期几比中等教育的214名本国教师中，只有6名有教师资格[2]。

可以看出，独立初期几内亚比绍教师队伍受过专业培训并取得教师资格的人比较少；不同地区教师质量水平也不均衡。随着国家的发展，教育有所改善。根据世界银行数据，截至2010年，几内亚比绍受过培训的初等教育教师已达教师总数的

---

[1] Roberto Carneiro & Jeanne Moulton: An Outline of the Educational System in Guinea-Bissau, P. 12.

[2] Roberto Carneiro & Jeanne Moulton: An Outline of the Educational System in Guinea-Bissau, P. 12.

39%，与十年前相比提升了 4 个百分点[1]。但是，这一比例与同一地区范围内的国家相比仍为最低。

学生高辍学率困扰着几内亚比绍教育的发展。独立初期，几内亚比绍小学 1 年级就读学生数约为 27 411 人，其中大约 11 910 人能够顺利升入 2 年级，约占 43%；这 11 910 人中大约 7249 人升入小学 3 年级，约占 60%；顺利进入小学 4 年级的大约只剩下 4697 人，约占 64%。大约 1890 人能够进入过渡阶段第一年，只占 40%；过渡阶段第二年只剩 935 人；最终，完成 3 年普通公立中等教育的学生只剩下 270 人[2]。这一数据表明，平均每年都有近半学生无法升入下一年级继续学习。

几内亚比绍教育系统受制于国家内部的不稳定。高辍学率的原因主要有三个：第一，贫困造成入学年龄晚。由于贫困，家长忙于生计，没时间和精力送低龄孩子就学，因此，几内亚比绍儿童平均入学的实际年龄约比官方规定的晚四年。几内亚比绍规定小学 6 年义务教育的年龄为 7 岁至 14 岁，但是在此年龄阶段的孩子中约一半没有上学。第二，经济窘迫造成留级现象普遍。几内亚比绍小学的留级复读生超过 20%，原因在于，一是家长不重视教育，二是没有精力和能力帮助孩子提高学习兴趣，三是家长经常交不起学费，孩子难以顺利读完一年的课程。留级不仅挤占了本不富裕的教育资源，也进一步加重了孩子们不重视学习的风气。第三，学校教育资源稀缺。在几内亚比绍，能够提供完整的 6 年小学义务教育的学校是种珍贵的资源，这类学校只占学校总数的 25%，约一半的儿童是在没有能

---

[1] 数据来源于世界银行：https://data.worldbank.org.cn/indicator/SE.PRM.TCAQ.ZS?contextual=default&end=2010&locations=GW&start=2000&view=chart.

[2] Roberto Carneiro & Jeanne Moulton：An Outline of the Educational System in Guinea-Bissau, P. 12.

力提供完整的小学义务教育课程的学校中学习的[1]。在初等教育升入中等教育的阶段，中等学校作为教育资源更加稀缺，学校数量不足导致流失率更高，这种情况在中心城市以外的地区更加突出。

复杂的多语言环境给几内亚比绍提高教育质量带来了挑战。几内亚比绍是由27个民族组成的多民族国家。官方语言是葡萄牙语，约14%的人口使用；通用语言是克里奥尔语（Creole），是一种在葡萄牙语影响下的地方语言，使用人数约占44%。还有大量的人口使用其他的非洲语言，如巴兰塔语（Balanta）、弗拉语（Fula）、曼丁哥语（Mandinga）、曼加科语（Manjaco）、培普语（Pepel）等[2]。由于非洲本土语言只有语言，没有文字，每一种本土语言的教材编写都是一个大问题。而现实中，在多语言的背景下，几内亚比绍少数民族儿童通常需要学习3种以上的语言：第一种是他们的家庭所使用的部落语言；第二种是他们生活的小区所使用的，同其他族群进行交往和联系的语言；第三种是官方语言——葡萄牙语[3]。

事实上，"究竟应该以何种语言作为教学语言"的争论在几内亚比绍的教育发展过程中一直存在。在几内亚比绍民族解放斗争时期，克里奥尔语作为不同民族间的沟通语言得到了一定的发展，该语言也得以出现在学校和教科书中。但由于克里奥尔语没有经过书面语系统化，难以在教学中很好地运用[4]。因

---

[1] A major overhaul of the Guinea-Bissau education system is well overdue, P. 2.

[2] "几内亚比绍共和国"，载 http://iwaas.cssn.cn/webpic/web/cns/uploadfiles/gjgk/feizhou/20130801094536218.pdf，最后访问日期：2019年4月2日。

[3] 李建忠：《战后非洲教育研究》，江西教育出版社1996年版，第62页。

[4] EDUCAFRICA, Bulletin of the Unesco Regional Office for Education in Africa, 1982, P. 67.

此，葡萄牙语成了教学语言。由于大多数教师并不熟悉葡萄牙语，也缺乏正确的教学方法，尽管以葡萄牙语作为教学语言，还是存在不少问题，教学质量和成效也不尽如人意。

动荡的政治环境对教育是一个巨大挑战。教育和教育发展都需要一个持续稳定的社会环境。几内亚比绍的政治动荡对学生和教师都产生了很大影响。在几内亚比绍2012年4月政变之后，政变军方解散全部政府机构，国家进入为期两年的过渡期；教育部门也未能幸免。几内亚比绍联合国儿童基金会教育部门负责人涩谷智子表示：政变发生3个月后，由于缺乏有效的政府，超过90%的州立中小学被关闭[1]。同年5月初，几内亚比绍教师又开始了同学年中的第三次罢工，主要原因就是政府拖欠工资。教师工会领导人路易斯·南卡萨表示：在没有工资的情况下，连续四五个月雇佣教师是不人道的，教师不再有能力，也不愿意继续无薪工作。除了罢工停课，很多教育援助的组织和个人也都相继撤回。政局不稳，不仅影响教育发展的持续性，连基本的授课也没有保障。

基础教学设施和环境也对教育提出了挑战。独立后的内部斗争不仅造成了社会秩序和基础设施的破坏，教学设施也损毁殆尽。几内亚比绍成为世界上最不发达国家之一。世界银行统计数据显示，截至2010年，几内亚比绍贫困线以下的人口比例达到69.3%，与相同地区国家相比，贫困人口比例很高[2]。就教育而言，教育硬件设施资源匮乏，没有符合基本标准的校舍，教学用品紧缺，没有课桌，屋顶漏雨严重，雨季没有办法开展教学。

---

〔1〕 "Guinea-Bissau still way behind on education", http://www.irinnews.org/report/98129/guinea-bissau-still-way-behind-education.

〔2〕 见 https://data.worldbank.org/indicator/SI.POV.NAHC?locations=GW.

卫生环境和健康也是影响教育的因素。几内亚比绍整体卫生环境较差，儿童感染传染病的概率很大，死亡率也相对较高。据世界银行统计，2015年几内亚比绍人均寿命为59岁；2016年几内亚比绍总体预期寿命是57.4岁，低于非洲其他地区；2017年几内亚比绍婴幼儿死亡率为55.6%，高于非洲地区平均值。2014年几内亚比绍全国医疗卫生总支出占GDP的5.6%，按照购买力平价计算，人均医疗健康支出为90.96美元[1]。由于环境问题，几内亚比绍是各类热带传染病高发国家，主要流行疾病有疟疾、霍乱、腹泻及脑膜炎等。2005年和2008年，几内亚比绍曾两次爆发大规模的霍乱，数百人丧生。2015年，几内亚比绍疟疾病例达到14.3万人，其中30%的病患是5岁以下的儿童，死亡人数约为500人，5岁以下的儿童为133人，占总数的28%[2]。

学校、教师和宿舍不仅将学生拒之校门之外，也压得政府喘不过气来；加上传染病高发的不良环境，使学生接受教育处在进退两难的境地。

二、国际对几内亚比绍的教育援助

互满爱人与人国际运动联合会（Humana People to People）是在日内瓦注册的非政府国际组织，由32个国家协会组成，开展国际发展与合作。几内亚比绍民间发展协会（Ajuda de Desenvolvimento de Povo para Povo Guiné-Bissau，ADPP GB）是该组织的成员。20世纪80年代以来，ADPP GB一直参与几内亚比绍的国家建设。在1998年至1999年政治冲突期间，ADPP GB是唯一一个继续在几内亚比绍开展业务的非政府组织，负责外国

---

[1] 世界卫生组织：https://www.who.int/countries/gnb/zh/.

[2] 世界卫生组织：https://www.who.int/countries/gnb/zh/.

组织和政府当局食物的分发以及协调工作[1]。ADPP GB 组织国际志愿者来到几内亚比绍，并且在这里建设学校、保健中心和一些其他必要的基础设施。2003 年至 2005 年，ADPP GB 在几内亚比绍总共建造了 15 所学校、33 间设备齐全的教室、14 个公共厕所，并修复了 14 个供应水源的地方；开展了农村小学教师的培训，以及对年轻人在农业、土木工程、工商管理、电力等方面的职业培训。

1997 年，Bissorã 职业培训学校建立，开设土木工程、农业和畜牧业、商业和工商管理、太阳能技术、电力、水泵维修等专业课程，培养年轻人应对城乡发展挑战所需要的技能。2012 年，ADPP GB 在贫困最严重的几比卡谢乌区（Cacheu）农村小学实施了 DNS 教师培训项目；已有 76 名新教师接受该项目培训；这 76 人都在卡谢乌区（Cacheu）、巴法塔区（Bafatá）、奥约区（Oio）的农村学校工作。

日本也对在几内亚比绍的学校建设给予了很大支持。2011 年联合国儿童基金会将 110 万本书分别捐赠给在几内亚比绍的公立小学；日本政府对这一项目的资助达到了 900 万美元。这是在几内亚比绍自 2004 年以来第一次发放教科书[2]。2018 年 8 月，世界银行批准国际开发署（IDA）一笔价值 1070 万美元的捐款，用于几内亚比绍的一个优质教育项目；该项目旨在改善几内亚比绍四个小学的教学环境，并且通过审查这些学校的

---

[1] ADPP GB 官方网站：http://www.adpp-gb.org/adpp-guinea-bissau/history-and-cooperation/，最后访问日期：2019 年 4 月 3 日。

[2] "尽管日本国内蒙受灾难冲击，但对几内亚比绍学校的支持依然风雨无阻"，载 https://www.unicef.org/chinese/infobycountry/guineabissau_58271.html，最后访问日期：2019 年 4 月 3 日。

课程，提高教师认证过程的质量[1]。

第六节 佛得角教育发展特点

一、佛得角教育的特点

佛得角教育呈现出一个快速发展的势头，特点比较鲜明。佛得角政府十分重视基础教育，尤其是基础教育中的小学教育。在政府和民众的共同努力下，近十年佛得角民众的识字率不断提升。职业教育设置更符合佛得角的国情。在初中到高中的升学过程中，能够升入高中接受高中普通教育的人数较少，部分人即使升入高中，也选择在普通高中接受职业教育；甚至有人在初中阶段就开始选择接受职业教育。作为支柱产业的旅游业发展迅速，为劳动力人口提供了大量的就业机会，促使很多人选择通过职业培训更快地进入工作岗位，创造财富。

二、佛得角教育发展中的问题与挑战

佛得角教育结构与资源配置不合理。相比基础教育，佛得角政府对高等教育的投入较少，导致高等教育发展缓慢。每年的高校毕业生数量过少，既满足不了就业岗位对人才的需求，更制约了新兴产业的大力发展。高等教育对国家的经济发展起着重要作用。国家发展需要更多有高技术、高水平的高层次人才；新兴产业也是这样。佛得角想要取得更高层次的经济发展，需要更多、更高层次的人才储备。尽管目前佛得角高等教育更

---

[1] "世界银行批准向几内亚比绍教育部门的捐款"，载 https://macauhub.com.mo/zh/2018/08/08/pt-banco-mundial-aprova-donativo-para-sector-da-educacao-na-guine-bissau/，最后访问日期：2019 年 4 月 3 日。

第六章 葡语国家教育发展特点及展望

多依靠的是外国和国际组织的援助,但这终究不是长久之计,佛得角政府也要将更多资源向高等教育倾斜。相对小学与初中的基础教育而言,需要继续提高中学生高校升学率,提升高校教师素质与水平,更多地向社会输出高质量人才。政府与教育相关部门更多地将现有资源倾斜于基础教育,基础教育发展很快,但是却忽略了高等教育给国家带来的更大的帮助,这是应当被优先解决的问题之一,尤其是高等教育部分的资本性支出与经常性支出之间的差距过大导致的问题。

高中与高校入学率过低给佛得角教育事业提出了挑战。在全球化过程中,教育如果仅仅只满足完成基础教育,不仅不能代表民众的受教育程度提高,也不能体现佛得角教育的发展方向。未来的教育是新知识、创新能力的体现,是教育结构与知识储备的一体化表现。

目前佛得角的支柱产业是旅游业,但旅游业并不意味着低水平的就业,还需要大量先进产品设计、高端管理、人才与项目开发方面的人才,才能使旅游业有稳定长足的发展。所有行业都离不开人才,也不能单纯地只靠一种行业发展国家经济。

佛得角目前在教育领域的结构不对称与资源不平衡是最主要问题,也是佛得角政府以及教育部门应该优先解决的问题。一旦这些问题得到解决,佛得角教育将会有一个全面的进步,能为国家输送更多的人才。佛得角教育的发展是目前影响该国总体形势发展的重要因素,教育意味着人才,也决定着国家未来发展方向和现有支柱产业的发展速度。佛得角政府已在基础教育方面做出了重大改革,相比之下,高等教育方面提升空间很大,应使更多的民众接受到相应的教育,推进教育的不断完善,助力国家发展。

第七节　圣多美和普林西比教育发展特点

一、圣多美和普林西比教育的特点

圣多美和普林西比（以下简称"圣普"）政府重视教育的发展，政府将较大的精力与资源倾斜给了基础教育与初中教育，在一个比较短的时间内提升了民众的识字率，普及了义务教育，使更多的国民接受了正规教育。受国家发展策略和经济形势影响，政府高等教育投入比较小。高等教育还要接受国际组织和其他国家的援助，整体发展速度相对缓慢。教师岗位培训比例严重下滑，导致教学质量得不到充分的保障，相较于佛得角的小学教育和初中教育教师受培训比例来看，圣普落后的情况还是比较突出的。

圣普虽然是葡萄牙的前殖民地，且官方语言是葡萄牙语；但接受法国的援助最多，所提供的教材及教学语言都以法语为主，法语在圣普影响广泛，甚至影响到官方语言葡萄牙语。

二、圣多美和普林西比教育发展中的问题与挑战

圣普人口数量少，经济收入低，教育投入自然占比不大；教育经费总数值比较小；缺乏高教项目的大手笔投入，培养更多高端人才帮助国家发展仍然是当务之急。目前圣普处于经济转型阶段，在保持原有农业支柱产业的基础上大力发展旅游业，对圣普发展有益；要让这两个行业持续稳定地发展，需要相关领域的高端技术人才和管理人才；圣普政府对这两个专业的人才培养以及提高此方面的高校入学率要有所偏重；经费方面也需要更大限度的提升。在国家收入较少的情况下，能够投入教育的资金也不多，尽管教育支出仍然占国内总支出的很大一部

分比例，但是总体数额并不大。圣普的教育问题与同为群岛国家的佛得角类似，目前正处在大力建设基础教育阶段，国家需要足够的资金用于发展高等教育，职业教育也需要稳定的发展路径。圣普是一个具有旅游资源开发潜力的国家，需要一定数量的旅游行业相关人才，但是在高等教育发展不足甚至可以说是存在缺陷的情况下，会使得旅游行业的发展因为教育问题而停滞。

第八节 葡语国家教育未来展望

葡语国家教育发展空间和教育水平上升空间都较大。虽说葡语国家分布在四大洲，国情不一样，教育发展也不均衡；但无论是处在欧洲的葡萄牙还是葡语大国巴西，抑或是其他葡语国家，教育发展的空间和教育水平提高的空间都很大。

亚非葡语国家基础教育发展还在起步阶段，在普及义务教育、完成基础教育普及率方面，还有很长的路要走，在政府的不断努力下，虽然道阻且长，但已有了一定效果。

由于葡语国家与天主教文化的关系，葡语国家教育也深受影响，突出表现在：教会学校是教育的先行者，对人文社科关注度较高，自然科学学科相对薄弱。在科技成为第一生产力的当代社会，高科技的科学学科的发展既是时代发展的要求，也具备学科发展的空间。一些高科技学科已经建立并在努力追赶，还在继续努力。

职业技术培训成为多数葡语国家近期的教育发展热点。由于多数葡语国家已经结束了内乱，进入和平建设时代，建设与发展成为本国当前的时代主题；全球化进程中一些援助转化成为合作发展项目，新产业、新行业呈现出活力，向劳动力市场发出呼唤，更为职业技术培训教育提供了发展空间。产业工人的组织纪律观、新时代的价值观、规模生产的效率观无不冲击着亚非葡语国家劳动者的固有认知；企业管理者也抱怨着文化冲突、效率低下、员工流失率高等问题。这一切都给职业技术教育带来了新的发展机遇。除了职业技术培训教育，中葡、英葡双语人才教育也将成为葡语国家教育发展的热点。许多国家看到了葡语国家的后发优势潜力，纷纷预做投资合作考察，蓄势待发。由于葡语国家的语言特性，语言成为进入这些葡语国家的重要沟通工具和交流保障；复合型双语人才在未来将供不应求。根据笔者在安哥拉、莫桑比克的初步调查，其不少国内高校葡语专业毕业生在本国如鱼得水、风生水起；据内图大学孔子学院任兵院长介绍，孔子学院的毕业生非常受社会欢迎，其毕业生求职平均拿到相当于副教授的工资水平。一些已经入驻的企业在谋求与当地培训机构合作或独立开展职业技术培训，提高个人水平和生产效率。职业教育发展前景可期。

私立教育特别是私立高等教育具有广阔的发展空间。发展教育不是仅靠钱就能够解决的问题。教育是一个软硬件相结合的综合体，内部运作需要多环节合作，缺一不可。由于这一属性，政府就需要根据自己的实际能力稳步发展教育，这在早期必然会造成教育的供需矛盾。教育的供需矛盾为私立教育，尤其是私立高等教育发展提供了空间。私立教育有资本，能够快速完成基础设施建设，有管理能力，且有能力找到专业对口师资外援，只要符合市场发展需要，会有很大的发展机遇与空间。

基础教育普及任重道远。葡语国家分布在四大洲，国情不一，基础教育发展也不均衡。葡语国家为普及基础教育，分别规定了具有强制性的义务教育年限，6年到12年不等。虽然有了强制措施，但由于一些国家经济基础薄弱，贫富差距极大，贫困家庭家长不重视、也没精力照管孩子的教育，义务教育实施效果并不理想。孩子入学年龄普遍晚于规定年龄、流失率和复读率高，即使勉强读了一年，（由于学校和年级金字塔式的配置）也不知下一年能否获得高年级的名额继续上学；一些国家还存在"重男轻女"的观念，导致女性入学率偏低；安哥拉义务教育只有6年，后半部分基础教育需要自费，可见葡语国家，尤其是拉美、亚非葡语国家在普及基础教育上还有很长的一段路要走。

教育援助与教育合作是未来教育发展的方向。亚非葡语国家早期曾经接受过多个国家的援助，包括教育援助。这些援助多数在历史上都起到了一定的积极作用。但是由于各援助国国情、国力不同，援助的目的不同，对受援国提出的条件也多种多样；受援国在不同历史时期、不同经济环境下，对接受援助也有着不同的考量。随着时间的推移，受援国通过战后重建，无论是经济能力还是治理水平都有了很大提高；去殖民化带来的民族自尊不断增强；受援国在接受援助时会根据本国的发展方略需要，有条件有选择性地接受对方的援助；而不是像以前那样，物品照单全收，条件全答应。如果援助国不能及时了解这一变化，继续根据自己的情况拿出自己富裕的物资进行援助，将会陷入双方尴尬的被动局面。因此，援助，包括教育援助，应该审时度势，逐步向教育合作迈进。一旦实现教育合作，会有着广阔的发展空间和发展前景。

参考文献

一、中文文献

1. 余强:"葡萄牙现行学前教育政策述评",载《外国教育研究》2010年第6期。
2. 孙亚娟:"葡萄牙学前教育的改革及其启示",载《教育探索》2011年第3期。
3. 胡佳佳:"葡萄牙教育工作者期待科技创新课堂体验",载《世界教育信息》2016年第12期。
4. 谷贤林:"葡萄牙教师教育探略",载《江西教育科研》2000年第3期。
5. 袁利平:"从艰难起步到历史跨越——葡萄牙基础教育课程演进中的公民教育变革",载《外国中小学教育》2013年第1期。
6. 刘建同:"英国 葡萄牙基础教育和职业教育的发展动态",载《中国职业技术教育》2002年第12期。
7. 柳笛、[葡]H. M. 吉马良斯:"葡萄牙基础教育数学课程标准述评",载《外国中小学教育》2010年第8期。
8. 庄瑜、王纾然:"环境教育的师资培训:荷兰和葡萄牙的经验",载《全球教育展望》2003年第6期。
9. 杨天平:"葡萄牙的家长如何参与学校建设和管理",载《外国中小学教育》2003年第7期。
10. 王根顺、张延宾、李璧强:"博洛尼亚框架下葡萄牙高等教育体制改革",载《中国电力教育》2010年第19期。

11. 中国驻葡萄牙使馆文化处："葡萄牙政府推出'国家阅读计划'"，载《教育导刊（幼儿教育）》2007年第4期。
12. 王移山："试析葡萄牙的高等职业教育"，载《潍坊高等职业教育》2011年第1期。
13. 房欲飞、王留栓："葡萄牙私立高等教育的兴衰及对我国的启示"，载《国际高等教育研究》2002年第2期。
14. 刘晓玲："葡萄牙职业教育培训的法律支持和执行机构述评"，载《世界职业技术教育》2004年第1期。
15. 刘卫峰、李军喜："试述葡萄牙职业教育和培训的法律支持及执行机构"，载《河南职业技术师范学院学报（职业教育版）》2003年第6期。
16. 李培培："巴西私立高等教育质量提升路径及对我国的启示"，载《浙江树人大学学报（人文社会科学）》2019年第1期。
17. 王留栓："巴西公私立高等教育比较研究"，载《比较教育研究》1995年第1期。
18. 田志磊："巴西基础教育事权与财政支出责任划分"，载北王蓉主编：《中国教育财政政策咨询报告（2015~2019）》，社会科学文献出版社2019年版。
19. 张宝宇："巴西教育问题：发展经济学视角的国际比较"，载《拉丁美洲研究》1998年第5期。
20. 员文杰等："巴西私立高等教育的发展与启示"，载《教育与教学研究》2014年第6期。
21. 王留栓："巴西的私立高等教育"，载《教育科学》2004年第2期。
22. 石倩："战略视野下巴西教育质量保障措施研究"，浙江师范大学2012年硕士学位论文。
23. 唐晓阳："评析中国与安哥拉经济合作的新模式"，载《西亚非洲》2010年第7期。
24. 李安山："莫桑比克的教育近况——中国教育部考察团访非报告之一"，载《西亚非洲》2000年第5期。
25. 顾建新、张三花："我国非洲教育研究二十年：回顾与思考"，载《西亚非洲》2004年第6期。
26. 张宝增编著：《列国志：莫桑比克》，社会科学文献出版社2011年版。
27. 梅人朗："莫桑比克的卫生保健和医学教育"，载《国外医学（医学教育分册）》1996年第4期。
28. 李建忠：《战后非洲教育研究》，江西教育出版社1996年版。
29. 修建建："非洲教师教育的现状与问题——以加纳为例"，载《文教资料》2016年第20期。
30. 顾建新："国际援助非洲教育发展及对我国的启示"，载《西亚非洲》2008年第3期。
31. 赵鹏飞等："'一带一路'背景下职业教育校企协同海外办学模式探索"，载《中国职业技术教育》2017年第18期。
32. ［美］彼得·J.威尔斯、张建新："多元一体基因：高等教育质量保障的区域发展途径"，载《北京大学教育评论》2014年第4期。
33. ［美］达姆图·塔费拉、［美］菲利普·G.阿尔特巴赫编：《非洲高等教育：国际参考手册》，郑崧等译，浙江大学出版社2014年版。
34. 周一、熊建辉、张鹤："全球教育治理：联合国教科文组织的作用与中国的参与——联合国教科文组织教育助理总干事尼古拉斯·伯内特专访"，载《世界教育信息》2009年第3期。
35. 丁红玲、石慧慧："行业协会参与职业教育研究进展及未来展望"，载《职教论坛》2016年第21期。
36. 杜越："联合国教科文组织与全球教育治理"，载《全球教育展望》2011年第5期。
37. 郭婧："乌干达高等教育质量保障体系研究"，浙江师范大学2011年硕士学位论文。
38. 贺文槿："促进公平与包容"，载《中国职业技术教育》2012年第16期。
39. 贾旻："行业协会参与现代职业教育治理的合理性探析"，载《中国高教研究》2016年第2期。
40. 阚阅、陶阳："向知识银行转型——从教育战略看世界银行的全球教育治理"，载《比较教育研究》2013年第4期。
41. 阚阅："从欧洲法院判例看欧盟教育治理：欧洲高等教育一体化的视

角",载《比较教育研究》2015年第12期。

42. [英]肯尼斯·金:《中国对非洲的援助与软实力:以教育和培训为例》,刘爱生、彭利平译,浙江大学出版社2015年版。

43. 孔令帅、张民选、陈铭霞:"联合国教科文组织全球高等教育治理的演变、角色与保障",载《教育研究》2016年第9期。

44. 李伯军:《当代非洲国际组织》,浙江人民出版社2013年版。

45. 李素敏、高源:"OECD国家高等教育公共投资:机制和方法",载《天津师范大学学报(社会科学版)》2009年第6期。

46. 李玉静、谷峪:"国际职业教育治理的理念与实践策略",载《职业技术教育》2014年第31期。

47. 刘大路:"国际教育规划研究所教育援助研究",西南大学2014年硕士学位论文。

48. 刘大:"联合国与区域组织——《联合国宪章》(第八章)",载白厚洪:《中国国际法年刊(1993)》,中国对外翻译出版公司1994年版。

49. 刘丹妮:"2012年非洲发展教育与培训大会召开",载《中国社会科学报》2012年2月22日。

50. 楼世洲、彭自力:"非洲大学联盟《战略计划(2011~2015)》评析",载《比较教育研究》2012年第12期。

51. 楼世洲、徐辉:"新时期中非教育合作的发展与转型",载《教育研究》2012年第10期。

52. 楼世洲:"培养关键能力,促进非洲的可持续发展——非洲教育发展联盟2012年三边会议评述",载《比较教育研究》2013年第11期。

53. 牛长松:"中国与非洲教育合作的新范式",载《比较教育研究》2010年第4期。

54. 张玉娴:"东非共同体拟建立共同的高等教育认证系统",载《世界教育信息》2014年第15期。

55. 赵瞳瞳:"南部非洲大学联盟角色分析——高等教育一体化背景下",载《学理论》2015年第5期。

二、英文文献

56. Helsinki, "Finland: European Association for Quality Assurance in Higher

Education", *Quality Assurance of Higher Education in Portugal*, 2006.
57. Simon Schwartzman, "Equity, quality and relevance in higher education in Brazil", *Annals of the BrazilianAcademy of Science*, 2004, 76 (1).
58. Luiz de Mello, Mombert Hoppe, Education Attainment in Brazil, "Education Attainment in Brazil: The Experience of Fundef", OECD Economics Department Working Papers, No. 424, OECD Publishing, Paris, 2005.
59. Angop 2017. Eleições/2017: MPLA promete 300 bolsas anuais para pós-graduação.
60. Ávila DeAzevedo, Rafael. Política de ensino em África. Lisboa: Ministério do Ultramar, 1958.
61. Boxer. Daidealização da Frelimo à compreensão da História de Moçambique, Lisboa: Edições 70, 1986.
62. Simon Schwartzman, "Equity, quality and relevance in higher education in Brazil", *Annals of the BrazilianAcademy of Science*, 2004 , 76 (1).
63. Carvalho, Paulo, Evolução e Crescimento do Ensino Superior em Angola. Revista Angolana de Sociologia, n. 9, 2012.
64. Comissão de Acompanhamento das Acções da Reforma Educativa, Ficha Técnica, Luanda, 2010.
65. Dias, Jill, "Uma questão de identidade: respostas intelectuais às transformações económicas no seio da elite crioula da Angola portuguesa entre 1870 e 1930", Revista Internacional de Estudos Africanos . Lisboa: Instituto de Investigação Cientifca Tropical, n. 1, 1984.
66. Dilolwa, Carlos Rocha. Contribuição À História Económica De Angola, Imprensa Nacional de Angola, 1978, (as cited in NETO, Manuel Brito, História e Educação em Angola: Do Colonialismo Ao Movimento Popular de Libertação de Angola (MPLA) <PhD diss. Universidade Campinas, 2005>, 27).
67. Henderson, Lawrence. A Igreja em Angola. Lisboa: Editorial Além-Mar, 1990, P342. (as cited in LIBERATO, Ermelinda, 2012. Avanços e retrocessos da educação em Angola. Universidade Agostinho Neto, Luanda.).
68. Jauhari, Alka, "African Economic Renaissance: A Case Study of Rwanda

and Angola", Insight on Africa, 2018, 10 (2).
69. Kulonga Especial, 2003. (as cited in NETO, Manuel Brito, História e Educação em Angola: Do Colonialismo Ao Movimento Popular de Libertação de Angola (MPLA) <PhD diss. Universidade Campinas, 2005>, 53).
70. Marques, Mara R. A. Tópicos Especiais em Política, Gestão e Educação II-"Estado e Reforma Educacional Contemporânea" (Uberlândia: FE/PPGE, 2007), 32. (as cited in Mayembe, Ndombele, Reforma Educativa em Angola: A Monodocência no Ensino Primário em Cabinda (MS Thesis, Universidade Federal de Minas Gerais do Brasil, 2016), 44.)
71. Ministério da Educação, Caracterização Global do Contexto Angolano e Respectivo Sistema Educativo, Luanda: INIDE/UNESCO, 2003.
72. Ministério da Educação e Cultura. Relatório da Comissão Nacional do Plano, Imprensa Nacional de Angola, 1984.
73. Nsiangengo, Pedro & Diasala, Andre Jacinto. Teacher training colleges in the rural areas of Angola Prospects, 2008, 38 (2).
74. Santos, Martins. História do ensino em Angola , Angola: Edição dos Serviços de Educação. 1970. (as cited in Liberato, Ermelinda (2012). Avanços e retrocessos da educação em Angola. Universidade Agostinho Neto, Luanda.)
75. Soares, Amadeu Castilho. Universidade em Angola e a sua Criação em 1962 (Luanda: Edição) .
76. Zau, Filipe, "Génese do seu ensino em Angola", jornal Semanário Angolense (Angola) , 28 de Junho de , 2014.
77. Deutsche Gesellschaft für Internationale Zusammenarbeit (GIZ) GmbH, 2014.
78. Republic of Mozambique. Education Strategic Plan 2012-2016. Op cit, 2012.
79. Eduardo Mondlane University Informatics Centre (CIUEM). Digital Inclusion in Mozambique: A Challenge for All. Op cit, 2009.
80. Roberto Carneiro & Jeanne Moulton: An Outline of the Educational System in Guinea-Bissau.
81. Educafrica, Bulletin of the Unesco Regional Office for Education in Africa, 1982. 8.

82. Ministério da Economia do Plano e Integração Regional-Segundo Documento de Estratégia Nacional de redução da Pobreza-DENARP II. Bissau, 2011.
83. Sucuma, Arnaldo. Estado e Ensino Superior na Guiné - Bissau 1974 - 2008. Dissertação (Mestrado) -Universidade Federal de Pernambuco, Cfch. Programa de Pós-Graduação em Ciência Política, 2013.
84. Educação Superior E Desenvolvimento Na Guiné - bissau Contribuições, Limites e desafios, Marlize Rubin Oliveira, Revista Pedagógica, Chapecó, v. 16, n. 33, Jul./Dez. 2014.
85. A Educação Durante A Colonização Portuguesa NA Guiné-bissau (1471- 1973), Lourenço Ocuni Cá, Rev. online Bibl. Prof. Joel Martins, Campinas, SP, v. 2 , n. 1, out. 2000.
86. Augel, Moema Parente. A nova literatura da Guiné-Bissau. Bissau: INEP, 1998. ColecçãoKebur.
87. SANHÁ, Alberto. Educação Superior em Guiné- Bissau. In: Seminário Internacional de educação Superior da Comunidade de países de Língua Portuguesa, Pucrs, 2009. Disponível em: www. pucrs. br/edipucrs/cplp/ educacaosuperior. htm.
88. Soares D. A brief overview of the role of customary law in East Timor. In UNTAET, Working in East Timor: Culture, Customs and Capacity Building, UNTAET Language and Training Unit, 2001.
89. Teixeira, M. Macau E A Sua Diocese: Missoes de Timo, Tipographia Macao: Da Missao Do Padroado, 1974.
90. Fernandes, F. Das Missoes de Timor, Revista des Estudus, Luso-Asiaticos, 1992, 1 (15).
91. Gunn, G, TimorLoro Sae: 500 years, Macao: Livros Do Oriente, 1998.
92. UNDP (United Nations Development Program). Ukun Rasik A ´an, The Way Ahead: East Timor Human Development Report 2002. Dili: UNDP, 2002.
93. Hill, H. Stirrings of Nationalism in East Timor: FRETILIN 1974-1978, Sydney: Otford Press, 2002.
94. Hill, H. Tiny, poor and war-tom: Development policy challenges for EastTi-

mor. World Development, 2001, (29).
95. Arenas, A. Education and Nationalism in East Timor. Social Justice, 1998, (25).
96. Anderson B. Imagining East Timor. Arena, 1993, (4).
97. Esrp (Emergency School Readiness Project). Emergency School Readiness Project. Dili: World Bank, 2000.
98. Unicef (United Nations Children's Fund). Unicef Humanitarian Action East Timor Donor Update. Dili: UNICEF, 2001.
99. Untaet (United Nations Transitional Administration in East Timor) Untaet Education . Dili: Untaet, 2001.
100. World Bank, *East Timor Building a Nation: A Framework for Reconstruction and Development*, Dili: World Bank, 1999.
101. World Bank, *East Timor-TP- Fundamental School Quality Project*, Dili: World Bank, 2001.
102. World Bank, *Community Empowerment and Local Governance Project*, Dili: World Bank, 2002.
103. World Bank, Project Appraisal Document on a Proposed Trust Fund Grant in the Amount of US $ 1.5 Million to East Timor fora Third Community Empowerment.
104. Presidency of the Council of Ministers Democratic Republic of Timor-Leste, Program of the Fourth Constitutional Government [2007-2012].
105. Legislature, Program of the Fifth Constitutional Government Program of the V Constitutional Government [2012-2017].
106. Legislature, Program of the Sixth Constitutional Government Program of the Sixth Constitutional Government [2015-2017].
107. Legislature, Program of the Eighth Constitutional Government Program of the Sixth Constitutional Government [2018-2023].
108. Undp (United Nations Development Program). Ukun Rasik A'an, The Way Ahead: East Timor Human Development Report 2008. Dili: Undp, 2008.
109. Errante, A, Education and National Personae in Portugal's Colonial and

Postcolonial Transition. Comparative Education Review, 1998, 43 (3).
110. Tang, J. F. H. and K. Morrison, "When Marketization does not Improve Schooling: The Case of Macau", Compare: A Journal of Comparative Education, 1998, 28 (3).
111. Wong, Y. – L. and C. – F. Chan, *Reforming Education in Contemporary Macau: Issues and Challenges*, New York: NOVA Publishers, 2014.
112. Luiz de Mello, Mombert Hoppe, Education Attainment in Brazil, "Education Attainment in Brazil: The Experience of Fundef", OECD Economics Department Working Papers, No. 424, OECD Publishing, Paris. 2005.

三、网络资源

113. Central Intelligence Agency. (2012). The World Factbook. https://www.cia.gov/library/publications/the-world-factbook/geos/br.html.
114. Ciências sem Fronteiras (Science without Borders): http://www.cienciasemfronteiras.gov.br (In Portuguese. Last checked: February 2012).
115. Coordenação de Aperfeiçoamento de Pessoal de Nível Superior (The Coordination for the Improvement of Higher Education Personnel): http://www.capes.gov.br/ (In Portuguese. Last checked: February 2012).
116. Institute of International Education. (2012). Open Doors Report. http://www.iie.org/en/Research-and-Publications/Open-Doors
117. Ministério da Educação (Ministry of Education: http://www.mec.gov.br/ (In Portuguese. Last checked: February 2012.)
118. NUFFIC. (2012) Country Module: Brazil. http://www.nuffic.nl/en/diplomarecognition/country-modules/country-modules.
119. Nunes, Lou. (2011) Online Guide to Educational Systems Around the World—Brazil. NAFSA: Association of International Educators. https://www.nafsa.org/_/File/_/ges/brazil.pdf.
120. Romero, Simon. (2012, August 30). BrazilEnacts Affirmative Action Law for Universities. The New York Times. http://www.nytimes.com/2012/08/31/world/americas/brazil-enacts-affirmative-actionlaw-for-universities.

html? _ r=4&ref=education&.
121. UNESCO International Bureau of Education. (2010) World Data on Education: Brazil. http://www.ibe.unesco.org/en/services/online-materials/world-data-on-education/seventh-edition2010-11.html.
122. 经合组织教育 http://www.oecd.org/education/Brazil-country-profile.pdf
123. 经合组织教育全球定位系统访问 http://gpseducation.oecd.org.
124. OECD Library, Education at a Glance 2017: OECD Indicators, OECD Publishing, 2018-04-22. http://dx.Doi.org/10.1787/eag-2017-en.
125. DanteJS Brazil: A For-profit Giant, 2018-05-22. https://ejournals.bc.edu/ojs/index.php/ihe/article/view/5471/4891.
126. Brazil Unesco Uis, Participation in Education of Brazil, 2018-04-15. http://uis.unesco.org/en/country/br?theme=education-andliteracy.
127. OECD (2015), Education Policy Outlook: Brazil, 2018-04-15. http://www.oecd.org/education/Brazil-country-profile.
128. MEC/SASE (2014), Planejando a Próxima Década: Conhecendo as 20 Metas do Plano Nacional de Educação (Planning the next decade: Gettingto know the 20 goals of the National Education Plan), Ministério da Educação/Secretaria de Articulação com os Sistemas de Ensino. http://pne.mec.gov.br/images/pdf/pne_conhecendo_20_metas.pdf.
129. OECD (2018), Education at a Glance 2018: OECD Indicators, OECD Publishing, Paris. http://dx.doi.org/10.1787/eag-2018-en.
130. OECD/NCES (2018), Education at a Glance SubnationalSupplement, OECD/National Center for Education Statistics, Paris and Washington, DC. https://nces.ed.gov/surveys/annualreports/oecd/.
131. Dos Santos, D. Quaresma 2016. Higher education in angola is not insafe hands. https://www.makaangola.org/2016/10/higher-education-in-angola-is-not-in-safe-hands.
132. Dunn, Abigail 2018. Improving Education and Literacy in Angola in the Aftermath of CivilWar. https://borgenproject.org/education-and-literacy-in-angola/.

133. Reesor, Kristen. Four Causes of Poverty in Angola. 2017. https://borgenproject. org/causes-of-poverty-in-angola/Pro-Education Programme. Retrieved July 14, 2017 from https://www. giz. de/en/downloads/giz2014-en-pro-educatio-mozambique. Pdf.
134. EduardoMondlane University Informatics Centre (CIUEM). Digital Inclusion in Mozambique: A Challenge for All. Retrieved July 17, 2017 from http://www. ngopulse. org/sites/default/files/FinalMozambiqueReport10July2009 - English. Pdf.
135. Humana People toPeople. (no date). Mozambique. Retrieved June 7, 2017. http://www. teachertraining-dns. org/countries/mozambique.
136. 安哥拉政府门户网站 http://www. governo. gov. ao/opais. aspx.
137. 安哥拉统计局网站 http://www. ine. gov. ao/.
138. 联合国教科文组织网站 http://uis. unesco. org/en/country/ao? theme = education-and-literacy.
139. 联合国开发计划署 http://hdr. undp. org/en/content/expenditure-education-public-gdp#footnote.
140. 世界银行网站 https://data. worldbank. org. cn/country/AO.
141. 安哥拉统计局 http://www. ine. gov. ao/.
142. 联合国教科文组织 http://uis. unesco. org/en/country/ao? theme = education-and-literacy.
143. 安哥拉教育部网站 http://www. med. gov. ao/Institucionais/Historico. aspx.
144. 联合国教科文组织网站 http://uis. unesco. org/en/country/ao? theme = education-and-literacy.
145. 联合国教科文组织（莫桑比克）http://uis. unesco. org/en/country/mz? theme = education-and-literacy.
146. https://www. globalpartnership. org/content/operational-plan-2015-2018-mozambique.
147. https://www. globalpartnership. org/content/mozambique-education-strategic-plan-2012-2016.
148. http://www. sacmeq. org/? q = sacmeq-members/mozambique/education-

fact-sheet.

149. Country Strategy for Development Cooperation MOZAMBIQUE 2016 – 2019 Unicef, Situation Analysis of Children in Mozambique 2014.
150. https://data.worldbank.org/indicator/SP.POP.TOTL? locations = GW https://www.fmprc.gov.cn/web/gjhdq_676201/gj_676203/fz_677316/1206_677752/1206x0_677754/.
151. https://data.worldbank.org/indicator/NY.GDP.MKTP.CD? end = 2017&locations = GW&start = 1970.
152. 世界银行 https://data.worldbank.org/indicator/SE.PRM.TCAQ.ZS? contextual = default&end = 2010&locations = GW&start = 2000&view = chart.
153. 杨宝荣:《几内亚比绍共和国》,中国社会科学院西亚非洲研究所,载 http://iwaas.cssn.cn/webpic/web/cns/uploadfiles/gjgk/feizhou/20130801094536218.pdf.
154. "Guinea – Bissau still way behind on education", http://www.irinnews.org/report/98129/guinea-bissau-still-way-behind-education.
155. 世界卫生组织 https://www.who.int/countries/gnb/zh/.
156. ADPP GB 官方网站 http://www.adpp-gb.org/adpp-guinea-bissau-history-and-cooperation/.
157. "尽管日本国内蒙受灾难冲击,但对几内亚比绍学校的支持依然风雨无阻",载 https://www.unicef.org/chinese/infobycountry/guineabissau_58271.html.
158. "世界银行批准向几内亚比绍教育部门的捐款",载 https://macauhub.com.mo/zh/2018/08/08/pt-banco-mundial-aprova-donativo-para-sector-da-educacao-na-guine-bissau/.
159. "几比超过 400 名教师结束 3 级教师资格培训课程",载 http://gw.mofcom.gov.cn/article/ztdy/201401/20140100470045.shtml.
160. "援几内亚比绍国立卫校项目",载 http://yws.mofcom.gov.cn/article/tpxw/201607/20160701357395.shtml.
161. "驻几内亚比绍大使金红军在几比赴华军事学员饯行招待会上的致辞",载 http://gw.china-embassy.org/chn/dsjh/t1487983.html.

162. UNDP:《人类发展指数与指标:2018年统计更新》,第24页,载 http://hdr.undp.org/sites/default/files/2018_ human_ development_ statistical_ update_ cn. pdf.